KB062612

기초 종합 영어 단어장

국제언어교육연구회

太乙出版社

본 사전은 처음으로 영어를 배우기 시작하는 학생을 위해서 가장 좋은 안내자가 되고 그리고 개인교수가 될 수 있도록 포켓용으로 펴낸 것입니다.

건물을 지으려면 튼튼한 토대가 필요하듯이 앞으로 영어실력을 튼튼하게 쌓아가려면 무엇보다도 기본 단어를 철저하고 확실하게 익혀 두어야만 합니다.

단어의 철자암기, 강세의 위치, 발음연습은 단어공부의 필수인데 이것은 앞으로 이어지는 언어의 4대기능이라 할 수 있는 듣기, 말하기, 읽기와 그리고 쓰기 등을 제대로 해낼 수 있는 그야말로 튼튼한 토대가 되는 것입니다.

그럼 단어공부의 최고의 효과적인 방법은 무엇일까요?

우리 몸의 기관을 보면 외국어의 학습에 아주 이상적입니다.

눈은 보아주고 입은 소리내어주며 귀는 이를 들어주며 손은 쓰도록 합니다. 눈으로만 학습하는 것은 수십분의 일이 차이가 있다고 합니다.

보고 듣는 것만으로 수영을 배울 수는 없습니다. 물속에 들어가서 수영을 함으로써만이 수영을 배울 수 있습니다.

이상하게도 영어는 단어든 문장이든 손으로 몇 번 쓰기만 하면 빨리 암기가 되고 잘 잊혀지지 않습니다. 우리 몸의 기관을 최대한 이용할수록 더욱 효과적이란 것이 이미 널리 알려져 있습니다.

암기요령은 무엇일까요?

1. 우리말과 영어의 첫머리 글자를 암기하는 것입니다.

① 어. 진. (a. 진)

azalea[əzéiljə] 진달래

② 포. 개. (f. 개)

forsythia[fərsíθiə] 개나리

2. 연상암기법

단어를 처음 만든 사람이 되어 연상해 보는 방법입니다.

예를 들면, 물로 씻다의 동사는 wash[wɑʃ]입니다. 사람이나 자연이 물을 가지고 하는 동작이나 현상을 연상해 보면

    ① 때 등이 씻겨 없어지다.

    ② 씻겨 내려가다.

    ③ 씻겨져 깎이다.

    ④ 빨래가 되다.

    ⑤ 파도, 강물이 기슭을 씻다.

    ⑥ 씻어내리다.

    ⑦ 휩쓸어가다.

    ⑧ 인간이 세수하다. (손, 얼굴을 씻다.)

    ⑨ 목욕하다.

    ⑩ 빨래하다. (세탁하다.)

    ⑪ 씻어 깨끗이 하다.

    ⑫ 씻어버리다.

　　⑬ 씻어 없애다.
등을 들 수 있는데 이 모두를 wash 한 단어로 대신하고 있으니 얼
마나 암기가 쉽습니까.

　　다행히도 이런 단어들이 상당히 많이 있습니다.

　　3. 대부분의 동사가 타동사도 되고 자동사도 된다는 점입니다.

　　…을 하다 : 가 타동사이고,

　　…하다 :　　가 자동사이다.

　　4. 접두사와 접미사를 익혀둘 필요가 있습니다.

　　문두와 문미에 붙은 것으로 판단한다.

　　예: re-(다시) repeater 재수생

　　5. 문법을 이해하면 단어 암기가 빨라지고 광범위해집니다.

　　형용사 + -ly 는 부사가 되고,

　　명사 + -ly 는 형용사가 된다.

　　6. 벼락공부를 하는 것은 좋지 않습니다.

　　식사를 거른다거나 굶다가 과식하면 좋지 않은 것과 같습니다.

　　끝으로, 본 사전이 여러분의 영어공부에 크게 기여하기를 진심
으로 기원합니다.

　　　　　　　　　　　　　　　　　　　　　　　저자 씀

a, A	[éi] ① 에이(영어자모) ② A자형 ③ 갑 ④ 성적에서 수
A 1	[éi-wán] (구어) 제1류의, 최고의(=A one)
	not know A from B 낫 놓고 기역자도 모른다.
	from A to Z 처음부터 끝까지
A-arms	[éiɑ́ːrmz] 명 원자 무기
a, an	[ə, ən] 형 (부정관사) ① 하나의, 한 사람의 ② 한, 일 ③ …라는 것 ④ 어떤 ⑤ …에, …마다. ⑥ of와 함께 쓰여 같은 ⑦ 명사에 붙여서 …의 1회분, …한 종류, …한 예 등 ⑧ 어느 정도의 ⑨ 고유명사에 붙여서 …의 제품, 작품 ⑩ 고유명사에 붙여서 …와 같은 사람, …라고 하는 사람 ⑪ 단위 앞에서 …에, …당

① A sparrow in the hand is better than a crane on the wing. 손안에 참새 한 마리가 날고 있는 학 한 마리보다. 낫다.

② There are 365 days in a year. 일년에는 365일이 있다.

③ A bear is a clumsy animal. 곰이라는 것은 다루기 힘든 동물이다.

④ A middle-aged gentleman has been here. 어떤 중년신사가 다녀갔다.

⑤ I write to my parents once a month. 나는 달마다 한 번 부모님께 편지한다.

⑥ We're of a mind. 우리는 한(같은) 마음이다.

⑦ How about a coffee? 커피 한 잔 어떻습니까?

⑧ I have a knowledge of music. 나는 음악에 관해서 어느 정도의 지식은 있다. in a sense 어느(어떤) 의미로는

⑨ My car is a Kia. 나의 차는 기아회사 제이다. This is a Picasso. 이것은 피카소의 작품이다.

⑩ I want to be an Edison. 나는 에디슨과 같은 사람이 되고 싶다. A Mr. Brown is here to see you. 브라운씨라는 분이 만나러 와 계십니다.

⑪ How much is a ton? 톤 당 값이 얼마입니까?

Gasoline is 2 thousand won a gallon. 휘발유는 갤런에 2천원이다.

abase	[əbéis] 图 사람의 품격 등을 깎아내리다.
abash	[əbǽʃ] 图 사람을 무안하게(당황하게) 하다.
abbess	[ǽbis] 图 대수녀원장
abbey	[ǽbi] 图 ① 대수도원 ② 대성당 대저택
abbot	[ǽbət] 图 대수도원장
aberrant	[əbérənt] 图 ① 탈선적인 ② 발육이 이상한 图 ① 변태 ② 돌연변이
abet	[əbét] 图 나쁜 짓을 선동하다, 교사하다.
abhor	[æbhɔ́ːr] 图 ① 싫어서 움츠리다, ② 소름끼치게 싫어하다.
abiding	[əbáidiŋ] 图 영구적인, 변치 않는, 오래 지속되는
ability	[əbíləti] 图 능력, 타고난 또는 노력해서 얻은 능력, 기량
ablaze	[əbléiz] 图 ① 밝게 빛나는 ② 불타는 ③ 흥분한, 격한
able	[éibəl] 图 ① 할 수 있는 ② 유능한 ③ 자격이 있는 (= can) 凹 unable …할 수 없는 the able 집합적 유능한 사람들

图 capable 역량있는 図 unable (할 수 없는)

able: 일에 따르는 필요한 능력을 지닌

capable [kéipəbəl] 일에 따르는 필요한 실력(자격)이 있는

competent [kámpətənt] 특정한 일을 하는데 요구를 충족 시키는 충분한 능력을 지닌

abloom	[əblúːm] 副形 꽃이 피고
ablush	[əblʌ́ʃ] 副形 얼굴을 붉히고, 얼굴이 홍당무가 되어
ablute	[əblúːt] 自他 (구어)손, 얼굴, 몸을 씻다.
abnegate	[ǽbnigèit] 他 ① 신념 등을 버리다. ② 즐거움을 자제하다.
abnormal	[æbnɔ́ːrməl] 形 ① 이상한, 비정상의 ② 동성애의 ③ 병적인 図 normal(정상의), average(보통의), usual(평소의) 图 unusual(보통이 아닌)
aboard	[əbɔ́ːrd] 副 배에(로), 버스, 기차, 비행기를 타고 前 타고
A-bomb	[éibàm] 名 (구어) ① 원자 폭탄 ② (속어) 배합 마약 他 원자 폭탄으로 공격하다.
abominable	[əbámənəbəl] 形 ① 지긋지긋한, 언어 도단의 ② (구어) 정말 싫은, 혐오스러운, 날씨 등이 지독한
about	[əbáut] 副 ① 대략, 약 (구어)거의 ② 근처에, 가까이에 (미) around 여기저기에, 이리저리 ③ 방향을 바꾸어 ④ 번갈아 가며 ⑤ 삥 돌아서 形 ① 막 …하려고 하여 ② 돌아다니고
about-face	[əbáutfèis] 名 뒤로돌기, 180도 전향 自 뒤로 돌다, 주의 태도를 일변하다.
above	[əbʌ́v] 名 the와 같이 쓰여 상기의 사실, 상기의 사람. 形 위에서 말한 副 ① 위쪽에, 위쪽으로 공중에 ② 윗자리에

be above doing 의 꼴로 사람이 …따위 짓은 하지 않은,
be(get) above oneself 분수를 모르다, 자만하다. above
all=above all things 무엇보다도, 특히, 그 중에서도

abrade [əbréid] 턔 문질러 마멸시키다, 닳게하다, 벗겨지게 하다.

abrazo [ɑːbráːθou] 몡 인사로서의 포옹

abreast [əbrést] 튐 옆으로 나란히, …와 병행해서 two abreast 둘
이서 나란히, three abreast 세 사람이 나란히

abroad [əbrɔ́ːd] 튐 국외로, 국외에, 해외로, 해외에 톈 home 본
국에 at home and abroad 국내외에서, be abroad 외국
에 가 있다. from abroad 외국으로부터(의), get abroad 소
문이 퍼지다. set abroad 소문을 퍼뜨리다. 튐 overseas
(해외에)

absent [ǽbsənt] 톙 없는, 집을 비운, 결석의 불참의 톈 present

absently [ǽbsəntli] 튐 멍하니, 얼빠져, 넋을 잃고

absentminded [ǽbsəntmáindid] 톙 방심하고 있는, 멍하고 있는, 얼빠진
톈 alert(빈틈없는), attentive(주의깊은) 튐 inattentive(부
주의한)

absolute [ǽbsəlùːt] 톙 1.완전 무결한 2.절대적인 톈 relative 상대
적인, partial(일부분의) 튐 perfect(완전한)

absolutely [ǽbsəlúːtli] 튐 절대적으로, 무조건으로, 완전히 톈
uncertainly 애매하게 (구어속어로 동의하는 대답)정말 그
렇다, 암 그렇고 말고 튐 definitely(명확히)

absonant [ǽbsənənt] 톙 조화되지 않는

absorb [æbsɔ́ːrb] 턔 ① 흡수(병합)하다, 빨아들이다. ② 주의. 시
간을 빼앗다. ③ 사람 마음을 열중하게 하다. 튐 sob

up(빨아들이다) 🔄 leak(새다)

abstract [æbstrǽkt] 🔷 ① 추상적인 ② 관념상의 🔄 concrete (구체적인, 이론적인)

absurd [æbsə́ːrd] 🔷 ① 불합리한, 모순된 ② 우스꽝스러운

abundant [əbʌ́ndənt] 🔷 풍부한, 많은 🔄 scarce (결핍한), rare (드문)

abuse [əbjúːs] 🔷 남용, 악용
[əbjúːz] 🔷 남용하다, 악용하다. 🔁 misuse 오용하다.

abuzz [əbʌ́z] 🔷 활기에 넘쳐, 떠들썩한, 윙윙거리는

acacia [əkéiʃə] 🔷 아카시아, 아라비아 고무(gum arabic)

accelerate [æksélərèit] 🔷 ① 가속하다. ② 속력을 빠르게 하다

accelerator [ækélərèitər] 🔷 ① 자동차의 가속 장치 ② 사진 현상 촉진제

accentuate [ækséntʃuèit] 🔷 강조하다, 역설하다.

accept [æksépt] 🔷 선물 등을 기꺼이 받다, 초대·신청·임명을 수락하다. 🔷 수락하다. 🔁 receive(받다) 🔄 refuse(거절하다.)

accident [ǽksidənt] 🔷 ① 사고, 재해, 재난 ② 우연한 일 🔁 mishap(재난)

accidentally [æksidéntəli] 🔷 뜻하지 않게, 우연히, 잘못하여

acclaim [əkléim] 🔷 환호하다, 갈채하다. 🔷 환호, 절찬

accompany [əkʌ́mpəni] 🔷 ① 동반하다, 동행하다, 수행하다. ② 따르게 하다, 길들이다.

accomplish [əkʌ́mpliʃ] 🔷 이루다, 완성하다, 성취하다. 🔄 fail(실패하다) 🔁 achieve(성취하다)

accord [əkɔ́:rd] 困 조화하다, 일치하다, 화합하다. 団 조화시키다, 일치시키다. 閔 일치, 조화, 국제간의 협정, 조약 閩 disagreement(불일치) 禹 agree(동의하다)

accumulate [əkjú:mjəlèit] 団 (조금씩)모으다, (재산을)축적하다. 困 모이다, 쌓이다.

accuracy [ǽkjərəsi] 閔 정확, 정밀도

accurate [ǽkjərit] 閤 ① 용의주도한, 빈틈 없는 ② 정확한, 정밀한 禹 precise(정밀한) 閩 inaccurate(부정확한)

accurately [ǽkjəritli] 兜 정확히, 정밀하게

accursed [əkə́:rsid] 閤 (구어)① 지긋지긋한, 지겨운 ② 저주받은, 운수가 사나운

ace [eis] 閤 (구어)① 최우수선수, 최고의 것, 넘버원 ② 구운 샌드위치 : ace it (구어) 완벽하게 해내다.
ace in (구어) 우위에 서려고 교묘한 계략을 꾸미다.

ache [eik] 困 아프다, 쑤시다. (구어) …하고 싶어 못 견디다.

aching [éikiŋ] 閤 쑤시는, 마음 아픈, 아리는

acidify [əsídəfài] 団 시게하다, 산성화하다. 困 시어지다.

acknowledge [æknálidʒ] 団 인정하다. 閩 deny(부정하다) 禹 admit(인정하다)

acknowledged [æknálidʒd] 閤 정평있는, 일반적으로 인정된, 승인된

acme [ǽkmi] 閔 (the acme) 절정, 극치, 전성기

acorn [éikɔːrn] 閔 도토리

acquaint [əkwéint] 団 ① 정통하다, 익히 알게 하다. ② 알려 주다. ③ 친분을 맺어주다.

acquire [əkwáiər] 団 ① 지식 등을 노력하여 얻다. ② 취득하다,

획득하다. 㡰 lose(잃다) 㡂 obtain(획득하다) secure(확보하다)

acrobat [ǽkrəbæ̀t] 㡱 ① 곡예사, 체조의 명수 ② 정치적, 사상적 변절자

across [əkrɔ́ːs] 㡢 가로질러, 맞은편에 㡧 십자형의 㡤 …을 가로질러, …을 건너서

across-the-board [əkrɔ́ːsðəbɔ́ːrd] 㡧 종합적인, 전 종류를 포함한

acryl [ǽkrəl] 㡱 아크릴

act [ǽkt] 㡱 짓, 행위 㡣 연기하다, 행동하다. 㡥 처신하다, 행하다. 㡂 deed(행위) act of grace 특사, 특사법, 사면, 사면령 put on an act 꾀병을 부리다, 시늉을 하다, 짤막한 연기를 해 보이다. act on …에 작용하다, 주의·충고에 따라 행동하다, (구어) 의결하다.

acting [ǽktiŋ] 㡧 직무대행의 㡱 연기, 연출, 연출법, 시늉 good acting 훌륭한 연기, bad acting 서툰연기

action [ǽkʃən] 㡱 ① 행동, 활동, 행위 ② 작용, 효과, 영향 ③ 기능, 작동 ④ 몸짓, 연기 㡂 movement(몸짓) go into action 활동(전투)를 시작하다. put …in[into] action …을 실행에 옮기다, …을 운전시키다. take action 고소하다, 조처를 취하다, 활발해지다.

action film [ǽkʃənfilm] 㡱 활극

active [ǽktiv] 㡧 ① 능동태의, 활동적인, 활발한, ② 활동 중인 ③ 활기찬 㡰 inactive(한가한) lethargic(둔감한, 무기력한) 㡂 energetic(정력적인) take an active part in …에서 활약하다.

active volcano [ǽktiv vɑlkéinou] 명 활화산 sit on a volcano (구어)일 촉즉발의 상태에 있다.

actor [ǽktər] 명 ① 사건의 관계자, 장본인 ② 배우, 남자배우 a bad actor (속어)무법자, 위험인물, 상습범

actress [ǽktris] 명 여배우

actual [ǽktʃuəl] 형 현실의 the actual 현행의 반 unreal 가공의, 동 real(참된)

actually [ǽktʃuəli] 부 ① 실제로, 실제, 사실은 ② 현재, 현시점에서, 참으로

acupressure [ǽkjuprèʃər] 명 지압, 지압요법 파 -ist 지압사

acupuncture [ǽkjupʌ̀ŋktʃər] 명 침술, 침요법 파 -ist 침술사

acute [əkjúːt] 형 ① 상황·사태·문제 등이 심각한, 중대한 ② 끝이 뾰족한, 예리한, 날카로운 (severe 심한, sharp 날카로운) 반 mild 온화한, bland 부드러운 동 severe(심한)

A.D. [éidìː] 서력 기원후 (B.C. 기원전)

Adam [ǽdəm] 명 성서의 아담: 구약성서에서 하느님이 처음으로 창조한 남자.

adapt [ədǽpt] 타 적응시키다, 조화시키다. 자 적응하다, 순응하다. 동 conform 순응시키다, suit 어울리다.

add [æd] 타 더하다, 집을 증축시키다, 보태다. 자 첨가하다, 더하다, 증가하다. 동 increase (증가하다) 반 subtract(빼다) add up (구어) 이해가가다, 합계하다, 계산이 맞다. add to 을 더하다, 보태다.

address [ədrés, ǽdres] 명 ① 주소, 주소성명, 겉봉의 주소 ② 인사말, 연설, 강연 타 ① 주소·성명을 쓰다. ② …에게 말

을 걸다, 연설(설교)하다. 통 location(소재지)

adequate [ǽdikwit] 형 ① 어떤 목적에 충분한 ② …에 알맞은, 적
당한, 적절한 통 fit(알맞은) sufficient(넉넉한), enough(충
분한) 반 inadequate(불충분한)

ad-fat [ǽdfæt] 형 광고를 잔뜩 게재한

adjoin [ədʒɔ́in] 타자 …에 인접하다, 접하다.

adjust [ədʒʌ́st] 타 ① 의견이나 분쟁 등을 조정하다. ② 조절하
다, 바로잡다. ③ 순응시키다. 통 set(맞추다), regulate(조
정하다, 조절하다)

ad lib [ǽdlíb] 부 즉흥적으로, 임의로

ad-lib [ǽdlíb] (구어) 타 즉석에서 만들다. 자 즉흥적으로 하다.

admirable [ǽdmərəbəl] 형 ① 칭찬할만한, 감탄할만한 ② 감탄사적
으로 아주 훌륭한

admiral [ǽdmərəl] 명 해군 대장, 제독 미속어 도어맨

admire [ædmáiər] 타 (구어) 인사말로 칭찬하다, 감탄하다, 탄복
하다. 자 감탄하다.

admit [ædmít] 타 ① 허락하다, 인정하다. ② 들이다, 넣다. ③
수용가능하다. 통 confess(자인하다…) 반 deny(부정…)

adonize [ǽdənàiz] 타자 모양내다, 멋부리다, 미남인 체하다.
adonize oneself 남자가 멋내다.

adopt [ədápt] 타 ① 방법 등을 채택하다, 채용하다. ② 양자(양
녀)로 삼다.

adult [ədʌ́lt] 형 성인의, 어른의 명 어른, 성인 mature(성숙한)
Adults Only. (게시) 미성년자 사절 반 immature(미숙한)
infantile(유아의) 통 of age(성년의)

adumbral	[ædʌ́mbrəl] 혱 그늘진, 약간 어두운
adust	[ədʌ́st] 혱 바싹 마른, 바싹 탄, 햇볕에 탄, 그을린 (sunburnt)
advance	[ædvǽns] 탸 ① 나아가게 하다(push forward). ② 일을 진척시키다. ③ 승진시키다. 뺸 retreat(물러가다), retard (지연시키다) 동 proceed(나아가다), progress(전진하다)
advantage	[ædvǽntidʒ] 탸 이롭게 하다(benefit). 몡 ① 유리한 점, 이점, 강점 ② 유리한 입장, 우세, 우월 뺸 disadvantage(불리) 동 favor(유리)
adventure	[ædvéntʃər] 탸 ① 목숨을 걸다, 위험에 빠뜨리다. ② 감행하다. 쟈 ① 위험을 무릅쓰다. ② 일을 대담하게 시도해 보다. 몡 ① 모험, 모험심 ② 진기한 경험, 희한한 사건 **복수로** 모험, 모험담
adventurer	[ædvéntʃərər] 몡 ① 투기꾼 ② 모험가, 엉뚱하게 지위나 돈을 노리는 사나이
adventurous	[ædvéntʃərəs] 혱 ① 모험을 좋아하는 ② 모험적인, 신선미가 있는 =adventuresome
adverse	[ædvə́:rs] 혱 ① 불리한, 불운한 ② 거스르는, 반대의 an adverse wind (맞바람) 뺸 beneficial(유익한)
advertise, -tize	[ǽdvərtàiz] 탸 광고하다, 선전하다. 쟈 광고하여 구하다.
advice	[ædváis] 몡 충고, 권고, 조언 ② 거래상의 보고 통지(서), 통지 동 counsel(조언)
advise	[ædváiz] 탸 ① 충고하다, 권하다, 조언하다. ② 통지 … 통고하다. 동 counsel(조언)
advised	[ædváizd] 혱 숙고한, 신중한 well-advised(분별 있는)

	ill-advised(무분별한)
aerobic	[εəróubik] 📘① 산소의, ② 신체의 산소 소비의 aerobic dance(에어로빅 댄스)
aerobicize	[εəróubisàiz] 📗 에어로빅 체조로 몸을 튼튼하게 하다. 📙 에어로빅 체조를 하다.
aerobics	[εəróubiks] 📕 에어로빅 체조
aeroplane	[έərəplèin] 📕 《영국》 비행기 《미국》 airplane (aerial tanker 공중 급유기)
Aesop	[í:sɑp] 📕 이솝(기원전 6 세기경 그리스의 노예로 『이솝이야기』의 작가
affair	[əfέər] 📕 ① 개인적인 관심사, 일 ② 복수형으로 직무, 업무
affect	[əfékt] 📗 ① …에게 영향을 주다. ② 감동시키다. ③ 병이 침범하다, 작용하다.
affection	[əfékʃən] 📕 ① 애정 ② 감동, 감정 ③ 영향, 작용 ④ 병, 질환 📛 dislike(싫음) affectionless 애정이 없는, set one' s affection on 에 애정을 품다.
afflicted	[əflíktid] 📘 고민하는, 괴로워하는, 고통받는 the afflicted 고통받는 사람들, 괴로워하는 사람들
affliction	[əflíkʃən] 📕 심신의 고통, 괴로움, 고민거리, 불행의 원인 📛 relief(안심)
afford	[əfɔ́:rd] 📗 ① …할 여유가 있다. ② 돈·시간·힘 등의 여유가 있다.
afraid	[əfréid] 📘 두려워하며, 무서워하며, 《구어》싫어하여 📛 confident(자신만만한)

be afraid of …의 꼴로, …을 두려워하다, …을 싫어하다.

I' m afraid… 유감이지만 …라고 생각한다, 미안하지만 …

be afraid that …하는 것이 아닌가 걱정하고 있다.

be afraid to …할 용기가 없다.

be afraid of 동명사로 위의 두 가지 뜻이 됨

A-frame [éifrèim] 형 ① A자형의 ② (미속어)지게

afterglow [ǽftərglòu] 명 ① 저녁놀 ② 여운, 성공후의 쾌감 (afterlight)

after [ǽftər] 전 차례나 때의 뒤에, 부 차례나 때의 뒤에 all등 과 함께 쓰여 …에도 불구하고(inspite of)

after all my troubles 온갖 고난에도 불구하고

after all my advice 온갖 충고를 했는데도 불구하고

afternoon [ǽftərnúːn] 명 오후 the afternoon 후반, 후기 the afternoon of life 만년, 늘그막

afterworld [ǽftərwə̀ːrld] 명 후세, 내세

again [əgén] 부 ① 다시, 또 ② 원위치로, 원상태로

and again 게다가 또 once and again 다시 되풀이하여, 새로 never again 두번 다시 …안하다. once again 다시 한번

age [eidʒ] 명 ① 나이, 성년, 노령 ② 시대 ③ (구어)오랫동안

for the ages to come 후세의 사람들을 위해서

ages ago 옛날에 (속어)옛날 옛적에

agency [éidʒənsi] 명 ① 미국의 정부기관 …청, …국 ② 대리점 ③ 대리, 대행

agent [éidʒənt] 명 ① (미구어)외관원 ② 대리인, 알선인 ③ 중

개상 **자** …에 관한 대리인으로서 행동하다, 대표하다.

agitate [ǽdʒɛtèit] **타** 선동하다, 마음을 교란하다, 동요시키다, 바람이 파도를 일으키다, 액체를 흔들다. **자** 선동하다.

ago [əgóu] **부** 지금부터 …전에,
a long time ago = a long while ago 오래 전에
long, long ago 옛날 옛적에

agonize [ǽgənàiz] **타** 괴롭히다, 고민하게 하다. **자** 괴로워하다, 고민하다, 악전고투하다, 필사의 노력을 하다.

agony [ǽgəni] **명** 정신적 육체적 심한 고통, 고민, 고뇌, 복수로 몸부림

agree [əgríː] **타** …하기로 의견이 일치하다, 합의하다. **반** disagree(일치하지 않다) **자** 동의하다, 승낙하다, 찬성하다. (유의어) consent

agreeable [əgríːəbəl] **형** ① 기꺼이 동의하는 ② 기분 좋은, 유쾌한, 사근사근한

agriculture [ǽgrikʌ̀ltʃər] **명** 농업

ah [ɑː] **갑** 아아!

aha [ɑːháː] **갑** 아하! 으흥 그래, 알았어

ahchoo [ɑːtʃúː] **갑명** 재채기 소리, 에취

ahead [əhéd] **전** ① 위치상 앞쪽에 ② 방향이 앞으로 ③ 시간상으로 보다 전에

aid [eid] **타** 거들다, 돕다. **동** help(돕다), assist(돕다) **반** impede(방해하다), hinder(방해하다)

aim [eim] **타** 총 등을 겨누다(point). **자** ① 겨냥하다, 노리다. ② 목표 삼다, 마음 먹다. **명** ① 겨냥, 조준 ② 조준선 ③

	표적, 과녁 목표물 ④ 목적, 뜻, 의도
	aim a gun at a target 총을 과녁에 겨누다.
ain't	[eint], **an't** [ænt] ① (구어) am not 의 단축형 ② am not, is not, have not, has not 의 단축형
air	[ɛər] 명 ① 공기 ② the air 대기, 공중 ③ 외모, 태도
air base	공군기지, 항공기지
Air Force One	미국 대통령 전용기
airline	[ɛərlàin] 명 ① 종종 복수로 항공회사 ② 정기 항공(로)
airliner	[ɛərlàinər] 명 정기 여객기
airmail	[ɛərmèil] 명 항공우편, 항공편, 항공우편물
airplane	[ɛərplèin] 명 비행기 《구어》에서는 종종 plane 영국에서는 aeroplane
airport	[ɛərpɔ̀ːrt] 명 공항
airsick	[ɛərsik] 형 비행기 멀미가 난
alarm	[əlɑ́ːrm] 타 위급을 알리다, 경보를 전하다. 명 놀람, 경보 Don't alarm yourself 놀라지 마라. 반 calm(진정시키다)
alarm clock	자명종
alas	[əlǽs] 감 가엾어라, 아아, 슬프도다.
album	[ǽlbəm] 명 ① 방명록 ② 앨범
alcohol	[ǽlkəhɔ̀ːl] 명 알코올 술, 알코올 음료
algebra	[ǽldʒəbrə] 명 대수학
algor	[ǽlgɔːr] 명 (병리)오한
alien	[éiljən] 명 ① 외국인(foreigner) ② 외계인, ③ 따돌림 당하는 자 형 외국의, 외국인의 타 따돌리다, 소외하다. 반 familiar(친한)

alike	[əláik] 혱 서로 같은, 비슷한 튀 동등하게, 같게, 마찬가지로
alive	[əláiv] 혱 ① 살아 있는(living) ② 전류가 통하는 ③ 생생하여 瓎 dead(죽은)
alkali	[ǽlkəlài] 몡 (화학)알칼리 혱 알칼리성의
all	[ɔːl] 대 모든 것, 만사, 모두 혱 모든, 전체의 튀 완전히, 온통 몡 All 만물, 삼라만상, 우주

all round=all around 모두에게, 빙둘러, 골고루
all the best 작별인사로 잘가
and all that 《구어》 …니 뭐니 하는 것, …니 어쩌니, …등등, …하며 …하여
all out 《구어》 전력을 기울여, 총력으로 순전히, 전적으로

all-fired	[ɔ́ːlfàiərd] 혱튀 《구어》 무서운(무섭게) , 지독한(지독히), 대단한(대단히)
all-overish	[ɔ́ːlóuvəriʃ] 혱 《구어》 온몸이 나른한, 어쩐지 기운이 없는, 어쩐지 불안한
allow	[əláu] 타 ① …을 허락하다. 유의어 let ② 공제하다, 할인하여
all right	혱 ① 무사한, 건강한, 더할 나위 없이 ② [의문문에서] 좋아, 너도 동의하니
all-rounder	[ɔ́ːlráundər] 몡 만능선수, 만능학자, 만능기술자, 만능심판
almoner	[ǽlmənər] 몡 구호금(품) 분배관리
almost	[ɔ́ːlmoust] 튀 거의, 거반 하마터면 유의어 about

almost always 거의 언제나

alms	[ɑːmz] 의연금, 구호금(품) , 자선기부금
alone	[əlóun] 혱 혼자서, 외로이, 홀로 튀 단독으로, 홀로 유의

어 lone(고립된) ⑪ together(함께)

go it alone (구어)혼자서 하다.

let alone …은 말할 것도 없다.

stand alone 당할 사람이 없다.

along [əlɔ́ːŋ] 閉 ① 이쪽으로, 따라서 ② 멎지않고 앞으로, 나아가 ③ …와 함께 ④ 데리고, 동반하여 ⑤ 사물을 가지고

all along 내내, 처음부터 죽 along about 무렵에

along back (구어) 최근에 along with …와 함께, …와 같이 along with others 다른 사람들과 같이

bring along …을 가져오다. Bring along your shovel 삽을 가져오라.

take along 데리고 가다, 가지고 가다.

right along (구어) 줄곧 쉬지 않고

aloud [əláud] 閉 큰소리로 소리를 내어 유의어 loudly(큰소리로) reek aloud 냄새가 코를 찌르다. cry aloud [shout aloud] 큰소리로 외치다.

alphabet [ǽlfəbèt] 閉 알파벳 the alphabet 초보, 입문

alphabetically ABC순으로

alpha test [ǽlfə test] 閉 컴퓨터 소프트웨어 등의 사전 테스트. 알파지능검사

Alps [ælps] 閉 the Alps 알프스 산맥, 최고봉은 Mont Blanc 4,807m

already [ɔːlrédi] 閉 (긍정문에서) 이미, 벌써 (의문문·부정문에선) yet (놀라면서 의문문 후미에) 벌써, 그렇게 빨리 (부정문에서) 설마 벌써

also	[ɔ́ːlsou] 閉 역시, …도 또한, 마찬가지로 쩹(구어) 그리고 또한 not only … but also … …뿐만 아니라, …도(또한)
alter	[ɔ́ltər] 印 의복을 고쳐 만들다, 집을 개조하다, 모양·위치 등을 바꾸다. 재 달라지다, 일변하다.
alternate	[ɔ́ltərnèit] 印 교대시키다, 번갈아 하다, 엇갈리게 하다. 재 번갈아 하다. [ɔ́ltərnit] 혱 ① 번갈아 하는 ② 하나씩 거른 ③ 교체되는 명 교체자, 대리인
alternately	[ɔ́ltərnətli] 閉 하나씩 걸러, 번갈아, 교대로, 엇갈리게
although	[ɔːlðóu] 쩹 비록 …일지라도, …이긴 하지만
altitude	[ǽltətjùːd] 명 높이, 고도, 해발, 표고
altogether	[ɔ̀ːltəgéðər] 명 (구어)벌거숭이(the nude), 전체 閉 다 합하여
always	[ɔ́ːlweiz] 閉 언제나, 늘, 항상, 언제까지나, 영구히, 노상, 끊임없이 for always 영구히 not always …부분 부정으로 반드시, …한 것은 아니다. as always 평소와 같이
alyo	[ǽljou] 명 (속어) ① 늘 정해진 일 ② 침착한 사람, 평온 상태 ③ 뇌물(fix), 매수
a.m.,	[éiém] 閉혱 오전(before noon) 라틴어인 ante meridiem 의 약자
A.M.	명 오전 깹 p.m. post meridiem=after midday(오후)
amateur	[ǽmətʃùər] 명 아마추어, 비전문가 혱 직업적이 아닌 유의어 novice 신참자 깹 professional(직업적인)
amaze	[əméiz] 印 몹시 놀라게 하다. 통 astonish(놀라게 하다) 깹 bore(지루하게 하다)
amazedly	[əméizidli] 閉 몹시 놀라

amazing   [əméiziŋ] 휑 놀랄만한, 굉장한 amazingly(문전체수식) 놀랍게도

ambition   [æmbíʃən] 몡 ① 대망, 큰뜻, 포부, 야심, 야망, 패기, 열망 퇘 (구어)열망하다.

ambitious   [æmbíʃəs] 휑 패기만만한, 대명야심] 을 품은, 야심적인

ambulance   [æmbjuləns] 몡 이동식 야전병원, 구급차, 병원선

ambush   [æmbuʃ] 몡 매복, 잠복 재퇘 매복하다, 매복하여 습격하다, 복병을 매복시키다.

amen   [éimén] 깝 아멘, 그리되게 해주시옵소서 (So be it)(구어) 좋다, 그렇다.

America   [əmérikə] 몡 미국 The United States of America 미합중국

American   [əmérikən] 몡 미국인 휑 미국의, 미국인의

Americana   [əmèrəkǽnə] 몡 아메리카지, 미국의 풍물(사정), 미국의 문헌(사물)

amiss   [əmís] 뷔 틀어져, 빗나가, 잘못되어 휑 적절지 않은, 고장난, 잘못된 do amiss 그르치다, 실수하다. go amiss 일이 틀어지다. not come amiss 괜찮다, 잘못되지 않다. speak amiss 엉뚱한 소리를 하다, 실언하다. take … amiss …을 나쁘게 해석하다, …에 기분이 상하다. turn out amiss 나쁜 결과로 되다.

among   [əmʌ́ŋ] 쩐 …의 사이에, …에 둘러싸여, …의 사이에서 among others = among other things 여럿가운데서 from among 의 가운데서, among the rest 특히, 그 중의 한 개(한 사람), 그중에서도

amuse   [əmjúːz] 퇘 ① 웃기다, 즐겁게 하다. ② 아기를 어르다, 달

래다. 逬 bore(지루하게 하다) amuse oneself 즐기다, 놀다. 동 entertain(대접하다) You amuse me 사람 웃기지 마라, 시시한 소리

amused	[əmjúːzd] 형 흥겨워하는, 즐기는, 즐거워하는
amusedly	[əmjúːzidli] 부 재미나게, 즐거움게
amusing	[əmjúːziŋ] 형 웃기는, 즐거운, 재미있는
amusingly	[əmjúːziŋli] 부 우습게, 재미나게
analphabetic	[ænælfəbétik] 형 ① 알파벳 순이 아닌 ② 읽고 쓰지 못하는 명 무식자, 문맹
analyze	[ǽnəlàiz] 타 ① (물리 · 화학)분석하다. ② 정신분석하다.
analyzer	[ǽnəlàizər] 명 ① 분석자 ② 분석기 (광학) 분광기
ancestor	[ǽnsestər] 명 ① 선조, 조상 ② 생물의 원종 ③ 선구자 ④ 모범으로 추앙되는 사람.
anchor	[ǽŋkər] 명 ① 뉴스프로의 종합사회자(anchorperson) ① 닻 ② 인기프로그램, 대형유명상점 (속) 자동차 등의 브레이크, 마나라, 꼴찌학생(미국 해군사관)
anchovy	[ǽntʃouvi] 명 (어류) 멸치
ancient	[éinʃənt] 형 고대의, 먼 옛날의 명 고대인
and	[ənd, n, ænd] 접 ① 및, …와, 그리고 ② …더하기 ③ 또, …하면서 ④ 명령문에서 만약 그리하면 ⑤ …이면서도, 그러면서 ⑥ 동일어를 연결하여 반복의 뜻으로 쓰임 ⑦ …을 곁들인
anesthesia	[ænəsθíːʒə] (의학) 마취 local anesthesia 국소마취, general … 전신마취
anesthetization	[ənèsθətizéiʃən] 명 마취(법), 마취 상태

anesthetize [ənésθətàiz] 甩 마비시키다, 마취시키다.

angel [éindʒəl] 閔 ① 천사 ② 천사같은 사람, 몸도 마음도 아름다운 여성, 귀여운 아이

anger [ǽŋɡər] 閔 성, 화, 노여움 in a fit of… 발끈해서

angle [ǽŋɡl] 閔 ① 각도 ② 모, 모서리, 구석, 모퉁이 ③ 사물의 양식 ㈜ 굽다, 구부러지다. at an angle 비스듬이, 굽어서 meet(cross) at right angles 직각을 이루다.

angler [ǽŋɡlər] 閔 ① 낚시꾼 ② 계책으로 손아귀에 넣으려는 사람

Anglo-Saxon [ǽŋɡlousǽksən] 閔 ① (5세기경 영국에 이주한 튜튼족) ② 영국계 사람 ③ 현대영어, 평이한 영어 ④ 영어를 모국어로 하는 영국인

angry [ǽŋɡri] 휑 화난, 노한 閔 (복수) angries (구어) 사회 등에 항의하는 성난사람들 = angry young men

animal [ǽnəməl] 閔 ① 동물, 짐승 ② 짐승같은 사람 휑 ① 동물적인, 야수적인 ② [the ~] 사람의 동물성, 수성

animal rights 동물들이 학대에서 보호받을 권리, 동물 보호

animate [ǽnəmèit] 甩 ① 격려(고무)하다. ② …에 생명, 활기를 불어넣다. ③ 만화영화로 하다. [ǽnəmət]로 발음하여 휑 생기있는, 활기가 있는, 살아있는 things animate and inanimate 생물과 무생물 ⑧ enliven 원기를 돋우다.

animated [ǽnəmèitid] 휑 ① 생기가 있는, 살아있는 ② 활기에 넘치는, 싱싱한

animated cartoon 만화 영화

animating	[ǽnəmèitiŋ] 휑 고무적인, 생기를 주는
animation	[æ̀nəméiʃən] 몡 ① 동화, 만화 영화(제작) ② 생기, 활기
ankle	[ǽŋkl] 몡 ① 발목(관절) ② 네 발 짐승의 복사뼈 관절 (속어) 좋은 여자
aniversary	[æ̀nəvə́:rsəri] 몡 매년 돌아오는 기념일, 기념제, 주기
announce	[ənáuns] 탸 ① 알리다. ② 탈 것의 도착을 알리다. ③ 아나운서를 맡아 하다.
announcer	[ənáunsər] 몡 ① 아나운서, 방송원 ② 발표자
annoy	[ənɔ́i] 탸 ① 남을 화나게(약오르게)하다, 성가시게하다. 쟈 불쾌하다.
annoying	[ənɔ́iiŋ] 휑 약오르는, 귀찮은, 성가신 How annoying! 아이 귀찮아!
annual	[ǽnjuəl] 휑 해마다의, 한 해 한 번의, 연간 몡 졸업 앨범, 연보
annual ring	식물 · 동물의 나이테, 연륜
another	[ənʌ́ðər] 휑 또 하나의, 또 한 사람의, 다른, 딴 때 또 하나의 것, 또 한 사람, 다른 것, 다른 사람
answer	[ǽnsər] 몡 ① 시험문제 등의 해답 ② 대답, 회답, 답신
ant	[ænt] 몡 개미 have ants in one's pants 안절부절 못하다, 좀이 쑤시다.
Antaean	[æntí:ən] 휑 초인적인 힘을 가진, 매우 거대 무쌍한
antenna	[ænténə] 몡 ① 촉각, 더듬이, 달팽이뿔 ② 안테나
anthem	[ǽnθəm] 몡 찬송가, 성가 탸 성가 · 축가를 부르며 축하하다. a national … 국가
antique	[æntí:k] 몡 고물, 고미술품, 골동품 the antique 고대미술,

고대양식 혱 ① 고대의 ② 골동품의

antisocial [æntisóuʃəl] 혱 ① 반사회적인 ② 이기적인 ③ 적대적인 ④ 협박적인, 비우호적인

antonym [ǽntənim] 몡 반의어, 반대어

anxious [ǽŋkʃəs] 혱 ① 열망하여, 몹시 하고 싶어하는 ② 걱정하는, 불안한

anxiously [ǽŋkʃəsli] 閉 걱정스럽게

any [éni] 혱 [의문문·조건절에서] 얼마간의, 몇 사람의 [명사 앞에서] ③ 어떤 하나의

anybody [énibàdi] 때 [긍정문에서] 누구든지, 아무라도 몡 이렇다 하는 사람

anyhow [énihàu] 閉 (구어)[긍정문에서] 어떻게 해서든지 [부정문에서] 아무리 해도

anymore [ènimɔ́:r] 閉 [부정문·의문문에서] 이제는, 더 이상

anyone [éniwʌ̀n] 때 [의문문·부정문에서] 누군가 [긍정문에서] 누구든지

anything [éniθìŋ] 때 [긍정문에서] 무엇이든 [부정문·의문문에서] 아무것도

anytime [énitàim] 閉 언제든지, 언제나

anyway [éniwèi] 閉 어차피, 결국, 어쨌든, 뭐라해도

anywhere [énihwɛ̀ər] 閉 [긍정문에서] 어디로든지 [부정문에서] 아무데도 [의문문·조건절에서] 어디엔가, 어딘가에, 어딘가로 (구어) 대충

apart [əpá:rt] 혱 ① 떨어져 의견이 다른 閉 ① 헤어져, 떨어져, 따로 ② 별개의, 특이한 come apart 정신이 산란해지다,

물건이 산산히 흩어지다. tell[know] the two apart 양자를 구별하다. worlds apart (구어) 아주 딴판인

apartment complex [əpáːrtmənt kámpleks] 공공시설을 갖춘 아파트 단지

ape [eip] 명 (동물) ① 유인원, 꼬리없는 원숭이 ② 흉내를 잘 내는 사람 ③ 얼간이 grin like an ape 이를 들어내고 히죽히죽 웃다. play the ape 남의 흉내내다, 장난치다.

apologize [əpálədʒàiz] 자 ① 사과하다, 변명하다. ② 변호하다 (defend).

apology [əpálədʒi] 명 사과, 사죄, 변명, 핑계 유의어 explanation 해명, 변명 in apology for …에 대한 사과로

apostrophe [əpástrəfi] 명 아포스트로피 ① 생략부호 ② 복수 부호 ③ 소유격 부호

appalling [əpɔ́ːliŋ] 형 ① (구어) 질리는, 지독한 ② 무시무시한, 간담이 서늘해지는, 오싹 소름이 끼치는

apparent [əpǽrənt] 형 ① 명백한, 또렷이 보이는 ② 겉모양의

apparently [əpǽrəntli] 부 ① 분명히, 명백히 ② 외관상으로 보기에

appeal [əpíːl] 자 ① 사물이 사람의 흥미를 끌다. ② 애원하다, 간청하다, 호소하다, 항소하다.

appear [əpíər] 자 ① 나타나다, 나오다. ② …인듯하다(seem).

appetite [ǽpitàit] 명 식욕, 욕망, 성욕, 욕구 hunger(열망)

appetizing [ǽpitàiziŋ] 형 ① 식욕을 돋우는, 맛있어 보이는 ② 욕망을 불러 일으키는.

apple-pie order (구어) 질서 정연한 상태, 정돈 in… 질서 정연하게

applicable [ǽplikəbəl] 형 응용할 수 있는, 적용할 수 있는, 들어맞는

application [æplikéiʃən] 명 ① 신청, 지원, 응모 ② 적용, 응용, 적응성

apply [əplái] 타 ① 적용하다, 응용하다. ② 충당하다. 자 ① 적용되다. ② 알맞다. ③ 신청하다, 지원하다.

appoint [əpɔ́int] 타 지명하다, 임명하다.

appointment [əpɔ́intmənt] 명 ① 시간과 장소를 정한 만날 약속 ② 임명 동 engagement(약속) by … 때와 장소를 약속하여

appreciate [əprí:ʃièt] 타 ① 호의를 고맙게 생각하다. ② 진가를 인정하다. ③ 감상하다, 통찰하다. 동 understand

approach [əpróutʃ] 타 …에 가까이 가다, …에 가까워지다. 자 다가오다. 명 접근, 접근법, 접근로

approve [əprú:v] 타 정식으로 승인하다, 인가(재가)하다. 자 찬성하다.

apricot [ǽprəkàt] 명 살구, 살구나무 형 살구색의, 황적색의

April [éiprəl] 명 4월

April Fools' Day 만우절

apron [éiprən] 명 앞치마, 행주치마, 앞자락 타 …에 앞치마를 두르다.

apt [æpt] 형 ① …하기 쉬운, …하는 경향이 있는 ② 총기있는 ③ 적절한, 적당한 동 proper(적당한) 반 unfit(부적당한)

aptitude [ǽptətjù:d] 명 ① …의 소질, 재능, 수완, 적성 ② 경향, 습관 동 gift(자질), talent(재능)

Arbor Day [á:rbərdei] 명 식목일

arcade [ɑ:rkéid] 명 ① 아케이드 지붕있는 가로(상가) ② 아치형

지붕의 건물

architectural [ὰːrkətéktʃərəl] 형 건축학의 an architectural engineer 건축 기사

architecture [άːrkətèktʃər] 명 건축술, 건축학, 건축양식

arduous [άːrdʒuəs] 형 ① 험한, 가파른(steep) ② 일등이 고된, 힘드는

area [έəriə] 명 ① 지리상의 지역, 지방 ② 공간 · 표면 등의 범위, 부분

argue [άːrgjuː] 타 ① 논하다, 논의하다. ② 이론적으로 주장하다. 자 논쟁하다. 동 dispute(논쟁하다) 반 agree(동의하다, 응하다)

arise [əráiz] 자 (arose [ərouz] arisen [ərízən])사건 · 문제 · 곤란 등이 발생하다. 동 emerge(나타나다), 비롯되다, 기인하다.

arithmetic [əríθmətik] 명 ① 산수, 셈 ② 계산, 산수의 능력
decimal … 십진산수법, mental … 암산

arm [άːrm] 명 ① 팔, 동물의 앞다리 ② 나무의 큰 가지 ③ 팔걸이 ④ 지렛대 ⑤ 힘, 권력 ⑥ (속어)지배력, 영향력 타 껴안다(embrace). armit(속어)요금을 속이다.

armband [άːrmbænd] 명 완장, 상장

armchair [άːrmtʃɛ̀ər] 명 안락의자 형 ① 이론뿐인, 공론적인 ② 실제 경험에 의하지 않은

armed [άːrmd] 형 무장한, 군사력에 의한, 강화된, 보강된

armrest [άːrmrèst] 명 의자 등의 팔걸이

arm-twisting [άːrmtwìstiŋ] 명 강제, 강압, 강요 형 강제적인

army	[ά:rmi] 몡 ① 육군 ② 군대조직의 단체 휑 군대의 the Salvation Army 구세군 a standing army 상비군 a reserve army 예비군
around	[əráund] 用 사방에, 주위에, 주변을 빙 돌아서 전〉 …의 주위에, …을 둘러싸고, …의 주위를 돌아 휑 (구어)돌아다니고, 활동하여
arrange	[əréindʒ] 目 ① 미리 준비하다, 예정을 세우다. ② 정하다. ③ 분쟁 등을 해결하다, 조정하다. ④ 가지런히 하다. 困 ① 준비하다, 마련하다. ② 합의를 보다, 협정하다. ③ 해결짓다. 용 place 배열하다.
arrangement	[əréindʒmənt] 몡 ① 정돈, 정리, 배치 ② 협정, 합의 arrive at(come to) an… 합의가 이루어지다, 협정이 성립되다.
arrest	[ərést] 目 ① 체포하다, 억류하다, 검거(구속)하다. ② 주의·이목·흥미를 끌다. 용 apprehend(범인을 체포하다) 용 attract(흥미 등을 끌다)
arrival	[əráivəl] 몡 ① 도착, 입항, 도달 ② 도착자(물) ④ (구어) 신생아
arrive	[əráiv] 困 도착하다, 닿다. 용 come, reach(도착하다) 펜 leave(떠나다), depart(출발하다)
arrow	[ǽrou] 몡 화살, 화살표 目 화살표로 표시하다. 困 화살처럼 돌진하다.
art	[ɑ:rt] 몡 ① 미술, 예술 ② 집합적으로 미술·예술 작품 ③ 삽화 ④ 기술, 기예
artery	[ά:rtəri] 몡 동맥 펜 vein(정맥)

artful [ɑ́ːrtfəl] 혱 ① 교활한, 기교를 부리는 통 cunning(교활한) 기교가 뛰어난 ② 교묘한 ③ 솜씨있는

art gallery 미술관, 화랑

article [ɑ́ːrtikl] 몡 ① 기사, 논설 ② 물품, 물건, 품목 ③ 관사 ④ 조항, 조목
the article 《미속어》일품, 훌륭한 물건, 멋진 물건
smooth article 《미속어》빈틈없고 인사성 바른 사람
articles of faith 신조 articles of war 군율

artificial [ὰːrtəfíʃəl] 혱 ① 인조의, 인위적인, 인공적인, 모조의 ② 부자연스러, 꾸민, 가짜의 통 unnatural(부자연스런), man-made(인공의) 빤 real(진실한) genuine(진짜의)

artisan [ɑ́ːrtəzən] 몡 장인, 공장 기능공, 기계공

artist [ɑ́ːrtist] 몡 명인, 명수, 예술가, 미술가, 화가 painter(화가), sculptor(조각가), watercolorist(수채화가)

artistry [ɑ́ːrtistri] 몡 예술[미술]적 효과, 예술적 기교, 예술적 재능

artless [ɑ́ːrtlis] 혱 꾸밈 없는, 소박한, 자연스러운, 순진한, 순박한 통 simple(순진한), naive(소박한), natural(꾸밈없는)

as [əz, æz] 뷔 as... as... 로 쓰인다, 이때 앞의 as는 지시부사로 부사 · 형용사 앞에 쓰이고 뒤의 as는 접속사로 주어+동사의 앞에 쓰임. 이때 지시부사는 만큼, 와 같을 정도로 해석하며 뒤의 as접속사는 해석하지 않음. You run as fast as I(run). 너는 나만큼 빨리 뛴다. 접...as...로 쓰여 동등 비교를 나타내어 만큼 전, …로서, 예컨대(가령) …와 같은, 와 같이 (such as)로 관대, such, the same, as를

선행사로 받고 제한적으로 …와 같은

ASEM Asia Europe Meeting 아시아 유럽 정상회의(아시아 10개국
과 EU유럽 연합 15개국)

ash [æʃ] 명 ① 재, 담뱃재, 화산회 ② 복수로 유골, 유해
(remains) : lay in ashes 태워버리다, 태워 재로 만들다.
turn to dust and ashes 희망 등이 사라지다.

ashamed [əʃéimd] 형 부끄럽거나 수치스러워 …하지 못하여, …하
기를 수치스럽게 여기는 동 shamefaced(부끄러워하는)
반 proud(의기양양한)
be [feel] ashamed of + 명사[대명사] …을 부끄러워하다.
be ashamed of + 동명사 …하여 부끄럽다.
be ashamed to 부정사 부끄러워 …하지 못하다, …하는
게 부끄럽다.

ashore [əʃɔ́ːr] 부 ① 물가로, 물가에 ② 해변에
be driven ashore 바람·파도로 좌초하다.
run ashore 조정미숙으로 좌초하다.
go(come) ashore 상륙하다.

Asia [éiʒə, éiʃə] 명 아시아

Asian [éiʒən,-ʃən] 명 아시아 사람 형 아시아의, 아시아 사람의

aside [əsáid] 부 ① 어떤 목적으로 따로 두고 ② 곁에, 곁으로,
떨어져서
aside from …은 별문제로 하고
take a person aside 옆으로 슬쩍 데리고 가다(귓속말 등)
trun aside 옆으로 비키다, 공격 등 슬쩍 피하다, 옆을 보
다, 외면하다, 화 등 가라앉히다.

ask [æsk] 타 ① …에게 …을 질문하다. ② 조언 등 부탁하다, 청구(요구)하다. 자 ① 묻다, 의뢰하다, 요구하다, 청하다. ② 안부를 묻다.
ask for 물건을 청하다, …을 찾아오다.
ask for it[trouble] (구어)경솔한 짓을 하다, 화를 자초하다.
Ask me another! (구어)모르겠다, 엉뚱한 질문이다.
ask oneself 불청객으로 가다.
ask too much 무리한 부탁을 하다.
if you ask me, 내 생각으로는,
it may be asked whether … 인지 아닌지 의심스럽다.
if I may ask 물어서 실례일지 모르지만

asking [æskiŋ] 명 질문, 청구
for the asking 청구만 하면, 거저 공짜로

asleep [əslíːp] 부 ① 잠들어 ② 정지상태로 ③ 형 손·발이 저려 ④ 제정신이 아닌 ⑤ 가만히 있는, 움직이지 않는 것 같은 동 sleeping 반 awake(잠을 깬)
fall asleep 잠들다, 영 잠들다 be fast asleep = be sound asleep = lie fast asleep 깊이 잠들어 있다.

ass [æs] 명 나귀 [ɑːs] 명 고집쟁이 arse [ɑːrs] 의 변형
play the ass 바보짓을 하다.　ass about(around) = fool about 장난치다, 갖고 놀다, 빈둥거리다.
kiss a person's ass (속어)…에게 굽실거리다.
ass up 엉망으로 만들다, 실수를 저지르다(fuck up).

assemble [əsémbəl] 타 ① 조립하다, 부품을 조립하여 …으로 만들다. ② 집합시키다. 자 ① 집합하다. ② 조립하다.

assemble parts into an engine 부품을 조립하여 엔진을 만들다.

assembly 조립, 조립품, 조립부품, 집회, 회의, 입법기관

assign [əsáin] 타 (작업·방·물건 등을)배당하다, 할당하다. 동 allot(배당하다)

assign work to workers 일꾼에게 작업을 할당하다.

assist [əsíst] 타자 거들다, 원조하다, 돕다, 조력하다. 명 조력

assumed [əsjúːmd] 형 ① 꾸민, 거짓의, 가장한 ② 침해당한

assure [əʃúər] 타 책임지다, 보장하다, 보증하다. 동 pledge(보증하다) 반 equivocate(애매하게 말하다)

astronaut [ǽstrənɔ̀ːt] 명 우주 비행사

astronautess [ǽstrənɔ́ːtis] 명 여성 우주 비행사(astronette)

astronomy [əstrúnəmi] 명 천문학

asylum [əsáiləm] 명 ① 수용소, 보호시설 ② 피난처 ③ 피난, 망명 : a lunatic … 정신병원, political … 정치적 망명

at [æt, ət] 전 ① …에서[장소 앞에] ② …에[시간 앞] ③ …의 점에서[능력] ④ …을 향하여[목표물] ⑤ 보고, 듣고 ⑥ …의 비율로[수량·비율] at about …쯤에

be at … (구어)…을 나무라다, …을 노리다, 눈독들이다.

athletic [æθlétik] 형 운동경기의

an athletic meeting 운동회, … sports 운동경기

atheletics [æθlétiks] 명 ① 각종 운동경기, 육상경기 ② 체육실기

atiptoe [ətíptòu] 부형 ① 이제나 저제나 하고 기다려 ② 발돋움 하여, 발끝으로

atishoo [ətíʃuː] 감 에취 · 재채기 소리(ahchoo)

atmosphere [ǽtməsfîər] 명 환경, 분위기, 주위의 상황 the … 지구를 둘러싼 대기, 천체를 둘러싼 가스체 《물리》기압, 특정한 장소의 공기

atom [ǽtəm] 명 원자, 미소분자, 미진, 티끌 : smash[break] to atoms 산산히 부수다. atom-bomb 원자폭탄으로 공격하다, 원자탄을 투하하다.

attaboy [ǽtəbɔ̀i] 감 《구어》《격려 · 칭찬》잘 한다, 좋아, 대단한데!

attach [ətǽʧ] 타 ① 자격 조건 등을 첨부하다. ② 달다, 바르다. ③ 단체에 소속시키다.

attack [ətǽk] 타자 ① 논적 · 적 등을 공격하다, 비난하다. ② 병이 침범하다. 명 공격, 습격 형 공격용의
an attack missile 공격용 미사일

attempt [ətémpt] 타 ① 꾀하다, 시도하다, 기도하다(try). ② …에 도전하다.

attempted [ətémptid] 형 미수의, 기도한 : attempted murder 살인미수

attend [əténd] 타 ① 출석하다. ② 시중들다. 자 ① 돌보다, 보살피다. ② 시중들다, 섬기다. ③ 학교에 다니다.

attendant [əténdənt] 명 (주차장 · 호텔 등의) ① 안내원 ② 참석자, 출석자

attention [əténʃən] 명 ① 주의, 주목 ② 돌봄, 배려, 간호
Attention, please. 여러분 잠깐 들어주세요!
May I have your attention? 잠깐 실례 하겠습니다.

attic [ǽtik] 명 고미다락, 지붕밑 방

attitude [ǽtitjùːd] 명 ① 마음가짐, 태도, 자세 ② 사고방식

one's attitude of mind 마음가짐

attract [ətrǽkt] 🗈 (주의, 흥미 등을) 끌어당기다, 유인하다. 📵 allure(꾀다) entice(꾀다, 유혹하다) 📵 repel(싫증나게 하다)

attraction [ətrǽkʃən] 🅟 끌어당김 (물리)인력, 인기거리, 마음을 끄는것 📵 charm(매력) 📵 repulsion(혐오, 증오, 반감, 격퇴) magnetic … 자력 personal attracitons 인간적 매력

attractive [ətrǽktiv] 🗊 눈에 띄이는, 마음을 끄는, 흥미를 일으키는, 애교 있는 📵 charming(매력있는, 매력적인) 📵 plain(못생긴) unattractive(아름답지 못한)

attribute [ətríbjuːt] 🗈 …의 원인을 …의 탓으로 돌리다, 결과를 …에 돌리다. 📵 ascribe(…에 돌리다) refer to(…의 탓으로 하다)

attrition [ətríʃən] 🅟 ① 마찰, 마손 ② 수 등의 감소

audience [ɔ́ːdiəns] 🅟 ① 관중, 청중 TV 등의 시청자, 시청자 ② 공식회견 📵 spectator(구경꾼, 목격자) listeners(청취자, 청강생)

auditorium [ɔ̀ːditɔ́ːriəm] 🅟 ① 강당, 공연장, 회관, 공회당 ② 방청석, 관객석

August [ɔ́ːgəst] 🅟 8월 Aug. 로 생략

august [ɔːgʌ́st] 🗊 위엄있는, 당당한 📵 majestic(존엄한), imposing(당당한, 인상적인)

aunt [ǽnt] 🅟 아주머니, 이모, 고모, 숙모, 백모

auspicious [ɔːspíʃəs] 🗊 경사스러운, 행운이 트인, 길조의

Australia [ɔːstréiljə] 🅟 오스트레일리아, 호주

author	[ɔ́ːθər] 명 ① 저자, 작가, 창조자, 창시자 ② 저작물 작품
authority	[əθɔ́ːriti] 명 ① 권위, 위신, 권력 ② 복수로 당국, 권위자
	by the … of …의 권위로
	have no … over[with] …에 대해 권위가 없다.
	on the … of …을 근거로 하여 with … 권위를 가지고
automatic	[ɔ̀ːtəmǽtik] 형 ① 자동적인, 자동식의, 자연발생적인, 기계적인 ② 무의식적인
automation	[ɔ̀ːtəméiʃən] 명 자동 조작, 자동화, 자동화 상태
automobile	[ɔ́ːtəməbìːl] 명 자동차(car) (속어)일이 빠른 사람 형 자동차의 … insurance 자동차보험
autotruck	[ɔ́ːtoutrʌ̀k] 명 화물 자동차 영국에서는 motor lorry
autoworker	[ɔ́ːtouwə̀ːrkər] 명 자동차를 만드는 노동자
autumn	[ɔ́ːtəm] 명 가을, 가을철, 미국에서는 fall 형 가을의 the fall 성수기
avail	[əvéil] 타 …을 이롭게 하다. 동 profit(이익이 되다), help(도움이 되다) 자 이롭다, 도움이 되다, 쓸모가 있다. 명 이익, 효용, 효력
available	[əvéiləbəl] 형 이용할 수 있는, 당장 쓸 수 있는, 입수할 수 있는
avalanche	[ǽvəlæ̀ntʃ] 명 눈사태, 쇄도 자 쇄도하다. 타 압도하다.
avarice	[ǽvəris] 명 탐욕, 허욕
avaricious	[æ̀vəríʃəs] 형 탐욕스러운, 욕심이 많은 동 greedy(욕심많은)
avenge	[əvéndʒ] 타 원수를 갚다, 복수하다, 앙갚음하다.
avenging	[əvéndʒiŋ] 형 복수의, 보복의

avenue [ǽvinjùː] 명 ① 대로, 도시의 큰 거리 ② 수단, 방법, 길
Avenue 는 남북의 도로 Street 는 동서의 도로

average [ǽvəridʒ] 명 보통수준, 표준, 평균, 평균치 형 평균의 타
평균을 내다, 평균하여 …하다. 자 평균에 이르다.
on an [the] average 평균하여, 대충

avitaminosis [eivàitəmənóusis] 명 비타민 결핍증

avoid [əvɔ́id] 타 피하다, 회피하다, 예방하다. 동 evade(피하다)

avoidance [əvɔ́idəns] 명 ① 회피, 기피 ② (법)무효, 취소

await [əwéit] 타 …을 기다리다. 대기하다(wait for).

awake [əwéik] 타 awoke(과거), awoken(과거분사) 깨우다, 각
성시키다, 스스로 깨닫게 하다. 자 ① 깨어나다, 눈뜨다,
자각하다, 깨닫다, 깨어나다. ② 각성하다.
be awake to …을 눈치채고 있다.
awake or asleep 자나깨나 keep awake 자지 않고 있다.

aware [əwέər] 형 알아차리고 있는, 깨닫고 있는
be aware of …을 알아채고 있다, 을 알고있다.
become aware of …을 알아채고 있다.

away [əwéi] 부 ① 장소로부터 떠나서, 떨어져서, 멀리, 떨어진
곳으로 ② 사라져, 없어져 ③ 끊임없이 ④ (구어)훨씬
study away 꾸준히 공부하다. work away 꾸준히 일하다.
Away with him! 그를 쫓아내라. from away 멀리서부터
get away from it all 《구어》번거로운 일상 생활에서 떠나다.

awe [ɔː] 명 두려움, 경외하는 마음 타 경외하게 하다, 위압하
여 …시키다.
with awe 두려운 마음으로, be awed 두려워하다.

awed	[ɔːd] 휑 경외심을 가지고 있는
aweless	[ɔːlis] 휑 두려워하지 않는, 대담 무쌍한
awesome	[ɔːsəm] 휑 두려움을 일으키게 하는, 무서운, 위엄 있는
awful	[ɔːfəl] 휑 (구어)① 지독한, 대단한, 심한 ② 무서운, 무시 무시한 튄 몹시
awfully	[ɔːfəli] 튄 (구어)몹시 대단히, 지독하게, 무섭게
awkward	[ɔːkwərd] 휑 ① 어색한, 꼴사나운 ② 말 안듣는 ③ 사람 을 곤란하게 하는
awkward age	미숙한 사춘기, 초기 청년기
awkward customer	(구어)만만치 않은 상대
awkwardly	[ɔːkwərdli] 튄 어설프게, 서투르게, 어색하게, 꼴사납게
ax	[æks] 휑 도끼 have an ax to grind (구어)마음 속에 딴 속 셈이 있다.
azalea	[əzéiljə] 휑 진달래

βb

baa	[bæ:, bɑ:] 명 매 재 양이 매 하고 울다.
Bab	[bæb] 명 여자 이름 Barbara 의 애칭
babble	[bǽbəl] 타 실없이 지껄이다. 재 ① (어린이가)떠듬거리며 말하다. ② 시냇물이 졸졸 소리내다. 명 물이 졸졸 흐르는 소리, 왁자지껄한 소리
baby	[béibi] 명 ① 가족 · 단체에서 막내 최연소자 ② 여자친구 · 애인 ③ 갓난아기 형 ① 유아의, 어린애 같은 ② 소형의, 작은 타 응석받다, 소중히 다루다 : one's baby = the baby (구)의 관심사, 속 상하는 일. a baby wife 애기 같은 아내
baby farmer	보육원장, 탁아소 원장
baby-sit	[béibisìt] 타재 애를 봐주다, 지켜보다.
baby-sitter	[béibisìtər] 명 애 봐주는 사람
bach	[bætʃ] 재 남자가 독신 생활하다. 명 독신자
bachelor	[bǽtʃələr] 명 = single man 미혼 남자
back	[bæk] 타 ① 뒤로 물리다, 후진시키다. ② 후원하다, 지지하다. 재 뒤로 물러서다. 형 시대에 뒤떨어진, 배후의, 후방의 부 ① 지금부터 전에 ② 본 자리로 명 ① 등, 뒷면 ② 손발의 등 ③ 등뼈 통 help(돕다), support(지지하다) back to back (구어)연속적으로, 연달아, 등을 맞대고 slap a person on the back 의 등을 툭 치다. the back of one's mind 속마음

backache	[bǽkèik] 몡 요통, 등의 아픔
backbreaker	[bǽkbrèikər] 몡 허리가 휘는 몹시 힘든 일
backbreaking	[bǽkbrèikiŋ] 휑 몹시 힘든
backfit	[bǽkfit] 탄 …을 개조하다.
background	[bǽkgraund] 몡 ① 배경 ② 사건의 배경 ③ 원인 ④ 출신 성분 ⑤ 경력, 경험 휑 배경이 되는 탄 배경 설명을 하다. 동 experience(경험)
backslap	탄자 등을 탁 치다. 친숙하게 구는 사람.
back street	뒷길, 뒷골목
backward	[bǽkwərd] 몡 ① 후방 ② 과거 휑 ① 뒤쪽으로의 ② 거꾸로의 튀 뒤쪽으로, 거꾸로 탄 forward(앞으로, 전방으로) 동 rearward(후방으로): walk backward 뒷걸음질 치다. backwardly 뒤떨어져서, 머뭇머뭇
backyard	[bǽkjáːrd] 몡 뒷마당 탄 frontyard(앞마당)
bacon	[béikən] 몡 베이컨
	bring home the bacon (구어)생활비를 벌다, 입상하다.
	save one' s bacon 손해를 면하다.
	sell one' s bacon (속)몸을 팔다.
bacteria	[bæktíəriə] 몡 세균, 박테리아
bad	[bæd] 몡 the bad 로 액운, 나쁜짓, 악 동 evil(사악한) 탄 good(좋은)
	go to the bad 타락하다, 파멸하다 . 비교급 worse
	in bad (구어)난처하여, 미움을 사고 최상급 worst
bad actor	(속어)감당할 수 없는 난폭자 ① 상습범, 말썽꾼 ② 유해 물질 ③ 부리기 어려운 동물

bad apple	= bad egg (구어)불량배, 악당
badge	[bædʒ] 몡 ① 배지 ② 식별표시, 명찰 탄 견장을 달다.
badger	[bædʒər] 탄 ① 집적이다, 장난으로 괴롭히다. ② 조르다. 몡 오소리
badly	[bædli] 閂 ① 나쁘게 ② 서투르게 ③ 몹시(비교급 worse 최상급 worst)
bad mouth	(속어)중상, 비방, 혹평, 욕
bad-mouth	[bǽdmàuθ] 자탄 (속어)헐뜯다, 혹평하다.
bag	[bæg] 몡 가방, 핸드백, 자루, 봉지 탄 ① 자루에 넣다. ② 부풀리다. (속어)음낭, 콘돔 자 부풀다(out). 동 sack(자루), poke(작은 주머니): a bag of wind 허풍선이, give (leave) a person the bag to hold …을 궁지에 빠뜨리다.
baggage	[bǽgidʒ] 몡 수화물, 영국(luggage)
bagnio	[bǽnjou] 몡 동양식 목욕탕, 감옥
bag people	거리에 사는 집없는 사람들
bait	[beit] 탄 ① 미끼를 달다, 유혹하다. ② 꾈리다. 몡 미끼 동 lure(미끼): rise to the bait 미끼를 물다, 사람이 유혹에 걸려들다.
bake	[beik] 탄 ① 열로 굽다. 동 cook ② 태양이 땅을 굽다. ③ 피부를 태우다. ④ 과실 등을 익게하다. 자 구워지다. (구어)몹시 더워지다, 타서 마르다.
baker	[béikər] 몡 빵 굽는 사람
baking hot	타는 듯이 더운, 뜨거운
balance	[bæləns] 몡 ① 균형, 조화 ② 정서의 안정 ③ 저울 ④ 영향력 ⑤ 결정권: the balance (구어)거스름돈, 나머지, 잔

여, keep(lose) one's balance 중심 · 균형을 유지하다 (잃다), strike a balance 타협하다. 통 equilibrium(균형)

ballerina [bǽləríːnə] 명 발레리나

ballet [bǽlei] 명 발레, 발레단

balloon [bəlúːn] 명 ① 풍선 ② 기구 자 ① 부풀다. ② 기구를 타고 오르다. 형 풍선처럼 부푼 타 부풀리다. 통 swell(부풀다), puff up(out) (부풀어 오르다)

balloonfish [bəlúːnfiʃ] 명 복어

balloonflower [bəlúːnflàuər] 명 도라지

ballot [bǽlət] 명 투표 용지, 투표 the ballot 투표권 타 ① 투표하다. ② 추첨하다. 자 투표로 선출하다.

ball park [bɔ́ːlpàːrk] 명 야구장, 구장, 구기장: in the ball park (구어)예상 범위 내에

ball-proof [bɔ́ːlprúːf] 형 방탄의: a ballproof jacket 방탄재킷

bamboo [bæmbúː] 명 대나무 형 대나무의, 대로 만든

bamboozle [bæmbúːzəl] 타 ① 속이다. ② 묘한말로 어리둥절하게 하다. ③ 꾀다. 자 속이다.

banana [bənǽnə] 명 ① 바나나 ③ (속어)코미디언(comedian), (비어)남자의 성기

banana head = balloon head (속어)멍텅구리, 바보

band [bænd] 명 ① 일대, 그룹, 떼 ② 밴드, 끈, 띠, 테 타 끈이나 띠로 묶다. 통 group(집단) 사람의 한 무리, 짐승의 떼 타 단결시키다. 자 단결하다. 통 unite(단결…)

bandage [bǽndidʒ] 명 붕대 타 …에 붕대를 감다(up): bandaged arm 붕대 감은 팔

bandit [bǽndit] 몡 ① 산적, 도적, 강도 ② 무법자 ⑧ thief(도둑), outlaw(무법자): mounted bandits 마적

baneful [béinfəl] 혱 치사의, 유독한 baneful herbs 독성의 초

bang [bæŋ] 팀 ① 쾅하고 닫다. ② 세게 두드리다. (속어)마약을 놓다. 困 ① 탕치다. ② 쾅하고 닫히다. ③ 쿵소리 나다. ④ 쾅 부딪치다. 몡 ① 총성, 포성, 쾅소리 ② (구어)흥분, 자극, 활력 (속어)마약 주사 꿉 쿵,쾅,탕 囝 (구어)불쑥, 바로: with a bang 쾅하고, 탕하고, go bang 탕소리 나다, 탕하고 닫히다. get a bang on the head 머리를 쾅하고 얻어맞다.

bank [bæŋk] 몡 ① 제방, 둑 ② 언덕 비탈 ③ 강 기슭 ④ 은행 팀 ① 제방을 쌓아올리다. ② 구름 등이 층을 이루다. ③ 은행에 예금하다. 困 ① 겹겹이 층을 이루다. ② 은행과 거래하다. ⑧ embankment(제방)

bankable [bǽŋkəbəl] 혱 은행에 담보할 수 있는

bank loan [bǽŋklóun] 은행 융자

bar [ba:r] 몡 ① 빗장, 창살, 막대기 ② 쇠지렛대 ③ 술집 팀 ① 빗장을 질러 잠그다. ② 길을 막다. ⑧ barrier(장애)

barbarian [ba:rbɛ́əriən] 몡 ① 야만인 ② 교양 없는 사람 ③ 이방인 혱 교양 없는

barbecue [bá:rbikjù:] 몡 ① 통구이 ② 야외 파티 팀 통째로 굽다.

barber [bá:rbər] 몡 이발사 hairdresser 미용사

bare [bɛər] 팀 ① 벌거벗기다, 노출시키다. ② 마음을 털어놓다. ⑧ nude(알몸의) 혱 ① 노출된, 헐벗은, 벌거벗은 ② 텅빈 ③ 맨손의 ④ 닳은: at the bare thought 생각만 하여

	도 ⑲ dressed(옷을 입은), in one's bare skin 알몸으로
bare bones	[béərbòunz] ⑲ 최소한의
bargain	[báːrgən] ㉤ 교섭으로 계약하다. ㉨ 흥정하다, 매매의 교섭을 하다. ⑲ ① 특가품, 싸게 산 물건 ② 매매계약, 매매약속 ③ 거래, 협정: strike a bargain = make a bargain 흥정이 이루어지다, 계약을 맺다. A bargain's a bargain 약속은 약속이다.
bark	[baːrk] ㉤ ① 큰소리로 선전하다. ② 껍질을 벗기다. ⑲ ① 기침 소리 ② 짖는 소리 ③ 총성 ④ 호통
barley	[báːrli] ⑲ 보리, 대맥
barn	[baːrn] ⑲ ① 광, 헛간 ② 전차·버스 차고 ⑧carbarn ㉤ 저장하다.
barnyard grass	잡초
barricade	[bǽrəkèid] ㉤ 바리케이트를 치다, 막다. ⑲ 바리케이드, 장애, 장애물
base	[beis] ㉤ …에 …의 기지(본거지)를 두다, 기초를 두다. ⑧ bottom(바닥) ㉨ 기지를 두다. ⑲ ① 바닥, 토대, 기초, 근거 ② 군사기지 ③ 야구의 누
baseball	[béisbɔ̀ːl] ⑲ 야구 baseball park 야구장
basement	[béismənt] ⑲ ① 지하실, 지하층 ② 구조물의 최하부
basic	[béisik] ⑲ 기초의, 초보적인, 기본적인 ⑧ main(주요한) ⑲ ① 군대의 기초 훈련 ② 복수로 기본적인 것, 원리 ⑲ subsidiary(부수적인)
basin	[béisən] ⑲ ① 대야, 웅덩이 ② 고인물 ③ 분지 ⑧ pond(고인물)

basis [béisis] 몡 ① 주성분 ② 기본 원리, 원칙, 기준 ③ 기초 됭 foundation(토대)

bask [bæsk] 邳 ① 은혜를 입다. ② 몸을 녹이다, 햇볕을 쬐다. bask in the sun 햇볕을 쬐다.

basket [bǽskit] 몡 ① 광주리, 바구니 ② 농구의 바스켓 ③ 한 바구니 분량

basketball [bǽskitbɔ̀ːl] 몡 농구, 농구공

bat [bæt] 몡 배트, 타자 邼 ① 배트로 치다. ② 쳐서 나아가도록 하다. 邳 타자로 서다, 치다. 몡 박쥐 (속어)창녀 bat the breeze 이런 저런 얘기를 하다.

bath [bæθ] 邼邳 (영)목욕시키다, 목욕하다. 몡 목욕, 욕실 take (have) a bath 목욕하다. a public bath 공중목욕탕

bathe [beið] 邼 ① 목욕시키다. ② 파도가 씻다. ③ 담그다, 적시다. 邳 일광욕 하다. 몡 (영)미역, 수영, 해수욕 됭 swim, dip: take (have) a bathe 해수욕하다.

baton gun [bətángàn] 몡 폭도 진압용 고무총탄

baton round (baton gun 용의) 고무총탄

battle [bætl] 邼 …와 싸우다. 邳 분투하다, 투쟁하다. 몡 교전, 전투, 투쟁 됭 fight(싸움), combat(전투) be half the battle 《구어》사물이 성공으로 이어지다. fight a battle 한바탕 붙다. battle it out 《구어》최후까지 전투하다. battle one's way 《구어》노력해 나아가다.

bawl [bɔːl] 邼邳 (속어)야단치다, 호통치다, 고함치다, 엉엉울다. 몡 아우성, 울음

	bawl out 몹시 야단치다, 마구 소리지르다.
	bawl and squall 마구 떠들다.
bay	[bei] 명 ① 만, 후미 ② 궁지 ③ 월계수 자 사냥개가 짖어 대다.
B.C.	[bíːsíː] 서력 기원전 (before Christ 의 약자)
	AD, A.D. [éidíː] 그리스도 기원[서기] …년 라틴어 Anno Domini 의 약자
beach	[biːtʃ] 명 바닷가, 해변, 해수욕장 통 strand(바닷가), sands(백사장)
beach buggy	모래밭용 자동차
beacon	[bíːkən] 명 봉화, 횃불, 등대(lighthouse)
beak	[biːk] 명 ① 부리, 매부리코 ② 주전자의 주둥이
bean	[biːn] 명 콩, 강낭콩, 콩 모양의 열매
	Every bean has its black 누구나 결점은 있다.
	full of beans 《구어》원기왕성하여
	get beans 《구어》얻어맞다, 꾸지람 듣다.
	give a person beans 《구어》벌주다.
	small beans 팥
	spill the beans 《구어》자백하다, 비밀을 말하다.
	old bean 《영속어》야 이친구야!
	know beans 아주 정통하다.
bean sprouts	콩나물, 녹두의 싹, 갓 발아한 콩의 싹
bear	[bɛər] 명 곰, 난폭한 사람, 일에 강한 사람, 구멍 뚫는 기계: the Bear 《구어》러시아 타자 ① 지탱하다. ② 비용을 부담하다. ③ 아이를 낳다. ④ 열매를 맺다, 열리다. ⑤ 고

통 · 불행 등 참다, 견디다. 동 carry(지탱하다), support(지탱하다)

bearable [bɛ́ərəbəl] 형 날씨의 추위 · 더위 등 견딜만한, 참을 수 있는, 감내할 수 있는

beard [biərd] 타 공공연히 반항하다. 명 턱수염, 수염 mustache 콧수염 whiskers 구레나룻: laugh in one's beard 비웃다.

bearish [bɛ́əriʃ] 형 곰 같은, 난폭한 동 rough(사나운)

beast [bi:st] 명 ① 짐승 ② 짐승 같은 사람 ④ (속어)엄격한 선생, 잔소리꾼 동 animal, brute(짐승): the beast 잔인성, 수성, 야만성 육욕

beastly [bí:stli] 형 (비교급 beastlier 최상급 beastliest) 징그럽게 싫은, 짐승 같은, 싫은, 추잡한

beat [bi:t] 타 ① 때려 부수다, 후려치다. ② 연거푸치다. ③ 벌로 때리다, 때려주다. ④ 패배시키다. ⑤ 두들겨서 펴다. ⑥ 때려박다. 동 hit, strike ⑦ 박자를 맞추다, 박자를 맞추어 손뼉을 치다. 자 ① 비 · 바람 · 파도가 때리다. ② 심장이 뛰다. ③ 둥둥 울리다.

beaten [bí:tn] 형 ① 두들겨 맞은 ② 패배한 ③ 밟아 다져진 ④ 몹시 지쳐버린

beat-up [bí:tʌ́p] 형 (구어)닳은, 오래 되어 낡은, 지쳐버린

beautiful [bjú:təfəl] 형 ① (구어)멋진, 돋보이는 ② 아름다운 ③ 훌륭한 감 훌륭하다! 굉장하다! 멋있다! the beautiful 미인들, 미

beautify [bjú:təfài] 타자 미화하다, 아름다워지다.

beauty [bjú:ti] 명 미모, 미, 아름다움 동 loveliness(아름다움)

a beauty 미인, the beauty 미인들

beauty contest 미인 선발 대회 beauty queen 뽑힌 여왕

beauty parlor[shop] 미장원

because [bikɔ́:z] 쩝 ① 왜냐하면, 왜냐하면 …때문에 ② 부정문의 주절과 함께 …하다고 해서: because of 전치사로 써서 … 때문에(owing to)

become [bikʌ́m] 짜 되다. 타 …에 알맞다, 어울리다, 적당하다.

becoming [bikʌ́miŋ] 혱 어울리는, 알맞은, 적당한 동 suitable(알맞은) 명 적당, 상응

bed [bed] 명 ① 잠자리, 침상 ② 화단 ③ 모판 ④ 취침(시간), 부부 관계 (구어) 성교

bedroll [bédròul] 명 침낭

bedroom [bédrù:m] 명 침실 혱 배드씬의, 침실용의, 정사의

bedtime [bédtàim] 명 취침 시간

bee [bi:] 명 ① 꿀벌 ② 일꾼, 부지런히 일하는 사람. have a bee in one's bonnet(head) (구어)무엇인가 골똘히 생각하다, 머리가 약간 돌다.

beebee [bí:bì:] 명 공기총, BB 총

beef [bi:f] 명 ① 쇠고기 ② (구) 근육, 힘 짜 (속어) 불평하다 (about), 흠잡다. Put some beef into it (속어)힘내라!

beefcake [bí:fkèik] 명 남성적 육체미, 남성 누드 사진 (속어)나체의 남성

beep [bi:p] 발신음, 삑하는 소리

beeper [bí:pər] 명 무선 호출 장치

beer [biər] 명 맥주

order a beer 맥주를 한 잔(한병) 주문하다.

be in beer 맥주에 취해있다.

on the beer 술을 계속 마시어

Life is not all beer and skittles 《속담》사람이란 좋은 일만 있는게 아니다.

before [bifɔ́:r] 분 ① 전에(때) ② 앞에(위치) 전 ① …의 앞에(위치·장소), …의 앞날에, 오는 앞길에 ② 보다 전에(때)(우선 선택 순서) …에 앞서서 접 ① …하기 전에 ② will·would와 같이 쓰여 …하느니 차라리

beg [beg] 타 ① 구걸하다, 간청하다, 빌다. ② 부탁하다. 자 구걸하다(for). 개가 앞발을 들고 재롱을 부리다. Beg! 뒷발로 섯! 동 ask(요청하다)

begin [bigín] 타 ① 시작하다. ② 《미구어》부정어와 같이 전혀 …할 것 같지 않다. 자 시작되다, 시작하다. 동 start(착수하다) 반 end(끝나다)

behave [bihéiv] ① 예의 바르게 행동하다. 타 ② 양태의 부사·부사구와 같이 쓰여 행동하다. behave well 예의 바르게 행동하다, behave badly 좋지 않게 행동하다.

behind [biháind] 형 (명사 뒤에서) 뒤에 있는 명 (옷 등의) 뒤, 등 분 뒤에(장소), 늦어(때, 시간), 배후에 전 〉에 뒤에(장소), …의 배후·후방에, …에게 뒤지다, …에 편들어, …을 지지하다.

believe [bilí:v] 자 ① 사람을 믿다, 신용하다. ② …의 존재를 믿다. 타 ① 믿다. ② …라고 생각하다. 사람이나 일을 …하다고 믿다.

bell	[bel] 団 ① …에 방울을 달다. ② 종을 울려 불러모으다. 困 종을 울리다. 圀 종, 방울, 벨, 초인종
belly	[béli] 圀 배, 복부: lie on the belly 엎드려 눕다.
belong	[bilɔ́(ː)ŋ] 困 ① …에 속하다. ② …의 소유다. ③ …에 소속하고 있다. ④ …의 출신이다.
beloved	[bilʌ́vid] 혱 가장 사랑하는, 圀 가장 사랑하는 사람
below	[bilóu] 혱 아래의, 다음 페이지의 젼 (장소)의 보다 아래에 倂 아래로
belt	[belt] 圀 혁대, 띠, 줄무늬, 피대, 순환도로 (속어)구타, 마리화나
bend	[bend] 困 ① 휘다, 구부러지다. ② 허리를 구부리다. ③ 머리를 숙이다. 団 ① 구부리다. ② 눈쌀을 찌푸리다. ③ 무릎을 꿇다.
beneficial	[bènəfíʃəl] 혱 유익한, 이로운(to) 阁 profitable(유익한)
benefit	[bénəfit] 圀 이익, 이득 団 …의 이익이 되다, 에게 이롭다. 阁 profit(이익)
bent	[bent] 圀 ① 좋아함, 성미, 성향 혱 ① 굽은 ② …하려고 열심인 ③ 마음이 쏠린
berry	[béri] 圀 딸기과의 열매(물고기·새의 알) 困 장과가 열리다.
beside	[bisáid] 젼 …의 곁에, …와 떨어져서, …에 비해서
besides	[bisáidz] 倂 게다가 또, 그 위에, 그 밖에도 젼 …외에도, 밖에도
best	[best] 혱 ① good 의 최상급, 가장 좋은, 최상의 ② 가장 효과적인 倂 well 의 최상급, 제일 잘, 가장 잘, 가장, 최고

로 **명** the best, one's best 로 가장 좋은점, 제일 좋은것,
나들이 옷(Sunday best 나들이 옷) **타** 남을 능가하다.

bet [bet] **타** ① 돈 등을 걸다, 내기를 하다. ② 단언하다. **자**
내기를 하다. **명** ① 내기, 건 돈(물건) ② (구어)생각, 의
견, 취할 대책 **동** wager(걸다) ③ 취해야 할 방책

between [bitwíːn] **전** 둘 사이에, 셋 이상 사이에는 among

beyond [bijánd] **전** (장소) …의 저쪽에 ② (범위·능력·정도)
이상으로 **부** 저쪽에, 멀리 저편에

bicycle [báisikəl] **명** 자전거

bid [bid] **명** 입찰, 입찰 가격 **타자** 명령하다, 값을 매기다, 입
찰하다. …에게 명하다.

big [big] **형** ① 큰, 아이가 성장한 ② 감칠맛 있는; (구어) ①
일이 중대한, 사람이 중요한 ② 연상의 ③ 인기 있는, 유
명한 ④ 마음이 너그러운 ⑤ 거만한 **부** (구어)관대하게,
크게 **명** the bigs 거물, 대기업, 실력자

bike [baik] bicycle 의 단축형 (구어)자전거, 오토바이 **자** 자전
거로 가다.

bilk [bilk] **타** 의상값을 떼어먹다, 속이다, 기대를 저버리다.

bill [bil] **명** 계산서, 청구서, 지폐, 전단, 벽보, 법안 (구어)사
람의 코

billiard [bíljərd] **명** 당구 **형** 당구용의

billion [bíljən] **명** (미국·프랑스에서는)10억 (백만의 천 배)
(영국·독일에서는)조 (백만의 백만 배)

billowy [bíloui] **형** 물결이 높은, 소용돌이 치는

bind [baind] **타** 묶다, 매다, 포박하다, 감다. (과거·과거분사)

	bound 반 loosen(풀다) 동 tie(묶다)
bird	[bə:rd] 명 새, 비행기 the bird(속어)비난·야유의 소리
birthdate	[bə́:rθdèit] 명 생년월일
birthday	[bə́:rθdèi] 명 생일
birthplace	[bə́:rθplèis] 명 출생지, 발생지
biscuit	[bískit] 명 비스킷, (구어) 화폐, 동전: ship's bisscuit 건빵
bit	[bit] 명 작은 조각, 도막, 한 조각, 소량의 음식, 조금, 약간 동 scrap(부스러기) a bit (부사적으로)(구어)약간, 잠시, 잠깐, 조금 a bit of …소량의, 한 도막(한 조각)의 a bit (too) much (구어)너무 심하여 That's a bit much 너무하다, 그건 너무 심하다.
bite	[bait] 타 물다, 물어 뜯다, 과거 bit 과거분사 bitten 동 nip(물다), bit off(물어 뜯다) 자 물다(at). 명 물린, 찔린 상처, 한 입
bitter	[bítər] 형 쓴 반 sweet(단) 형 모진, 지독한, 격렬한(Pl.) 쓰라림, 쓴맛 동 acrid(쓴)
black	[blæk] 타 ① 검게 하다. ② 구두를 닦다. ③ 명예를 훼손시키다. 동 sooty(검정색의) 자 ① 검어지다. ② 캄캄하게 하다, 보도관제하다. 반 white(백색의) 형 검은, 오염된, 피부가 검은, 흑인의 명 검정색, 암흑 (복수 또는 Black) 흑인
balckboard	[blǽkbɔ̀:rd] 명 칠판
blackish	[blǽkiʃ] 형 거무스름한

blacksmith	[blǽksmìθ] 뎽 대장장이, 제철공, 대장간
blame	[bleim] 뎽 비난, 책망 퇌 비난하다, 나무라다. 됨 reproach(꾸짖다)
blanch	[blæntʃ] 퇌 표백하다, 회게 하다. 짜 회어지다.
bland	[blænd] 혱 ① 말이나 태도가 부드러운, 차분한, 침착한 ② 음식물이 자극성이 없는 ③ 온후한
blanket	[blǽŋkit] 뎽 담요 퇌 담요로 덮다.
blanket area	(라디오 · TV의) 난시청 지대
blare	[blɛər] 짜 울려 퍼지다(out), 쾅쾅울리다(out). 퇌 크게 울려 퍼지다.
bless	[bles] 퇌 ① 신성케 하다. ② 십자를 그어 남을 축복하다. ③ 신이 사람에게 은혜를 베풀다.
blessed	[blésid] 혱 신성한, 축복 받은, 기쁜, 행복한, 다행한
blessing	[blésiŋ] 뎽 ① 하느님의 은총, 은혜, 축복 ② 식사 전 · 후의 기도
blind	[blaind] 혱 ① …이 잘 안보이는 ② 눈 먼, 장님인 퇌 눈 멀게하다. 뷈 맹목적으로, 무계획적으로 됨 sightless(눈이 먼) 뺜 sighted(볼 수 있는)
bliss	[blis] 뎽 ① 천국, 천상의 기쁨 ② 지복, 더없는 기쁨 됨 happiness(행복)
blissful	[blísfəl] 혱 더없이 즐거운, 더없이 행복한
block	[blɑk] 뎽 ① 큰 덩이 ② 받침 퇌 ① 방해하다. ② 길 등을 막다, 폐쇄하다, 봉쇄하다. 됨 obstacle(장애물) 짜 (스포츠에서)상대방을 방해하다. 혱 총괄한, 포괄적인 뺜 aid(도움)

blond(e)   [bland] 혱 ① 금발의 ② 피부가 희고 혈색이 좋은

blood   [blʌd] 몡 ① 피, 혈액 ② 격정, 혈연, 가문 ③ 멋있는 젊은 이 囼 새로운 체험을 시키다. 통 gore(핏덩어리)

bloody   [blʌ́di] 囼 피투성이로 만들다. 혱 피투성이의, 피비린내 나는, 피나는

bloom   [bluːm] 쟈 ① 꽃이 피다. ② 번영하다. 囼 …을 번영시키 다, 꽃피게 하다. 몡 ① 관상용 식물의 꽃 ② 건강미, 신선 미, 개화기 통 flower(꽃): the bloom 한창, 한창 때

blooming   [blúːmiŋ] 혱 ① 활짝 핀, 만발한 ② 꽃다운, 한창인

blossom   [blásəm] 몡 ① 과수의 꽃 ② 꽃철, 전성기 통 flower(꽃) the blossom 성장 · 발전의 초기

blot   [blat] 몡 ① 때, 얼룩 ② (인격 · 명성의) 오명 쟈 잉크가 번지다. 囼 ① 압지로 빨아들이다. ② 더럽히다, 오점을 남 기다. 통 spot, stain(얼룩)

blouse   [blaus] 몡 ① 여성의 블라우스 ② 야구복의 상의

blow   [blou] 囼 ① 불다, 불어 날리다. ② 소문을 퍼뜨리다. ③ (속어)배반하다. 과거 blew 과거분사 blown 몡 구타, 정 신적 쇼크 통 hit(때림)

blown   [bloun] blow의 과거분사 혱 ① 부푼, 과장된 ② 숨을 헐 떡이는

blowy   [blóui] 혱 (구어)바람이 거센 통 windy

blowzy   [bláuzi] 혱 ① 머리가 헝클어진 ② 여자 단정치 못하고 품 위가 없는

blubber   [blʌ́bər] 쟈 엉엉 울다, 울면서 말하다. 몡 고래의 지방

blue   [bluː] 혱 ① 푸른, 남빛의 ② 음란한, 외설한 ③ 엄격한 몡

① 청색, 하늘색 ② (미속어)각성제 **旺** 파랗게 하다. **재**
파래지다. **동** azure(청색), **반** happy(행복한)

feel blue 우울하다.

look blue 울적해 보이다, 기분이 나빠 보이다.

trun [make] the air blue 분위기를 긴장케 하다.

blue devils	우울, 우울증 **동** the blues(우울증), melancholy(우울증)
blue jeans	청바지
blue Monday	(구어)우울한 월요일
blue moon	매우 오랜 기간: once in a blue moon 아주 드물게
bluff	[blʌf] **명** a bluff 허세, 엄포, 속임수, 절벽 **동** steep(가파른) **형** ① 퉁명스러운 ② 깎아지른 듯한 **旺** …에게 허세 부리다, 속이다: bluff it out (구어)감쪽같이 속여 궁지에서 탈출하다. **반** sloping(비스듬한)
board	[bɔːrd] **명** ① 판자, 흑판, 게시판 ② 마분지, 판지
boast	[boust] **旺** ① 큰소리치다, 호언장담하다. ② 자랑하다. **동** brag(자랑하다) **재** 자랑하다.
	not much to boast of 별로 자랑할 만한 것이 못되는
boastful	[bóustfəl] **형** ① 자랑하는, 허풍을 떠는 ② 과장된
boat	[bout] **명** 보트, 배, 선(미구어)자동차
	rock the boat (구어)평지 풍파를 일으키다.
	take to the boats 구명보트로 옮겨타다.
boatman	[bóutmən] **명** 뱃사공, 배젓는 사람
bobby	[bábi] **명** (英구어)순경
body	[bádi] **명** 주요부, 몸통, 몸, 신체, 시체 **동** corpse(시체)
	body and breeches (구어)전적으로, 아주, 완전히

body and soul 몸과 마음을 다하여

in a body 한덩어리가 되어

boil [bɔil] 타 끓이다, 삶다. 자 ① 삶아지다, 익다, 끓다. ② 격분하다. 동 seethe(끓다)

bold [bould] 형 ① 과감한, 대담한 ② 배짱있는, 도전적인 ③ 여성이 되바라진 동 brave(용감한)

boldly [bóuldli] 부 대담하게, 뻔뻔스럽게

bolt [boult] 명 빗장 타 ① 빗장으로 잠그다. ② 탈당하다. 자 말이 뛰어 달아나다, 뛰어나가다, 튀어나가다, 도망하다. bolt up 걸어 잠그다.

bomb [bam] 명 ① 폭탄, 폭발물 ② (구어)대실패 ③ 폭발사건 ④ 폭탄발언: bomb out 맹폭하여 모조리 태워버리다. go down a bomb (구어)크게 성공하다, 큰 인기를 얻다.

bombard [bambá:rd] 타 ① 꽃다발 등을 집어던지다. ② 포격하다, 폭격하다, 공격하다: go down like a bomb(구어) ① 커다란 충격이다. ② 실망[실패]으로 되다.

bond [band] 명 ① 인연, 유대 ② 새끼, 끈 ③ 약정, 계약, 결속 ④ 묶는 끈 타 ① 담보를 넣다. ② 잇다. ③ 이어 쌓다(벽돌 등) 자 ① 접합하다. ② 인연을 맺다.

bone [boun] 명 뼈 (속어)열심히 공부하는 사람 타 뼈를 빼내다. 자 (구어)열심히 하다(up).

bonus [bóunəs] 명 보너스, 특별 수당, 장려금 (영)이익 배당금 동 reward(보상)

boo [bu:] 감 ① 피이(비난·경멸할 때) ② 우우(야유할 때) ③ 으악(놀라게 할 때)

boohoo [bù:hú:] 짜 울고불고 하다. 명 엉엉 우는 소리, 울고불고 하기

book [buk] 명 (구어)잡지, 책, 권, 편 동 tome(큰 책) 타 ① 예약하다. ② 이름 · 주문 등 기장하다. ③ 출연 등 계약하다. 짜 ① 이름을 등록하다, 좌석 · 방을 예약하다. ② 숙박 예약을 해주다.

bookcase [búkkèis] 명 책꽂이, 책장

booking [búkiŋ] 명 ① 장부기입, 좌석의 예약 ② 출연 계약

booking clerk 호텔 등의 예약 담당원

bookstore [búkstɔ̀:r] 책방, 서점 (美) bookshop

bookworm [búkwəːrm] 명 독서광, 책벌레

boom [bu:m] 명 ① 천둥, 포, 파도 등의 울리는 소리 ② 벼락 경기, 벼락 인기 동 roar(울리다) 타 ① …의 인기를 올리다, 활기 띄우다, 붐을 일으키다. ② 기중기로 끌어올리다. 짜 쿵하고 울리다. (속어)갑자기 인기 · 경기가 좋아지다, 폭등하다. 반 recession(경기후퇴)

boost [bu:st] (구)명 후원, 경기부양 타 ① 후원하다, 밀어주다, 경기를 부양하다. ② 선전하다(up). (속어)가게에서 …을 슬쩍하다.

boot [bu:t] 명 반장화, 장화 (구어)① 신병 ② 자극, 스릴 타 ① (구어)발길로 차다. ② 해고하다, 내쫓다.

border [bɔ́:rdər] 명 국경, 국경지방, 변두리 타 면하다, 접경하다. 동 frontier(국경) : on the border of …의 접경에 …의 가에 반 center (중앙)

bore [bɔ:r] 타 터널 등을 뚫다, 도려내다. 짜 구멍을 내다, 명

구경 **타** 지루하게 하다, 따분하게 하다. **명** 귀찮고 하기 싫은일, 따분한 일 (사람 · 것) **동** weary(지루하게 하다) **반** wxcite(흥분시키다)

boring [bɔ́:riŋ] **형** ① 지루한, 따분한 ② 천공, 천공작업

born [bɔːrn] bear(엄마가 아기를 낳다)의 과거분사, 과거는 bore

be born 태어나다.

be born poor 가난하게 태어나다.

be born again 다시 태어나다.

형 (복합어를 이루면서) …으로 태어난, 태생의

born-again [bɔ́:rnəgèn] **형** ① 거듭난, 새로 태어난 ② 제2의 기회를 잡은, 전향한

borrow [bárou] **타** 빌리다(from). **자** 꾸다, 차용하다.

borrow trouble 쓸데없는 걱정을 하다.

bosh [baʃ] **명** (구어)① 허튼 소리 ② **감**(구어)허튼 소리 마라 (속어)놀리다.

bosomy [búzəmi] **형** (구어)여자가 가슴이 풍만한

boss [bɔːs] (구어)**명** 사장, 우두머리, 두목, 정계의 영수, 거물 **타** ① 쥐고 흔들다, 부려먹다. ② …의 사장이 되다. **동** employer(고용주)

both [bouθ] **형** 양쪽의 **대** 양쪽 **부** [both …and …의 상관접속 사로] …도 …도 양쪽 모두

bother [báðər] **타** 귀찮게 조르다, 귀찮게 하다, 괴롭히다. **동** irritate(성나게 하다) **자** ① 고민하다, 근심하다. ② 부정어 와 함께 일부러 …하지 않다. (영)**감** 귀찮다.

Oh, bother it! 아이 귀찮아, 지겹다. 빤 comfort(위안)

bottom [bátəm] 몡 밑, 밑바닥, 기초, 근본

the bottom 산기슭

at (the)bottom 본심은, 근본적으로는 통 base(바닥)

Bottoms up! (구어)쭉 들이켜라, 건배 통 foot(기슭)

bough [bau] 몡 큰 가지 통 limb(큰 가지)

bounce [bauns] 囘 ① 수표 · 어음 등 부도처리하다. ② 튀게하다. 통 rebound(되튀다) 쟈 튀다, 사람이 벌떡 일어나다. 통 recoil(되튀다)

bouncing [báunsiŋ] 휑 씩씩한, 갓난 아이가 똘똘한, 기운 좋은

bouncy [báunsi] 휑 탄력 있는, 생기 · 활기 있는, 쾌활한

bound [baund] 휑 ① 묶인 ② 꼭 …하게 되어 있는 ③ 복합어로 …에 갇힌 쟈 ① 튀어오르다. ② 가슴이 뛰다. ③ 기운차게 걷다. ④ 파도가 넘실거리다 : bound upon 에 덤벼들다. 몡 복수로 범위, 경계, 경계선 囘 경계가 되다. 쟈 접경하다. 통 tied(묶인), sure(…꼭 …하는) 빤 unfettered(족쇄를 푼)

bow [bau] 몡 ① 뱃머리, 기수 ② 활, 곡선, 커브 ③ 절, 경례 통 stoop(구부리다) 휑 ① 뱃머리에 있는 ② 구부러진 囘 ① 구부리다, 숙이다. ② 인사하며 안내하다. 쟈 ① 허리를 굽히다. ② 인사하다.

bowl [boul] 몡 ① 주발, 사발 ② 수세식 변기 ③ 나무공 囘 ① 공을 굴리다. ② 타자를 아웃시키다. ③ 쟈 보울링을 하다.

bowwow [báuwáu] 캅 멍멍, 개 짖는 소리 휑 고압적인, 위압적인 쟈 개가 짖다.

box	[bɑks] 팀 ① 물건을 상자에 넣다, …을 상자로 만들다. ② 진로 등 방해하다.
	box up 포장하다, 상자에 넣다.
	box off 칸막이 하다.
	box in 좁은 곳에 사람을 가두다.
	명 따귀, 침 팀 손바닥이나 주먹으로 뺨을 (따귀)때리다. 자 …와 권투하다(with, against).
	box in out 승부가 날 때까지 끝까지 치고 받다.
	give a person a box on the ear(s) …의 뺨을 때리다.
boxroom	[bɑ́ksrùːm] 명 골방, 작은 방
boyish	[bɔ́iiʃ] 형 ① 소년다운, 순진하고 천진 난만한 ② 여자애가 사내애 같은
brace	[breis] 팀 ① …을 보강하다. ② 버팀목으로 받치다. ③ 신경등 긴장시키다. 자 기운을 내다. (up) 명 버팀대, 지주 동 prop(버팀목), stay(지구력)
bracelet	[bréislit] 명 ① 팔찌, ② **(구어)**수갑 동 handcuffs(수갑) 동 bangle(팔찌)
bracing	[bréisiŋ] 형 상쾌한, 기운을 돋우는, 긴장시키는
brain	[brein] 명 뇌, 두뇌 **(구어)**전자 두뇌, 지적인 사람
	the brains 지적 지도자 동 intelligence(지능) 반 stupidity(우둔)
brain box	**(구어)**컴퓨터, 전자계산기
brainy	[bréini] 형 **(구어)**머리가 좋은
brake	[breik] 명 브레이크 팀 브레이크를 걸다.
	put on the brake 브레이크를 걸다.

slamp[jam] the brakes on 급브레이크를 밟다.

branch [brænt∫] 몡 ① 나뭇가지 ② 철도나 도로의 지선 ③ 부문, 분과 줸 에서 파생하다, 가지를 뻗다. 됭 shoot(햇가지) branch off 갈라지다. branch out 사업을 확장하다, 가지를 내다.

brash [bræ∫] 혱 ① 귀에 거슬리는 ② 정력적인 ③ (구어)무모한, 경솔한, 성급한, 뻔뻔스러운, 건방진

brave [breiv] 혱 용감한 몡 전사, 용사 탐 용감히 맞서다

breach [bri:t∫] 몡 ① 갈라진 틈이나 구멍 ② 불이행, 위반 됭 break(갈라진 틈) 뺀 observance(준수) heal the breach 화해시키다. stand in the breach 난국에 대처하다, 공격에 맞서다.

bread [bred] 몡 빵, 양식, 생계 bread and butter 버터 바른 빵

breadwinner [brédwinər] 몡 ① 생업 ② 집안의 벌이 하는 사람

break [breik] 탐 ① 깨뜨리다. ② 가지를 꺾다. ③ 쪼개다, 찢다. ④ 부수고 열다, 억지로 열다. ⑤ 뼈를 부러뜨리다. 줸 깨지다, 쪼개지다, 부서지다, 끊어지다, 부러지다, 고장나다. 됭 fracture(깨뜨리다)

breakfast [brékfəst] 몡 아침 식사 탐 조반을 차려내다.

breast [brest] 몡 ① 가슴, 심정 ② 유방 ③ 옷의 가슴부분 give a child the breast 젖을 먹이다. suck the breast 젖을 빨다.

breath [breθ] 몡 ① 숨, 호흡 ② 하얀 입김 ③ 은은한 향기 be short of breath 숨이 차다.

out of breath 숨을 헐떡이며 : at a breath 단숨에

breathe [briːð] 🖭 ① 향기를 풍기다. ② 들이쉬다. 🖪 숨쉬다.
breathe in 열심히 귀를 기울여 듣다, 숨을 들이쉬다.
breathe out 숨을 내쉬다. deep breathing 심호흡

breed [briːd] 🖭 ① 동물이 새끼를 낳다, 알을 까다. ② …을 교
배시키다. ③ 번식시키다. 🖪 새끼를 낳다, 번식하다. 🖲
동식물의 품종

breeze [briːz] 🖲 미풍, 산들바람 🖪 산들바람이 불다. 🖲 air(산들
바람) (구어)수월하게 진행하다, (영속)풍파, 소동, 싸움
(미구어)소문
in a breeze (구)거뜬히, 쉽게, 간단히
kick up a breeze 소동을 일으키다.
breeze up 바람이 거세지다.

bribe [braib] 🖲 ① 뇌물, 미끼 ② 포섭수단, 유혹물
take a bribe 뇌물을 받다. give a bribe 뇌물을 주다.
bribe a person into silence 뇌물로 입을 막다.

brick [brik] 🖲 벽돌, 같은 모양의 덩어리 (구어)쾌남, 호남이,
마음씨 좋은 사람, 믿음직한 남자 🖭 ① 벽돌을 쌓다, 깔
다. ② 벽돌로 막다.
hit the bricks (속어)동맹파업을 하다, 거리를 떠돌다.

bride [braid] 🖲 신부, 색시 (속어)여자 친구

bridegroom [bráidgrù(ː)m] 🖲 신랑

bridesmaid [bráidzmèid] 🖲 신부 들러리

bridesman [bráidzmən] 🖲 신랑 들러리

bridge [bridʒ] 🖲 ① 다리 ② 중매, 중개 ③ 가공 의치 🖭 다리를

놓다.

brief	[bri:f] 혱 단명한, 짤막한, 간단한 통 short(짧은) 반 long(긴) 탄 간단히 알리다, 요약하다.
briefing	[brí:fiŋ] 몡 요약 보고, 브리핑
bright	[brait] 혱 ① 날씨가 좋은, 맑은, 선명한, 산뜻한 통 shiny(밝은) ② 똑똑한, 영리한 ③ 표정이 밝은, 명랑한, 쾌활한, 장래가 유망한 반 dull(흐릿한)
brighten	[brá:tn] ① 기분을 명랑하게 환하게 하다. ② 밝게·반짝이게 하다.
bright-eyed	[bráitaid] 혱 순진한, 눈매가 시원시원하고 맑은
bright-eyd-and-bushy-tailed	《구어》발랄한
bright-faced	[bráitfèist] 똑똑하게 생긴
brilliant	[bríljənt] 혱 ① 찬란하게 눈부신, 멋진, 화려한 통 bright(밝은) ② 두뇌가 날카로운
brilliantly	[bríljəntli] 뿐 뛰어나게, 훌륭히, 찬란히, 번쩍이게
brim	[brim] 몡 ① 모자의 챙, 테두리 ② 가장자리 통 edge(가장자리)
brimful	[brímfúl] 혱 넘칠만큼 가득한
brimfully	[brímfúli] 혱 넘칠듯이, 철철 넘게
bring	[briŋ] 탄 ① 사람을 데려오다, 가져오다. ② 초래하다. ③ 소송을 제기하다. ④ 증거를 제시하다. 통 carry(운반하다)
bringdown	[bríŋdàun] 몡 《구어》의기소침, 환멸, 실망, 낙담
brisk	[brisk] 혱 팔팔한, 동작이 활발한, 기운찬 통 lively(활발한)
briskly	[brískli] 뿐 씩씩하게, 힘차게, 활발히, 기분 좋게
British	[brítiʃ] 혱 ① 영국의 ② the British 영국인, (영국)영어, 영

국 군인, 영국 국민

brittle [brítl] 휑 ① 깨지기 쉬운, 부서지기 쉬운 ② 덧없는 ③ 소리가 날카로운

broach [brout∫] 명 ① 브로치, ② 송곳, 구멍넓히는 기계 ③ 작은 탑 자타 ① 잠수함·고래가 부상하다. ② 꼬챙이에 꿰다. ③ 말을 꺼내다.

broad [brɔːd] 휑 ① 폭넓은, 포용력이 큰 ② 노골적인 부 충분히, 완전히 동 wide(넓은)

broadcast [brɔ́ːdkæst] 타자 방송하다, 방영하다, 방송에 나오다, 스폰서가 되다.

broadcasting [brɔ́ːdkæstiŋ] 명휑 방송(의), 방영(의)

broaden [brɔ́ːdn] 타자 넓히다, 넓게 하다, 넓어지다, 벌어지다.

Broadway [brɔ́ːdwèi] 명 브로드웨이(뉴욕의 극장가·오락가)

broke [brouk] 동 break 의 과거 (구어)무일푼으로 파산하여 go broke 파산하다, go for broke 끝장 볼 때까지 해보다, 온 정력을 기울이다.

broken [bróukən] break 의 과거분사 휑 ① 부서진, 찢어진, 터진, 깨진, 꺾인 ② 고장난, 망가진 ③ 울퉁불퉁한, 고르지 않은, 기복이 있는

broker [bróukər] 명 브로커, 중개인, 전당포 타 …의 중개를 하다. 자 브로커 노릇을 하다.

bronze [brɑnz] 명 청동, 구리 타 햇볕에 타다.

brood [bruːd] (구어)① 한 집안의 아이들 ② 집합적으로 한 배의 새끼 (sit on … 알을 품다.) 동 litter(한 배의 새끼)

brooder [búːdər] 명 인공부화기

brood hen	알 품는 암탉
broodingly	뷔 생각에 잠겨, 시무룩해서
brook	[bruk] 몡 시내, 개천 툉 stream · rivulet(시내, 실개천)
broom	[bru(:)m] 몡 ① 비 ② 目 …을 비로 쓸다.
brother	[brʌ́ðər] 몡 ① 형제 ② 형제같은 사람 Oh, brother! 아이구 지겨워[깜짝이야, 맙소사] 툉 sibling(형제) 땐 sister(자매)
brow	[brau] 몡 눈썹 (eyebrow가 일반적임), 이마(forehead) bend[knit] the brows 얼굴을 지푸리다, 눈쌀을 찌푸리다.
brown	[braun] 혱 갈색의, 고동색의 몡 갈색, 고동색
browse, browze	[brauz] 目재 ① 가축이 연한 새잎(새싹)을 먹다. ② 띄엄 띄엄 읽다. ③ 가게에서 상품을 훑어 보다.
bruise	[bruːz] 目 타박상을 입히다, 멍들이다. 재 멍이들다, 상처가 생기다.
brush	[brʌʃ] 몡 솔, 붓, 화필 (미속어)① 거절, 퇴짜 ② 덤불, 잡목림 目 ① 솔질하다, 솔로털다. ② 닦다. ③ 털어 없애다. 재 스치고 지나가다. 툉 broom(빗자루), whisk(대솔) Give it another brush 솔질 한번 더해라. have a brush with the law 법률에 저촉되다.
brush-off	[brʌ́ʃɔ̀ːf] 몡 the… (구어)딱자른 거절, 해고 give the brush-off 딱 잘라 거절하다. get the brush-off 딱 잘라 거절 당하다.
bubble	[bʌ́bəl] 몡 ① 거품 ② 부글부글 끓는소리, 기포 ③ 꿈같은 계획, 환상, 망상 ④ 실속없는 사업 또는 경영 툉 froth, foam(거품일다.) blow bubbles 비누방울을 불다. 目 ①

거품이 일게하다. ② 흥분하다. 재 ① 거품이 일다. ② 부글부글 끓다, 보글보글 솟다.

bubbly	[bábli] 형 거품이 많이 이는, 거품이 많은 명 (구어) 샴페인
bucket	[bákit] 명 ① (구어) 대량 ② 물통, 양동이 타 물통으로 물을 긷다, 나르다. 동 pail(양동이)
Buckingham Palace	[bákiŋəm pǽlis] 버킹엄 궁전, 영국 왕실 궁전
buckish	[bákiʃ] 형 맵시내는, 멋부리는
buck-passing	[bákpæsiŋ] 명 (구어) 책임 전가
bud	[bʌd] 명 ① 발아, 발아기, 싹 ② 꽃봉우리 타재 ① 싹트다. ② 봉우리를 맺다.
Buddha	[búːdə] 명 부처(석가모니의 존칭), 불상
Buddhism	[búːdizəm] 명 불교
Buddhist	[búːdist] 명 불교도 a Buddhist priest 스님, a⋯ temple 절
buffoon	[bəfúːn] 타 얼버무리다. 재 익살부리다, 명 익살꾼, 어릿광대 : play the buffoon 익살부리다.
bug	[bʌg] 명 작은 곤충, 벌레 (속어)도청기, 도청 마이크 (구어)귀찮게 굴다.
bugle	[bjúːgəl] 명 나팔 재타 나팔을 불다, 나팔을 불어 집합시키다.
build	[bild] 타 ① 집 · 건물을 짓다, 세우다, 건설하다. ② 새가 둥지를 짓다. ③ 붙박이로 하다. build out 증축하다 명 체격 동 construct(건축하다.), put together(조립하다.)
bulb	[bʌlb] 명 ① 양파같은 구근, 구근식물 ② 전구 ③ 공모양

의 물건

bulk [bʌlk] 圐 크기, 부피, 용적 昷 부피가 커지다. (up) 昷 …의 부피를 크게 하다.

bull [bul] 圐 황소 昷 ① 밀고 나아가다. ② 강행하다. 昷 돌진하다.

bulldoze [búldòuz] 昷 ① 불도저로 땅을 고르다, 파다. ② 을러대다. 昷 불도저를 운전하다.

bulldozer [búdòuzər] 圐 (구어) ① 협박자, ② 불도저

bullet [búlit] 圐 총탄, 포탄(shell), 산탄(shot)

bulletin [búlətin] 圐 ① 화보, 고시, 게시, 사보 ② 정기보고서 昷 고시하다, 게시하다.

bulletin board 게시판

bulletproof [búletprùːf] 囿 (구어)① 실수 · 비판 등의 여지가 없는, 완전한 ② 방탄의

bum [bʌm] 圐 (구어) 룸펜, 건달, 게으름뱅이, 술고래 昷 을러서 빼앗다.

bump [bʌmp] 昷 쾅하고 부딪치다, 충돌하다. 똥 knock(부딪치다) 圐 충돌, 추돌

bumpkin [bʌ́mpkin] 圐 시골뜨기

bumptious [bʌ́mpʃəs] 囿 거만한, 오만한

bumpy [bʌ́mpi] 囿 ① 차가 덜컥거리는 ② 길이 울퉁불퉁한

bunch [bʌntʃ] 圐 묶음, 꽃 · 열쇠 등의 다발 (구어)① 한패, 떼거리, 동아리 ② 송이 똥 bundle(다발 · 꾸러미)

bunco [bʌ́ŋkou] 圐(구어)사기 昷 속이다, 사기치다.

bunco steerer [bʌ́ŋkou stìərər] (구어)사기꾼

bundle   [bʌ́ndl] 몡 보따리, 다발, 묶음, 꾸러미 : a bundle of
                 books 한 보따리의 책

bunk   [bʌŋk] 몡 **(구어)**잠자리, 침대 闪 **(구어)**아무렇게나 누워
                 자다, 침상에 눕다.

bunk bed   2단 침대

bunny   [bʌ́ni] 몡 유아어로 토끼, 버니걸(bunny girl)(토끼 옷을
                 입은 호스테스)

burble   [bə́ːrbəl] 몡 보글보글 소리 闪 ① 졸졸 흐르다, 보글보글
                 소리나다. ② 거품이 일다.

burden   [bə́ːrdən] 탸 부담시키다, 괴롭히다. 몡 ① 마음의 부담 ②
                 무거운 짐 통 load(짐)

burgle   [bə́ːrɡəl] 탸 **(구어)** …에 불법침입하여 강탈하다, 강도질
                 하다.

burn   [bəːrn] 몡 **(구어)**담배 **(속어)**사기, 협잡, 화상 탸 불태우
                 다. 闪 불타다. 통 fire(불이 붙다.), combust(연소하다.)

burnt   [bəːrnt] burn 의 과거 · 과거분사 휑 눌은, 탄, 태운

burp   [bəːrp] 몡 **(구어)** 트림 통 delch 탸闪 트림이 나다, 트림
                 을 시키다.

burst   [bəːrst] 몡 파열, 폭발 탸 파열시키다, 폭발시키다. 뫈
                 implode(내파열…) 闪 파열하다, 폭발하여 터지다. 통
                 explode · blow up(폭파하다.)

bury   [béri] 탸 덮어 숨기다, 묻다, 매장하다. 통 inter, entomb
                 (매장하다)

bus   [bʌs] 몡 버스, 합승 자동차 闪 **(미구어)**그릇을 치우다, 식
                 당에서 급사의 조수를 하다. miss the bus **(속어)**좋은 기

회를 놓치다, 실패하다, 버스를 놓치다. bus it(구어)버스로 가다.

busboy 식기 나르는(닦는) 사람, 웨이터의 조수

busgirl busboy 의 여성

bush [buʃ] 圀 덤불, 관목 图 shrub ; the bush 오지, 미개지 圀 담쟁이 가지 재 무성하다, 우거지다.

business [bíznis] 圀 ① 용무, 용건, 볼일 ② 관심사 ③ 사업, 기업, 실업 ④ 사무 업무 ⑤ 영업

businesslike [bíznislàik] 톙 ① 조직적인, 사무적인 ② 능률적인, 실제적인

businessman [bíznismæn] 圀 사업가, 상인, 실업가

bus station 버스 터미널, 버스 종점

bus stop 버스 정류장

bust [bʌst] 圀 ① 가슴둘레 ② 흉상 ③ 반신상 (구어)① 파열하다, 깨지다. ② 파산하다(up). (구어)너무 애써서 쓰러지다, 무너지다.

busy [bízi] 톙 ① 거리가 번화한, 활기있는 ② 바쁜 ③ 전화가 통화중인, 틈이 없는

but [bʌt] (등위접속사)그러나, 그렇지만, 하지만 图 however, yet, 앞에 부정어·구·문과 대응적으로 …아니고, (종속접속사) …외에(는), …을 제외하고 : all but (구어)거의, but for… …이 없다면, …아니라면, …없었더라면, …아니었더라면

butcher [bútʃər] 圀 푸줏간, 고깃간 ② 도살업자

butcherly [bútʃərli] 톙 잔인하기 짝이 없는, 도살자 같은

butcher's	[bútʃərz] 똉 정육점, 푸줏간
butchery	[bútʃəri] 똉 도살장, 학살, 도살업
butt	[bʌt] 똉 박치기 得 머리로 받아서, 대단한 힘으로 딴 뿔·머리로 밀다, 받다. 짜 부딪치다, 충돌하다.
	run [come] butt against 와 정면으로 충돌하다.
butter	[bʌ́tər] 똉 버터, 버터 비슷한 것 딴 (구어)① 아첨하다. ② 버터를 바르다.
butterball	[bʌ́tərbɔ̀ːl] 똉 (구어)뚱뚱보
butterfly	[bʌ́tərflài] 똉 ① 나비 ② 변덕쟁이 ③ 바람둥이 ④ 경박한 여자, 복수로 초조감 짜 나비처럼 날아다니다.
buttering	[bʌ́təriŋ] 똉(구어)아첨하는 말
button	[bʌ́tn] 똉 ① 누름단추, 카메라의 셔터 ② 단추 딴 단추를 달다, 단추를 채우다. 짜 단추로 고정하다 : push the panic button (구어)비상수단을 쓰다, 허둥지둥 하다.
buy	[bai] 짜 ① 물건을 사다. 딴 사다. ② (속어)의견을 받아들이다. 동 purchase(구입하다) 반 sell(팔다)
	buy off 돈으로 해결하다.
	buy time by doing …해서 시간을 벌다.
buzz	[bʌz] 딴 ① (구어)에게 전화하다. ② 버저로 알리다(부르다). 짜 ① 웅성대다, 와글와글 떠들다. ② 날개를 윙윙거리다. ③ 소란스럽다. 똉 ① 기계의 소음 ② 버저소리, 신호음
by	[bai] 쩐 [수단·행위자] …에 의하여, …으로 [장소·위치] 옆에 [통과] …을 지나 통해서, …끼고

[정도 · 비율] 어느 정도까지, 얼마만큼씩

[시간] …까지, 까지는

[단위] …을 단위로, …로

[신체부분] 신체나 의복의 부분을 나타내어 …을, 를,

[관계] 무관사로 나타내어 …에 대해서 말하면,

[사람에게] …에게

🖪 [정지한채로] …곁에

by-and-by   [báiənd/bái] 📗 미래, 장래

byte   [bait] 📗 [컴퓨터] 바이트(정보 단위로서 8비트로 됨)

cab	[kæb] 몡 ① 택시 ② 공항의 관제탑 ③ 운전대(추럭 등), 기관사실 동 taxi, taxicab
cabaret	[kǽbəréi] 몡 [F] 카바레 자 카바레에 출입하다.
cabbage	[kǽbidʒ] 몡 ① 양배추 ② (英口) 무기력한 사람 (美俗) 지폐
cabin	[kǽbin] 몡 오두막, 배·비행기의 조정실, 선실, 함장실 동 cottage(오두막집)
cabinet	[kǽbənit] 몡 ① 장, 캐비닛, 진열장 ② 진열장에 모든 것 ③ 내각 동 council(평의회)
cabin girl	호텔 등의 여종업원, 여직원
cable	[kéibəl] 몡 ① 케이블 ② 해의 전보 ③ 해저 전선 ③ 굵은 밧줄 ⑤ 와이어 로프 타 해저 전신으로 통신을 보내다, …에 해외 전보하다. 자 해외 전보를 치다. cable up 유선 TV선을 놓다.
cafe	[kæféi] 몡 [F] 커피점, 다방 미국에서는 바, 나이트클럽 동 coffeehouse(커피점)
cafeteria	[kæfitíəriə] 몡 카페테리아, 공장, 학교, 회사 등의 셀프서비스 간이 식당
cage	[keidʒ] 몡 새장, 옥사, 우리 타 ① 새장이나 우리에 가두다. ② 자유를 속박하다. cage in 수동태로 자유를 속박하여 가두다, 감금하다. cage up 수감하다.
cager	[kéidʒər] (구어) 농구 선수

cajole	[kədʒóul] 탄 감언이설로 속이다, 구워삶다, 부추기다.
cake	[keik] 몡 ① 케이크, 양과자 ② 납작한 단단한 덩어리 ③ 딱딱한 찌꺼기 : a piece of cake (구어)① 쉬운 일 ② 케익 한 조각 ③ 즐거운 일 탄 뭉치다, 굳히다. 전 덩어리가 되다, 뭉쳐지다, 들러붙다.
calculating	[kǽlkjəlèitiŋ] 혱 이기적인, 타산적인, 신중한, 빈틈없는 동 scheming(교활한)
calendar	[kǽləndər] 몡 ① 연중행사표 ② 달력 동schedule(계획) 탄 행사 등을 달력에 기입 · 표시하다.
calf	[kæf] 몡 ① 송아지 ② 표류하는 얼음덩어리 (구어)어리석은 젊은이 몡 ① 송아지 가죽 ② 장딴지, 종아리 [복수] calves
call	[kɔːl] 탄 ① 무선으로 부르다. ② 소환하다, 부르다. ③ …에게 전화하다. 전 ① 큰소리로 부르다. ② 방문하다. 동 call out(큰소리로 외치다.)
call box	(영)공중전화 박스 (미)telephone booth 몡 비상전화
calm	[kɑːm] 혱 마음이나 기분이 차분한, 평온한 동 peaceful(평화로운) 탄 ① 달래다. ② 가라앉히다. 몡 ① 고요 ② 마음 · 사회의 평온
calmly	[káːmli] 믠 고요히, 차분하게, 침착하게, 태연하게
calorie	[kǽləri] 몡 열량의 단위, 칼로리
camel	[kǽməl] 낙타 : on camelback 낙타를 타고
camera	[kǽmərə] 몡 카메라, 사진기
camera-eye	[kǽmərəài] 몡 정확한 보도, 정확한 관찰
camouflage	[kǽmuflὰːʒ] 몡 위장, 기만 탄 무기 등을 위장하다, 눈가

림하다, 감정을 속이다, 기만하다.

camp [kæmp] 명 ① 야영지, 캠프장 ② 야영천막 ③ 임시숙소나 막사 자 야영하다, 일시적으로 살다. 타 야영시키다, 임시 살도록하다.

campaign [kæpéin] 명 ① 유세, 선거전, 사회적 운동 ② 일련의 전투, 종군

on campaign 유세에 나서, 출정중, 종군중

go campaigning 유세하다, 운동하다.

campfire [kǽmpfàiər] 명 야영의 모닥불

camping [kǽmpiŋ] 명 천막 생활, 캠프 생활, 야영 동 camp-out(캠프생활, 야영) : go camping 캠핑가다.

campus [kǽmpəs] 명 학교의 교정, 구내

campus butcher (속어)여학생을 잘 끄는 남학생, 여학생에게 잘해 주는 학생

can [kən, kæn] 조 ① (구어) …해도 좋겠는데 원, …해도 좋으련만 원(원망) ② (구어) may 보다 일반적으로 쓰여 …하여도 좋다(허가). ③ 긍정문에 쓰여 …하여라, …해야 한다, …하는 게 좋다(가벼운 명령). ④ 가능성을 나타내어 …할 적이 있다(긍정문에서). ⑤ 부정문에 쓰여 …일리가 없다. ⑥ Can you …? 로 부탁의 의문문을 만든다. …하여 주시겠습니까?

Could you …? …로 하는 것이 보다 더 공손한 표현이다.

Canada [kǽnədə] 명 캐나다 (수도 Ottawa)

Canadian [kənéidiən] 명 캐나다 사람 형 캐나다(사람)의

canal [kənǽl] 명 운하

canard [kəná:rd] 명 유언비어, 헛소문 재 유언비어·헛소문이 떠돌다.

cancel [kǽnsəl] 명 말소, 해제, 취소 타 ① 줄을 그어 지워버리다. ② 주문 등 무효로 하다, 취소하다. 동 delete(삭제하다), cross out(off) (지우다)

candid camera 소형 스냅 카메라

candle [kǽndl] 명 양초
light the candle 촛불을 켜다.
blow out the candle 촛불을 끄다.

can-do [kǽndú:] 형 (속어)열의가 있는, 아주 열심인 명 열의

canny [kǽni] 형 ① 알뜰한, 검소한 ② 빈틈없는, 영리한, 신중한 부 신중히

canoe [kənú:] 명 카누 : paddle one's ouwn canoe 자립, [자활]하다.

cap [kǽp] 명 ① 모자, 뚜껑 ② 상한, 최고한도액 [테있는 모자는] hat

capable [kéipəbəl] 형 능력이 있는, 유능한 (for) 동 able(유능한) 반 incompetent(무능한)

capacious [kəpéiʃəs] 형 ① 포용력 있는 동 receptive ② 용량이 큰, 널찍한

capital [kǽpitl] 명 ① 수도, 주도 ② 자본금, 원금 ③ 대문자 동 cash(현금) 형 ① 으뜸가는, 자본의 ② 최고급의 ③ 대문자의 동 major(중요한) 반 unimportant(중요하지 않은)
in capitals 대문자로

capitol [kǽpitl] 명 [첫머리를 소문자로] 미국 주의회 의사당

(statehouse) [첫머리를 대문자로] 미국회 의사당 (the Capitol)

capricious [kəpríʃəs] 혱 ① 급변하는, 변덕스러운 ② 기발한

capsize [kǽpsaiz] 몡 전복 탄재 뒤집다, 뒤집히다.

capsule [kǽpsəl] 몡 ① 캡슐 ② 식물의 꼬투리 ③ 우주선의 캡슐

captain [kǽptin] 몡 ① 육·공군대위, 해군대령, 선장, 함장, 기장, 장 ② 우두머리 ③ 팀의 주장, 단장 ④ 소방대 대장 ⑤ 경찰의 지서장, 경위 ⑥ **(英)** 학급의 반장(monitor) 동 commander(지휘관)

captive [kǽptiv] 몡 포로 혱 ① 포로의, 사로잡힌 ② 매혹된 동 prisoner(포로, 죄인) : take a person captive 포로로 잡다.

capture [kǽptʃər] 몡 ① 포획, 생포, 노획물 ② 컴퓨터 데이터의 저장 탄 ① 사로잡다. ② 포획하다. ③ 점령하다. 동 seize(붙잡다) 반 free(석방하다)

car [kɑːr] 몡 자동차, 일반적으로 객차, 화차, 궤도차 동 auto(자동차)

card [kɑːrd] 몡 ① 카드, 명함, 엽서 ② 어떠한 방책, 놀이용 카드

cardboard [kɑ́ːrdbɔ̀ːrd] 몡 판지, 마분지 혱 ① 비현실적인, 생동감이 없는 ② 판지의(로 된)

care [kɛər] 탄 ① 신경쓰다, 걱정하다. ② …하고 싶다고 생각하다. 몡 ① 돌봄, 주의, 배려, 걱정, 근심 ② 복수로 걱정거리 ③ 보호, 관리, 감독 동 worry(근심) 반 indifference(무관심) : care about …에 관심을 가지다, …에 마음쓰다. care for 의문문·부정문에 쓰여 …하기 바라다.

carefree	[kέərfriː] 혱 ① 무책임한, 무관심한 ② 근심[걱정] 이 없는 ③ 즐거운
careful	[kέərfəl] 혱 ① 신중한, 꼼꼼한 ② 조심스러운, 주의 깊은 髙 cautious(조심성 있는)
carefully	[kέərfəli] 휑 주의 깊게, 신중하게, 정성들여서, 검소하게
careless	[kέərlis] 혱 부주의한, 불완전한, 경솔한, 무관심한 髙 thoughtless(부주의한) 턘 careful(주의하는) be careless of …을 염두에 두지 않다.
carnap(p)er	[káːrnæpər] 혱 자동차 도둑
carnation	[kɑːrnéiʃən] 카네이션, 분홍색, 담홍색
carol	[kǽrəl] 혱 종교의 축가, 기쁨의 노래, 송가 쟤탸 기뻐 노래하다, 축가를 부르다.
carp	[kɑːrp] 혱 ① 잉어 ② 불평, 비난 쟈 트집잡다, 흠잡다.
carpenter	[káːrpəntər] 혱 목수, 대목
carper	[káːrpər] 혱 트집쟁이, 혹평가
carpet	[káːrpit] 혱 카펫, 융단·깔개, 양탄자 탸 양탄자를 깔다.
carriage	[kǽridʒ] 혱 4륜마차, 유모차(baby carriage), 차(car) a carriage and pair[four] 쌍두(4 두)의 4 륜마차
carrot	[kǽrət] 혱 ① 당근 ② (구어)설득수단 ③ 상, 보수, 미끼
carry	[kǽri] 탸 ① 운반하다. ② 들고(지참하고, 갖고, 업고, 지고)가다. ③ 갖고 다니다.
carry-along	[kǽriəlɔ̀(ː)ŋ] 혱 휴대용의
carry-on	[kǽriàn] 혱 기내 휴대 수하물
cart	[kɑːrt] 혱 짐수레, 손수레 영 trolley
cartoon	[kɑːrtúːn] 혱 만화 영화, 만화 혱 풍자만화적인 쟤탸 만화

를 그리다.

carve [káːrv] 🄣 ① 조각하다, 새기다. ② 운명을 개척하다. ③ 명성을 쌓아올리다. 🄢 cut(깎다), sculpt(조각하다)

carving [kɑːrviŋ] 🄜 조각(술)

case [keis] 🄜 ① 사건, 문제, 경우 ② 소송사건 ③ 병상 용태 **(구어)**괴짜, 상자, 겉포장 🄣 칼집 등 케이스에 넣다. 🄢 instance(예), action(소송), happening(사건)

cash [kæʃ] 🄜 현금, 맞돈 **(구어)**부 🄣 현금으로 바꾸다, 환금해 주다.

cashier [kæʃíər] 🄜 출납원, 지점장

cashier' s check   자기앞수표

casino [kəsíːnou] 🄜 카지노 **(오락 등이 있는 도박장)**

cassette [kæsét] 🄜 카세트 🄣 카세트에 녹음(녹화)하다.

cast [kæst] 🄣 ① 던지다. ② (그물 · 주사위 · 낚시줄 등을)던 지다. ③ 제비를 뽑다. ④ 옷을 벗어 던지다. ⑤ (눈 · 시 선 · 그림자 · 의혹 등)던지다. ⑥ 불필요한 것을 내던지 다. ⑦ 레슬링에서 상대를 쓰러뜨리다. ⑧ 배우에게 역을 배정하다. 🄢 throw(던지다)

casting vote [voice] 캐스팅 보트(찬부 동수일 때 던지는 결정 투표)

castle [kæsl] 🄜 ① 성, 요새 ② 안전한 은신처 ③ 큰 저택 🄢 palace(궁전)

casual [kǽʒuəl] 🄝 ① 뜻하지 않은, 우발적인, 우연의, 뜻밖의 ② 격식을 차리지 않은, 그때그때의, 임시의 ③ 의복이 평상 복의, 약식의 ④ 무심결의 : a casual meeting 우연의 만 남 🄢 chance(우연한) 🄥 planned(계획적인)

a casual remark 그냥 한 말, 무심코(되는대로) 한 말
casual wear 평상복

casually [kǽʒuəli] 閉 ① 대강대강, 표면상으로 ② 우연히, 아무 생
각 없이 ③ 임시로, 약식으로 ④ 문득, 무심코, 나오는데
로

cat [kæt] 圀 ① 고양이, 고양이과의 동물 (사자, 호랑이, 시라
소니) ② 무한궤도차 (구어)심술사나운 여자 ③ (속어)사
내, 녀석, 작자 (영구)밤도둑 재 (미속어)건들건들 지내
며 여자를 낚으러 다니다.

catalog(ue) [kǽtəlɔ̀ːg] 圀 물품 등의 목록 a library ~ 도서 목록
타재 목록에 싣다, 작성하다, 분류하다. 图 list (목록)

catch [kæt] 타 ① 병에 걸리다. ② 타다, 불이붙다, 옮겨붙다.
图 seize(붙들다) ③ 현장을 목격하다. ④ 간파하다. ⑤ 붙
잡다. ⑥ 기차 등 시간에 대다. 재 붙들려고 하다, 급히 붙
들다, 붙잡으려고 하다. 凰 release(놓아주다)

catch-as-catch-can [kǽtʃəzkætʃkǽn] 圀부 (구어)수단을 가리지 않는
(않고)

catch car (속어)속도 위반차량 단속차

catcher [kǽtʃər] 야구의 캐처, 잡는 사람

catching [kǽtʃiŋ] 圀 ① 매력있는, 유혹적인 ② 전염성의

catchline [kǽtʃlàin] 圀 표제, 주의를 끄는 선전 문구

caterpillar [kǽtərpìlər] 圀 ① 모충, 쐐기벌레(송충이 등 나비, 나방
유충) ② 무한 궤도, 무한 궤도 트랙터

cathedral [kəθíːdrəl] 圀 큰 교회당, 대성당

Catholic [kǽθəlik] 圀 천주교도, 구교도 圀 천주교의

cat's cradle	실뜨기, 실뜨기 놀이
cattle	[kǽtl] 몡 [집합적 복수취급] 소, 가축
causative	[kɔ́ːzətiv] 혱 …을 야기시키는, 원인이 되는 be causative of …의 원인이 되다.
cause	[kɔːz] 몡 원인, 이유, 근거 타 …의 원인이 되다, 일으키다, 초래하다, 야기시키다.
cave	[keiv] 몡 ① 동굴 (속어)창 없는 작은 사무실 타 …에 굴 을 파다, 동굴로 만들다.
cavil	[kǽvəl] 타 …의 트집을 잡다, 자 생트집 잡다, 흠잡다. 몡 억지이론, 생트집 잡기
caw	[kɔː] 몡 까마귀의 울음소리, 까악까악 타 까악까악 울다.
cease	[siːs] 타 중지하다, 그만두다. 자 그치다. 몡 중지 동 stop(멈추다)
ceiling	[síːliŋ] 몡 천장, 항공의 상승한계, 가격·임금 등의 최고 한도
celadon	[sélədàn] 몡 청자(색) 혱 청자색의
celebrate	[séləbrèit] 타 식을 올려 …을 축하하다, 경축하다, 축하 식을 거행하다.
celebrated	[séləbrèitid] 혱 유명한 동 famous 반 unknown(미상의)
cell	[sel] 몡 ① 독방, 독감방, 작은 방 ② 컴퓨터의 비트 기억 소자 ③ 세포 자 독방 살이하다.
cellar	[sélər] 몡 지하실, 움, 저장소 타 지하실에 저장하다.
cello	[tʃélou] 몡 첼로
cell phone = cellular phone	[séljulərfoun] 몡 휴대전화
cement	[simént] 몡 시멘트, 콩크리트 타자 시멘트로 바르다.

cement mixer 콩크리트 믹서

censure [sénʃər] 명 혹평, 비난, 책망, 견책 자타 책망하다, 꾸짖다, 비난하다.

cent [sent] 명 1센트 동전 [1달러의 100분의 1]

center = centre [séntər] 명 중심, 중심지 타 집중시키다. 자 집중하다.

centimeter-metre [séntəmìːtər] 명 센티미터

central [séntrəl] 명 본부, 본점 형 중앙의, 중심의, 중심적인 동 middle(가운데의)

centralize [séntrəlàiz] 타 중심에 모으다, 집중시키다. 자 중심에 모이다.

centrally-heated [séntrəlihíːtid] 형 중앙 난방식의

century [séntʃuri] 명 1세기, 100년

ceramic [sərǽmik] 명 도자기, 요업 제품 형 질그릇의, 제도술의

cereal [síəriəl] 명 아침 식사용의 콘플레이크 등 곡류식

ceremony [sérəmòuni] 명 식, 의식 동 rite(의식), ritual(의식)

certain [sə́ːrtən] 형 ① 확실한 ② 반드시 …하는 동 sure(분명한) 반 uncertain(불확실한)

certainly [sə́ːrtənli] 부 확실히, 반드시 [대답으로] 알겠습니다, 좋고 말고요. 동 surely(분명히) 반 dubiously(미심쩍게)

certificate [sərtífekit] 명 ① [수료나 이수 등] 증명서, 증명, 면허증 ② 공증, 증권 타 …에게 증명서를 주다, 주어 허가하다. 동 document(서류, 증명)

certificated [sərtífekèitid] 형 유자격의, 면허를 딴

certify [sə́ːrtefài] 타 증명하다, 인증하다. 자 보증하다, 증명하다.

chain	[tʃein] 몡 ① 연쇄, 일련 ② 쇠사슬 ③ 연쇄점, 체인점 ④ 목걸이 탄 ① 쇠사슬로 매다, …으로 속박하다. 재 연쇄하다.
champ	[tʃæmp] 탄 ① 우드득 씹다. ② 우적우적 씹다. ③ (구어) …하고 싶어 안달하다. 몡 (구어)= champion
champion	[tʃǽmpiən] 몡 선수권 보유자, 우승자, 챔피언 통 hero(영웅) 혱 우승한
change	[tʃeindʒ] 몡 ① 기분전환, 변화 ② 갈아탐, 환승 ③ 거스름 돈 밴 endure(유지하다) 통 exchange(바꾸다) 탄 바꾸다, 고치다, …으로 갈아입다, 환전하다, 교환하다, 갈아타다. 재 ① 변하다, 바뀌다. ② 갈아타다. ③ 자리를 바꾸다. ④ 갈아입다 : the change 여성의 갱년기
channel	[tʃǽnl] 몡 ① 해협, 강바닥, 수로 ② 항로, 경로, 루트 통 canal(운하)
character	[kǽriktər] 몡 사람의 성질, 성격, 기질, 인격, 덕성, 인품, 연극의 역, 등장 인물 (구어) 기인, 괴짜 통 personality(인격)
charbroil	[tʃɑ́ːrbrɔil] 탄 (고기를) 숯불에 굽다.
charcoal	[tʃɑ́ːrkòul] 몡 숯, 목탄 탄재 숯불구이로 하다, 목탄으로 그리다.
charge	[tʃɑ́ːrdʒ] 몡 ① 청구금액, 요금, 대금 ② 외상으로 달음 통 price at(에 값을 매기다) 탄재 ① 총에 장전하다, 가득 채우다. ② 지우다, 과하다. ③ 죄 · 과실을 …탓으로 하다. ④ 지불을 부담시키다, 세금을 과하다. ⑤ 요금 등 청구하다.

charm [tʃɑːrm] 몡 주문, 마력, 매력, 부적 톙 allure(매력)

charmed [tʃɑ́ːrmd] 혱 **(구어)**기쁘게 생각하며, 매혹된, 마법에 걸린

charming [tʃɑ́ːrmiŋ] 혱 홀딱 반하게 할 정도로 매력적인, 매우 귀여운

chart [tʃɑːrt] 몡 ① 도표 ② 경주마 성적표 ③ 그래프 톙 diagram(일람표)

chartered [tʃɑ́ːrtərd] 혱 ① 전세낸 ② 공인된 ③ 특허를 받아논

chase [tʃeis] 몡 ① 영화의 추적 장면 ② 추적, 추격 톙 pursue(추적하다) 탁 **(구어)**① 여자를 자꾸 귀찮게 따라 다니다. ② 추격(추적)하다. 잫 **(구어)**뛰어다니다, …의 뒤를 추격(추적)하다.

chasten [tʃéisən] 탁 ① 마음 등을 맑고 깨끗하게 하다. ② 성질을 누그러 뜨리다. ③ 지나치지 않게 하다. ④ 벌하여 바로 잡아주다.

chastened 혱 벌을 받고 나서 사람이 태도가 누그러진

chastise [tʃæstáiz] 탁 ① 정화하다, 순화하다. ② 몹시 비난하다. ③ 때려서 벌하거나 혼내주거나 ④ 처벌하다.

cheap [tʃiːp] 뷰 ① 싸게 ② 저속하게 혱 ① 싼, 싸게 파는 ② 저리의 톙 inexpensive(값싼)

cheat [tʃiːt] 몡 ① 부정행위 ② 사기 카드놀이 ③ 사기, 속임수 ④ 교활한 녀석, 사기꾼 탁 속이다, 속여 빼앗다. 잫 협잡하다, 부정하다.

check [tʃek] 몡 ① 수표 ② 대조, 점검 ③ 저지, 방해 ④ 감독, 관리, 감시 탁 ① 조사(점검·대조)하다. ② 방해(저지·억제)하다. 톙 stop(멈추게 하다) 뺜 advance(나아가다) 잫

① 조사하다. ② 확인하다. ③ 수표를 떼다. ④ 장애로 갑자기 멈추다.   check with와 일치하다, 부합하다.

cheer [tʃiər] 匣 ① 응원하다. ② …을 환영하여 소리치다. ③ 기운을 북돋우다, 격려하다. 재 ① 기운이 나다. 《up》② 갈채하다, 환성을 지르며 좋아하다. 명 ① 환호, 격려, 갈채 ③ 만세 동 applause(갈채) 반 discourage(낙담시키다) 《영국》[복수로] 건배(Cheers!)

giev a cheer 갈채하다.

give three cheers (for …) …을 위하여 만세삼창하다.

make cheer 흥겨워 떠들다.

with good cheer 기분좋게, 쾌히, 원기왕성하게

cheerful [tʃíərfəl] 형 ① 방 · 사무실 등이 밝은, 기분좋은 ② 기운찬, 쾌활한, 명랑한 동 cheery

cheerfully = cheerily 부 기분좋게, 명랑하게, 기운좋게

cheese [tʃiːz] 명 ① 치즈 ② 돈, 금전 《속어》① 소심자, 거짓말, 허풍 ② 매력적인 여자 타 《구어》① 멈추다. ② 굽실거리다, 비굴하게 행동하다. 명 안성맞춤의 것

Cheese it! 《구어》튀어라! 그만해!, 조심해!

That's the cheese 안성맞춤이다.

chemical [kémikəl] 형 화학의, 화학작용의 명 화학물질(약품)

chemical abuse 약물남용, 알콜남용

chemistry [kéməstri] 명 화학

cherish [tʃériʃ] 타 ① 희망(소망 · 신앙 · 원한) 등을 마음에 품다. 동 nurse(기르다) ② [어린이 · 자식을] 귀여워하다, 소중히하다, 소중히 기르다. 반 scorn(경멸하다)

cherry	[tʃéri] 圀 버찌, 벚나무
cherry bolssom	벚꽃
cherry boy	(속어)동정의 소년, 숫총각
chest	[tʃest] 圀 ① 뚜껑, 서랍이 달린 궤, 장농, 상자 ② 가슴, 흉곽, 흉중, 가슴속
chestnut	[tʃéstnʌt] 圀 ① 밤, 밤나무 ② (구어)진부한 이야기
chew	[tʃuː] 配 ① 심사숙고하다, 곰곰히 생각하다.(on)② 일을 충분히 의논하다.(over) 配 음식물을 씹다.
chewing gum	껌
chick	[tʃik] ① chiken의 생략형 ② 코카인, 헤로인 ③ 애칭으로 어린아이, 젊은 아가씨
chicken	[tʃíkin] 圀 ① 닭, 닭고기 ② 새새끼, 병아리
chickenshit	[tʃíkənʃit] 圀 (속어)① 하찮은 일 ② 겁쟁이 ③ 마약 圀 ① 소심한 ② 지루한
chicken yard	양계장 (영국)fowl-run
chief	[tʃiːf] 圀 ① 상사 ② 부(과·국·소) 장, 우두머리 ③ 장관 圐 leader(지도자)
child	[tʃaild] 圀 어린이, 아동, 아이
child abuse	아동학대, 아동 폭력 childbattering 아동학대행위
childhood	[tʃáildhùd] 圀 ① 유년, 어린 시절 ② 초기 단계 ③ 어린이들
chilish	[tʃáildiʃ] 圀 ① 어린이의 ② 유치한 ③ 어른답지 못하고 어린애 같은 圐 mature(성숙한)
childlike	[tʃáildlàik] 圀 순진한, 어린이다운 圐 childish(어린애 같은)
child's play	(구어)아주 쉬운 일

chill	[tʃil] 명 ① 오한, 냉기, 한기 ② 냉담, 쌀쌀함 (속어)차게 한 맥주 통 cold(추위) 반 warm
	cast a chill over 흥을 깨다.
	have a chill 오싹하다, 감기에 걸려 있다.
chilled	[tʃild] 형 냉장한 : chilled meat 냉장한 쇠고기
chiller	[tʃilər] 명 ① 냉각[냉장] 장치 ② 스릴을 느끼는 영화
chilling	[tʃiliŋ] 형 ① 몸이 으스스한, 오슬오슬한, 한기가 드는 ② 냉담한, 쌀쌀한
chilly	[tʃili] 형 ① 한기가 나는 ② 추위를 타는 ③ 날씨가 차가운, 으스스한, 쌀쌀한
chime	[tʃaim] 명 교회 등의 조율된 한벌의 종, 복수로 그 종소리
chimer	[tʃáimər] 명 종을 울리는 사람
chimney	[tʃimni] 명 ① 화산의 분화구 ② 굴뚝, 굴뚝같은 것
chimp	[tʃimp] (구어)침팬지
chimpanzee	[tʃìmpænzíː] 명 침팬지
chin	[tʃin] 명 ① 턱 (속어)오만, 방자함 타 철봉 턱걸이 하다. (속어)지껄이다.
china	[tʃáinə] 명 [집합적으로] 도자기, 사기그릇
	Chin up! (구어)기운 내라!
	Keep one's chin up(구어)기운내다, 용기를 내다, 용기를 잃지 않다.
	lead with one's chin (구어)경솔한 짓을 하다.
	stick one's chin out 대들다, 반항적인 태도를 보이다.
	take it on the chin 봉변당하다, 되게 당하다, 패배하다.
China	[tʃáinə] 명 중국

Chinese	[tʃainíːz] ① 중국사람, 중국어 ② 중화요리 [형] 중국산(제)의, 중국사람(말)의
chipper	[tʃípər] (구어)① 강인한 ② 상쾌한, 산뜻한 ③ 기운찬 [타] 기운을 돋우다. [자] 기운을 내다.
chippy	[tʃípi] [형] 과음하여 속이 아픈 (영)안달난 [자] 마약을 사용하다.
chirp	[tʃəːrp] [명] 짹짹, 지저귀다, 새소리, 곤충소리
chirpy	[tʃəːrpi] (구어)쾌활한, 즐거운
chock-full	[tʃʌkfúl] [형] 빽빽히 들어찬, 꽉 들어찬
chocolate	[tʃákəlit] [명] 초콜릿 [형] 초콜릿빛
choice	[tʃɔis] [명] ① 선택 ② 선택된 사람, 선택된 것 ③ 선택기회 [동] selection(선택)
choose	[tʃuːz] [타] ① 선택하다, 고르다. ② 선거하다. (구어)원하다. [동] select(고르다)
choosy	[tʃúːzi] [형] (구어)가리는, 까다로운
chop	[tʃɑp] [타] ① 자르다, 패다, 찍다. ② 잘게 썰다. [동] mince(잘게 썰다)
chophouse	스테이크 요리점
chopstick	[tʃɑ́pstik] [명] 젓가락
chorus	[kɔ́ːrəs] [명] ① 합창, 합창곡, 합창부 ② 후렴 ③ 이구동성 sing in… 합창하다.
Christ	[kraist] [명] 그리스도 the Christ 구세주 [감](속어)제기랄, 저런, 뭐라고
christen	[krísn] [타] 세례를 주다, 세례 때에 이름을 붙여주다.
Christian	[krístʃən] (구어)① 훌륭한 사람 ② 기독교 신자 ③ 동물

에 대하여 사람

Christmas	[krísməs] 명 크리스마스, 성탄절
church	[tʃə:rtʃ] 명 교회, 성당 the Church로 그리스도교
churchman	[tʃə:rtʃmən] 명 ① 성직자, 교회신자 ② 국교도, 신부, 목사
church school	일요학교, 교회부속학교
church service	예배, 예배식
church time	예배시간
church-woman	교회의 여신도
cigarette,-ret	[sìɡərét] 명 궐련, 담배
Cinderella	[sìndərélə] 명 ① 신데렐라 ② 숨은 인재 ③ 일약출세(유명해진)한 사람, 숨은 미인
cinema	[sínəmə] 명 영화 (영)영화관 the… 영화산업
circle	[sə́:rkl] 명 ① 행성의 궤도 ② 순환선(도로) ③ 원, 원주(모양의 것) 동 ring(고리, 원) 타자 ① …의 둘레를 돌다, 선회하다, 회전하다. ③ 에워싸다.
circulation	[sə̀:rkjəléiʃən] 명 ① 순환, 유통 ② 발행(판매·보급)부수 ③ 시청율, 시청자 수 ④ 통화 ⑤ 선전(광고)의 이용인구
circus	[sə́:rkəs] 명 ① 서커스, 곡마단 ② (구어)구경거리 ③ 선수단, 팀
citizen	[sítəzən] 명 시민, 공원, 도시인 (구어)융통성이 없는 사람 동 inhabitant(주민)
city	[síti] 명 도시, 시 the city 집합적으로 전시민 동 town(읍)
civilian	[siviljən] 명 (구어)① 비전문가, 문외한, 문관, 군속 ② 군인에 대하여 일반 민간인, 문민
civilization	[sìvəlizéiʃən] 명 문명, 개화 동 culture(문화)

civilize	[sívəlàiz] 匝 문명화하다, 개화하다. 困 사회생활이 몸에 익다. 통 cultivate
civilized	[sívəlàizd] 匫 문명화된, 품위 있는, 교양 있는, 예의 바른
claim	[kleim] 쪵 ① 권리로서의 청구, 요구할 자격, 권리 ② 주장 통 demand(요구하다) 匝困 ① 요구하다, 청구하다, 권리를 주장하다. ② 손해 배상을 요구하다.
clam	[klæm] 쪵 ① 대합조개 ② 말없는 사람 困 ① 조개를 잡다. ② 묵비하다(up). clamshell 대합조개 껍질
clamwarm	[klǽmwə̀ːrm] 쪵 갯지렁이
clap	[klæp] 匝 ① 박수치다, …에게 박수를 보내다. ② 칭찬 등으로 손바닥으로 가볍게 치다. 困 ① 박수치다. ② 쾅(탕)소리내다, 닫히다. ③ 날개를 파닥이다. ④ 수다떨다.
clash	[klæʃ] 쪵 a … 땡땡 울리는 소리, 부딪치는 소리 통 crash(부딪치는 소리) 匝 ① 종 등 땡땡 울리다. ② 부딪쳐서 소리를 내다. 困 ① 닿는 소리가 나다. ② 땡땡 소리나다. ③ 의견 등이 상충하다. ④ 저촉되다(with).
class	[klæs] 쪵 ① 학급 ② 학급의 학생들 ③ 수업, 학습시간 ④ 부류, 종류 匝 ① 학생을 …의 반에 넣다. ② 학생을 조로 나누다. 困 ① 어느 반에 속하다. ② 분류(배치)되다. 통 classification(분류)
class dinner	동급생 만찬회
classic	[klǽsik] 匫 ① 정평이 있는, 권위있는 ② 고전의 ③ 일류 최고 수준의 ④ 단아하고 고상한 ⑤ 표준적인 통 masterpiece(걸작품)
classified	[klǽsəfàid] 匫 ① 기밀취급의 ② 광고가 항목별의, 분류

한

class magazine 전문잡지

classmate [klǽsmèit] 명 ① 급우, 반친구, 동급생 ② 동창생

calss suit = class action 공동 피해자들의 집단 소송

clause [klɔːz] 명 ① 문법의 절 ② 조항, 조목 동 paragraph(항), article(조항)

claw hammer ① 연미복(tailcoat) ② 못뽑이 망치

clay [klei] 명 점토, 진흙 타 진흙을 바르다.

clean [kliːn] 형 ① 깨끗한, 몸차림이 말쑥한, 청결한 ② 섞지 않아 순수한 ③ 오염되지 않은 부 ① 깨끗이, 멋지게 ② 정통으로 ③ 정정당당하게 동 neat(산뜻한) 타자 청소하다, 깨끗해지다.

cleanup [klínʌ̀p] 대청소, 재고정리, 정화, 일소

clear [kliər] 형 ① 맑게 갠, 맑은, 투명한 ② 달·별이 밝은 타 ① 장애물 등을 제거하다, 처리하다. ② 명백하게 하다. ③ 해결하다.

clearly [klíərli] 형 뚜렷하게 명확히, 똑똑히

clergyman [kláːrdʒimən] 명 성직자 = the clergy

clerk [kləːrk] 명 서기, 사무관, 사무원, 행원, 판매원, 점원

clever [klévər] 형 ① 똑똑한, 영리한, 슬기로운 ② 손재주, 솜씨 있는

clew [kluː] 명 실꾸리

cliff [klif] 명 해안 낭떠러지, 절벽

cliffhanging [klífhæ̀ŋiŋ] 형 아슬아슬한, 손에 땀을 쥐게 하는

cliffy [klífi] 형 험준한, 벼랑진

climate [kláimit] 圐 ① 기후 ② 풍조 · 사조 · 풍토

climb [klaim] 囻囻 ① 등반하다. ② 오르다, 사다리나 나무를 오르다. 圐 치받이, 오르막길, 물가의 상승, 항공기의 상승 圐 scale(기어 오르다)

climbing [kláimiŋ] 圐 등산, 기어오름 圐 등산용의

cling [kliŋ] 囻 ① 손 · 발로 매달리다. (to) ② 달라붙어 안떨어지다. cling together 단결하다, 물건이 서로 들러붙다.

clock [klɑk] 圐 괘종 시계, 탁상 시계 《英俗》사람의 얼굴 囻 스톱워치로 시간을 재다, 경기에서 기록을 내다.

close [klouz] 囻 닫다, 휴업하다, 통행 등 정지하다, 차단하다, 폐쇄하다. 囻 ① 닫히다. ② 꽃 등이 시들다. ③ 상처가 아물다. ④ 휴업하다. 圐 shut(닫다) 囻 open(열다)

close [klous] 圐 ① 가까운, 친한 ② 밀집한, 빽빽한 ③ 짧게 깎은 ④ 정밀한 圐 near(가까운) 囻 far(먼) ⑤ 장소가 좁고 갑갑한 ⑥ 몸에 꼭 맞는 ⑦ 공기가 무거운 ⑧ 바람이 잘 안 통하는

closed [klóuzd] 圐 ① 자급(자족)의 ② 닫은, 폐쇄한 ③ 교통이 차단된 ④ 배타적인 ⑤ 비공개의 ⑥ 임무가 종료된
Closed today 금일 휴업

closely [klóusli] 囻 ① 면밀히, 엄중히, 단단히 ② 빽빽히 ③ 밀접하게 ④ 검소하게

closet [klázit] 圐 벽장, 작은 방 圐 wardrobe(양복장) 囻 closet oneself로 방 집 등에 틀어박히다.

cloth [klɔːθ, klɑθ] 복수는 cloths [klɔːðz, klɑθs] 圐 식탁보, 천 圐 material(옷감)

clothe	[klouð] 🔲 …에게 옷을 입히다. 🔲 grab(옷을 입히다) 🔲 strip(벗기다)
clothes	[klouðz] 🔲 (복수로)의복, 옷. 미식발음 [klouz] 🔲 clothing(옷)
clothesline	[klóuðzlàin] 🔲 빨랫줄 (속어)개인적인 문제
clothing	[klóuðiŋ] 🔲 의류 🔲 clothes(옷)
cloud	[klaud] 🔲 구름 (구어)담배 연기 🔲 haze(안개) 🔲 ① 어둡게 하다.(up) ② 평판 등을 더럽히다. ③ 흐리게 하다. 🔲 흐리다, 흐려지다. cloud over 하늘이 온통 흐려지다.
cloudy	[kláudi] 🔲 ① 흐린, 구름이 많이 낀 ② 마음이 언짢은 🔲 dim(흐린) 🔲 sunny
clout	[klaut] (구어)주먹이나 손바닥으로 때리다. (속어)슬쩍 훔쳐가다.
clown	[klaun] 🔲 어릿광대, 익살꾼 : clown it 익살부리다.
cloy	[klɔi] 🔲 물리게 하다, 음식을 물리게 먹이다, 잔뜩 먹이다. 🔲 물리다, 너무 먹어 물리다, 먹을 것에 싫증나다.
club	[klʌb] 🔲 ① 클럽을 구성하다. ② …을 합동[결합]시키다, 곤봉으로 때리다, 곤봉으로 혼내주다. 🔲 circle(집단) 🔲 ① 클럽을 만들다. ② 클럽활동에 참여하다. club together 돈을 각출하다, 협력하여 나가다.
clutter	[klʌ́tər] 🔲 난잡, 혼란, 어지럽게 널려있는 것 🔲 장소를 어지르다.(up)
clutterfly	[klʌ́tərflài] 🔲 쓰레기를 마구 아무데나 버리는 사람
coach	[koutʃ] 🔲 ① 경기의 코치, 지도원 ② 열차·비행기의 ②

등 ③ 4륜 대형마차

coal	[koul] 명 ① 석탄 ② 빨갛게 타고 있는 장작 ③ 숯
coarse	[kɔːrs] 형 ① 말이 상스러운, 야비한, 천한 ② 정신·태도가 세련되지 못한 ③ 조잡한, 열등한, 조악한 동 rough(세련되지 않은) 반 refined(세련된)
coast	[kóust] 명 해안, 연안 동 seashore(바닷가), shore(물가) Clear the coast! (구어)물러꺼라, 길을 비켜라, 길을 열어라! 자 썰매로 미끄러지며 내려가다, (속어)마약 등으로 황홀해지다.
coastward	[kóustwərd] 형부 해안을 향하여, 해안 쪽으로
coastways	[kóustwèiz] = coastwise 형부 연안의, 해안을 따라
coat	[kout] 명 양복상의, 긴 웃옷, 여성외투
cobble	[kábəl] 명 자갈, 율석 타 수선하다, 구두를 꿰매고 고치다.
cock	[kak] 명 ① (영)수탉 (미국)rooster ② 마개 ③ 꼭지 ④ 새의 수컷
coco	[kóukou] 명 (코코)야자수(coconut palm)
cocoa	[kóukou] 명 코코아(coco 열매의 가루)
coerce	[kouə́ːrs] 타 강요하다, 위압하다, 강제하다.
coercible	[kouə́ːrsəbl] 형 강제할 수 있는, 강압(위압)할 수 있는
coffee	[kɔ́ːfi] 명 커피, a coffee커피 한 잔, 커피 열매
coil	[kɔil] 타자 사리를 틀다, 똘똘감다, 감기다, 고리를 이루다.(up) 명 ① 사리, 소용돌이 ② 철사 감은 것.
coin	[kɔin] 명 주화, 동전, 돈 자타 돈을 만들어 내다. coin money (구어)돈을 마구 벌다.

coin one's brains 두뇌로 돈을 벌다.

cold [kould] 휑 ① 식은, 찬, 차게한 ② 추운 ③ 어림이 빗나간 ④ 무관심한 ⑤ 냉담한, 쌀쌀한, 무정한, 냉철한 (구어)맞아 기절하여, 죽은 몡 ① 추위 ② 고뿔, 감기 통 freezing(몹시 추운) 받 hot(뜨거운)

cold snap 갑자기 엄습하는 한파

collar [kálər] 몡 ① 칼라, 깃 ② 장식용 목걸이 ③ 개 등의 목걸이 타 (구어) …의 목덜미를 잡다, 체포하다.

collate [kəléit] 타 ① 함께 합치다. ② 대조하다, 맞추어 확인해 보다.

collect [kəlékt] 타 ① 수집하다. ② 징수하다. ③ 기부금을 모집하다. 재 ① 눈·먼지 등이 쌓이다, 모이다. ② 수금하다. ③ 기부금을 모으다. 통 gather(모으다) 받 disperse(흩뜨리다)

collection [kəlékʃən] 몡 ① 채집, 수집 ② 수금 ③ 수집품, 소장품 통 accumulation(축적) make a collection for …을 위하여 기부금을 모집하다. take up a collection 모금하다.

college [kálidʒ] 몡 일반적으로 대학 (미)단과 대학 ① (영·캐나다에서) 사립 중등 학교 ② 특수 전문 학교

collide [kəláid] 타 충돌시키다. 통 crash(충돌하다), hit(부딪치다) 재 충돌하다, 부딪치다.(against, with)

colonel [kə́ːrnəl] 몡 대령, 연대장

colony [káləni] 몡 식민지

color [kʌ́lər] 몡 색, 채색, 색조, 빛깔 통 hue(색) 타 채색하다, 물들이다. 재 ① 물들다. ② 얼굴을 붉히다.

color-blind ① 색맹의 ② 인종차별을 하지 않는

color blindness 색맹

colored [kʌ́lərd] 형 ① 유색인종의 ② 착색한

colorful [kʌ́lərfəl] 형 ① 색채가 풍부한, 다채로운 ② 화려한

Columbia [kəlʌ́mbiə] 콜럼버스의 이름에서 미국 South Carolina 주의 주도

Columbus [kəlʌ́mbəs] 명 이탈리아의 항해가, 아메리카 대륙 발견, 콜럼버스(1451 ?-1506)

column [kʌ́ləm] 명 ① 신문의 특정 기고란, 난 ② 건축의 기둥, 원주 ③ (행렬식의)열

comb [koum] 명 ① 닭의 볏 ② 벌집 ③ 빗, 빗모양의 물건 타 ① 빗질하다. ② 철저히 물샐틈 없이 수색하다.

combat [kʌ́mbæt] 명 전투, 투쟁, 격투 동 fight(싸우다), battle(싸우다) 타 싸우다. 자 싸우다, 투쟁하다.(with, against)

cómbat zòne ① 범죄가 많은 환락가 ② 군사 작전 지대

come [kʌm] 자 ① 오다. ② 말하는 상대쪽으로 가다. ③ 자연현상으로 돌아오다, 나타나다, 나오다. ④ …의 출신(자손)이다.

  come about 바람이 방향을 바꾸다, 일어나다, 발생하다.
  come across …을 뜻밖에 만나다, 발견하다, 요구하는 것을 주다.
  come across one's mind 머리에 떠오르다. 동 approach(접근하다)
  come and go 오락가락하다, 잠깐 들르다, 보일락말락하다.

come-at-able	[kʌmǽtəbəl] 혱 (구어)① 사귀기 쉬운 ② 입수하기 쉬운
comedian	[kəmíːdiən] 몡 희극 배우, 코미디언
comedy	[kámədi] 몡 희극, 코미디
comfort	[kʌ́mfərt] 탸 ① 위로하다, 위안하다. ② 몸을 편하게 하다. 똥 console(위안하다) 몡 위로, 위안 a comfort 위로가 되는 것, 위로가 되는 사람
comfortable	[kʌ́mfərtəbəl] 혱 ① 편안한, 기분좋은 ② 사람이 편안감을 주는 똥 easy(편한)
comical	[kámikəl] 혱 희극적인, 웃기는, 우스꽝스러운
coming	[kʌ́miŋ] 혱 ① (다가)오는, 다음의 ② 전도유망한, 신흥의
commanding	[kəmǽndiŋ] 혱 ① 당당한, 인상적인, 위엄이 있는 ② 지휘하는 ③ 전망이 좋은 ④ 유리한 곳(장소)를 차지한
commando	[kəmǽndou] 몡 특공대, 게릴라 부대
commercial	[kəmə́ːrʃəl] 몡 광고방송 혱 영리적인, 상업상의
common	[kámən] 혱 ① 보통, 흔한, 사회일반의 ② 공통의, 공동의
communicate	[kəmjúːnəkèit] 탸 ① 병을 전염[감염] 시키다. ② 전달하다. 쟈 ① 통신하다. ② 의사를 소통하다. ③ 병이 옮겨지다.(to) 똥 impart(전하다)
communication	[kəmjùːnəkéiʃən] 몡 (복수로)보도기관, 전달, 보도, 통신, 교통 똥 transmit(감염시키다)
companion	[kəmpǽnjən] 몡 ① 단짝친구 ② 우연한 동행 길동무 ③ 동료, 친구, 벗, 동무 똥 mate(동료)
company	[kʌ́mpəni] 몡 ① 회사, 상사 ② 동료, 교제 ③ 손님 똥 business(회사)
compare	[kəmpɛ́ər] 탸 ① 둘을 비교하다. ② 비유하다. 몡 비교 똥

contrast(대조하다)

compass	[kʌ́mpəs] 명 ① 제도용의 컴퍼스 ② 나침반
compensate	[kámpənsèit] 타 ① 배상하다, 보상하다.(to) ② 보완하다.(with, by) 통 repay
compete	[kəmpíːt] 자 ① 경기에 참가하다. ② 경쟁하다, 경합하다. 통 contest(경쟁하다)
competition	[kámpətíʃən] 명 ① 겨루기 ② 시합, 경기 ③ 경쟁사, 라이벌 통 rivalry(경쟁), contrst(경쟁) : keen competition 치열한 경쟁
competitor	[kəmpétətər] 명 경쟁자, 경쟁 상대 통 rival(경쟁자) 반 ally(동맹자)
compile	[kəmpáil] 타 자료 등을 수집하다, …을 편집하다.
complain	[kəmpléin] 타 ① 불평하다, 불만을 말하다. 통 protest(항의하다) 자 ① 호소하다. ② 경찰에 고발하다, 불평하다. 통 grumble(투덜대다)
complaint	[kəmpléint] 명 ① 불평거리, 불평, 불만, 푸념
complete	[kəmplíːt] 형 완전한, 완벽한 타 ① 완성하다. ② 수나 양을 채우고 메우다, 완료하다. 통 finish
completely	[kəmplíːtli] 부 완전히, 순전히, 전적으로, 철저히
complex	[kəmpléks, kámpleks] 형 ① 얼키고 설킨 ② 착잡한, 복잡한 통 intricate(복잡한)
complexion	[kəmplékʃən] 명 ① 관점 ② 얼굴빛, 혈색, 안색
compliant	[kəmpláiənt] 형 말을 잘 듣는, 고분고분 시키는대로 하는, 유순한
complicated	[kámpləkèitid] 형 복잡한, 까다로운 통 complex(복잡한)

compose [kəmpóuz] 태 ① …을 구성하다, 조립하다. ② 작곡하다. 통 constitute(구성하다)

composition [kàmpəzíʃən] 명 ① 구성 ② 기질 ③ 배치 ④ 작문, 작곡

computer [kəmpjúːtər] 명 컴퓨터, 계산기

computer virus 컴퓨터 바이러스

computopia [kàmpjutóupiə] 명 컴퓨터로 사람이 노동에서 해방된다는 미래 이상적 사회

con amore [kanəmɔ́ːri] 부 ① 음악에서 부드럽게 ② 정성껏, 열심히, 애정으로

conation [kounéiʃən] 명 의욕, 능동

concave [kankéiv] 형 오목한, 요면의 명 오목면, 요면
a concave lens 오목렌즈

conceal [kənsíːl] 태 내색하지 않다, 숨기다, 비밀로 하다. 통 hide(숨기다) 반 reveal(들어내다)

concede [kənsíːd] 태 시인하다, 승인하다, 인정하다. 통 admit(인정하다) 자 ① 양보하다. ② 인정하다. 반 deny(부정하다)

conceit [kənsíːt] 명 독단, 자만, 자부심 통 vanity(자만심) 반 modesty(겸손) 태 …oneself로 우쭐대다. 자 생각하다.

conceited [kənsíːtid] 형 우쭐한, 자부심이 강한 통 vain(독불장군의) 반 modest(겸손한)

conceive [kənsíːv] 태 ① …라 생각하다. ② 마음에 품다. ③ 착상하다, 생각해 내다. 통 **create**

concentrate [kánsəntrèit] 태자 ① 집중하다, 한점에 모으다(모이다). ② …에 전력을 기울이다, 전념하다. 통 focus(집중하다) 반 diffuse(흩어지다) : concentrated juice 농축주스

concern	[kənsə́:rn] 몡 ① 이해 관계 ② 관심, 배려, 근심, 복수로 관심사 탄 걱정하다, 걱정시키다, …에 관계하다. 통 interest(관심을 갖다) 뺀 disinterest
concerned	[kənsə́:rnd] 옝 걱정스러운, 관심을 가진, 관련된 with a concerned air 걱정스러운 태도로
concerning	[kənsə́:rniŋ] 젼 …에 관하여 통 about(…에 관하여)
concert	[kánsə(:)rt] 몡 ① 연주회, 음악회, 합주 ② 제휴, 협조
conclude	[kənklúːd] 탄 ① 마치다, 결론짓다, 끝맺다. ② 조약 등을 맺다, 체결하다. 통 finish(끝내다) 뺀 begin(시작하다) Now to conclude 결론적으로 말하면
condense	[kəndéns] 탄 농축하다, 압축하다. condensed 농축한
condescend	[kàndisénd] 쟈 굽히다, 자기를 낮추고 겸손해하다.
condition	[kəndíʃən] 몡 ① 상태, 건강상태 ② 상황, 몸의 이상 ③ 조건, 제약 통 state(상태)
conduct	[kándʌkt] 몡 품행, 행동, 처신 통 behavior(행동) 탄 [kəndʌ́kt] 이끌다.
conductor	[kəndʌ́ktər] 몡 ① 오케스트라 등의 지휘자 ② 차장 ③ 안내자, 지도자 ④ 관리자
cone	[koun] 몡 ① 원뿔체 ② 아이스크림 콘, 원추형 ③ 솔방울
conference	[kánfərəns] 몡 ① 회담, 협의, 협의회 ② …총회
confide	[kənfáid] 탄 ① 신탁하다, 맡기다. ② 비밀을 털어놓다. 쟈 ① 신임하다, 신뢰하다. ② 비밀을 털어놓다.
confidence	[kánfidəns] 몡 ① 확신, 자신 ② 신임, 신용 통 trust(신뢰) 뺀 distrust(불신)
confident	[kánfidənt] 옝 자신하고 있는, 확신하고 있는 통 sure(분

명한) ⑪ timid(겁많은)

confidential [kànfidénʃəl] ⑱ ① 기밀의, 내밀한 ② 신임이 두터운, 믿을 수 있는, 심복의

conflict [kánflikt] ⑲ ① 투쟁 ② 의견 등의 충돌, 쟁의, 알력, 상충, 대립, 마찰

confuse [kənfjúːz] ㉫ ① 혼동하다. ② 어리둥절하게 하다, 혼란시키다. ⑧ puzzle(어리둥절하게 하다) ㉺ 혼동하다, 구별하지 못하다, confused ⑱ 당황한, 어리둥절한

congratulate [kəngrǽtʃəlèit] ㉫ 축하하다, 축사를 하다.

congratulation [kəngrǽtʃəléiʃən] ⑲ 축하, 경하, (복수)축사 Congratulations! 축하합니다.

congress [káŋgris] ⑲ ① 회의, 회합 ② 미국의 의회, 영국의회는 Parliament ⑧ legislature(입법부)

connect [kənékt] ㉫ ① 관계(관련)시키다. ② 연결(접속·결합)하다. ③ 전화 연결하다. ⑧ link(연결)

connection [kənékʃən] ⑲ ① 연결, 결합 ② 연결 부분 ③ 관계, 관련 ⑧ junction(연결)

connotative [kánoutèitiv] ⑱ 함축성 있는

connotatively ⑭ 함축성 있게

connote [kənóut] ㉫ ① 《구어》의미하다. ② 다른 뜻을 암시하다.

conquer [káŋkər] ㉫ ① 정복하다. ②…을 극복하다, 이겨내다. ⑧ succeed(성공하다) ⑪ surrender(항복하다)

conqueror [káŋkərər] ⑲ ① 정복자, 승리자 ② 결승전 : play the conqueror 결승전을 하다.

conscience [kánʃəns] ⑲ 선악의 판단력, 양심

have … on one's conscience …이 양심에 걸리다.

with an easy … 안심하고

with a good … 양심에 거리낌 없이

on my … 내 양심을 걸고

conscientious [kànʃiénʃəs] 휑 양심적인, 성실한, 근직한 ⑧ scrupulous (양심적인)

conscious [kánʃəs] 휑 알아채고 있는, 의식하고 있는 ⑧ aware(알아챈) ⑭ unaware

consent [kənsént] 짜 ① 찬성하다, 동의하다. ② 승낙하다. ⑧ agree ⑭ refuse 몡 동의, 허가, 의견·감정의 조화

consequence [kánsikwèns] 몡 ① 결과, 결론 ② 중대성 ⑧ result ⑭ cause(원인) : give … to …에 무게(비중·중대성)을 두다. answer the … s 결과에 책임을 지다.

consider [kənsídər] 타짜 숙고(고찰·고려)하다. ⑧ deliberate(숙고하다) ⑭ ignor

consist [kənsíst] 짜 consist of …로 이루어지다. consist in …에 있다.

consistent [kənsístənt] 휑 ① 지조가 있는, 언행이 일치하는, 일관된 ② 모순이 없는 ⑧ compatible(모순이 없는) ⑭ contrary(모순되는)

constant [kánstənt] 휑 지속적인, 끊임없는, 불변의

construct [kənstrʌ́kt] 타 건조하다, 건설하다, 세우다. 몡 건조물

consult [kənsʌ́lt] 타 상담하다, 상의하다, 의견을 묻다.

consultant [kənsʌ́ltənt] 몡 고문, 컨설턴트, 의논 상대

consume [kənsúːm] 타 ① 소비하다, 소멸시키다. 짜 ① 소비하다.

	② 바싹 여위다. 동 use up(써버리다)
contact	[kántækt] 명 교신, 접촉, 맞닿음 동 meeting(만남) 타 (구어)연락을 취하다. 자 교신하다, 접촉하다.
contain	[kəntéin] 타 ① …을 포함하다, …이 들어있다. ② 담을 수 있다. 동 hold(함유하다), include(포함하다) contain oneself 참다, 자제하다.
contained	[kəntéind] 형 자제하는, 억제하는
contempt	[kəntémpt] 명 업신여김, 모욕, 멸시, 경멸 동 scorn(경멸), disdain(멸시)
contemptible	[kəntémptəbəl] 형 치사한, 한심한, 멸시할만한 동 mean(천한), low(천한)
contend	[kənténd] 타 강력히 주장하다. 자 다투다, 항쟁하다. 동 dispute(논쟁하다)
content	[kátent] 명 ① 내용물, 알맹이 ② 서적 등의 내용 형 [kətént] 만족하는, 기꺼이
contest	[kántest] 명 ① 경연 ② 논쟁 타자 경쟁하다, 다투다, 논쟁하다. 동 competiton(경쟁)
continent	[kántənənt] 명 ① 본토, 대륙 ② 문어로 성욕을 절제하는, 극기의
contingency	[kəntíndʒənsi] 명 뜻밖의 사고, 우발 사건, 우연성
continue	[kəntínjuː] 타 ① 계속하다. ② 말을 잇다. 자 계속되다.
continuous	[kəntínjuəs] 형 ① 그칠줄 모르는 ② 일련의
continuously	[kəntínjuəsli] 부 계속해서, 끊임없이, 잇따라
contract	[kántrækt] 명 청부, 계약, 계약서 형 청부받은 타 계약하다. 동 bargain(계약)

contradict [kàntrədíkt] 타 ① 반박하다, 부인(부정)하다. ② 모순되다.

contrary [kántreri] 형 ① 불리한 ② 적합치 않은, …에 반대되는 동 oppsed(정반대의)

contrast [kántræst] 명 ① 대립, 대조 ② 현저한 차이 ③ 정반대의 사물 동 difference(다름)

contribute [kəntríbjuːt] 타 ① 원고를 기고하다.(to) ② 기부하다. 동 donate(기부하다)

contribution [kàntrəbjúːʃən] 명 ① 기부금, 기부 ② 기고, 기부물 동 donation(기증)

contrive [kəntráiv] 타자 연구하다, 고안하다, 설계하다, 획책하다. 동 invent(발명하다) : cut and contrive 살림·경영 등을 용케 꾸려나가다.

control [kəntróul] 명 ① 지배, 관리, 감독, 단속 동 manage(관리하다) ② 복수로 통제수단 ③ 기계의 제어장치 타 통제(관리·감독)하다.

CONUS [kánəs] 미국 본토 (Continental United States)

convenient [kənvínjənt] 형 형편이 좋은, 편리한 동 handy(다루기 쉬운) 반 inconvenient

conversation [kànvərséiʃən] 명 ① 회화 ② 대표자의 비공식 회담 ③ 성교 동 takl(대화)

converse [kənváːrs] 자 담화를 나누다. 동 talk(이야기하다)

convex [kɑnvéks] 형 볼록한 a … lense 볼록렌즈

convince [kənvíns] 타 확신시키다, 납득시키다, 깨닫게 하다. 동 persuade(설득하다)

cook	[kuk] 🔲 요리하다. 🔲 요리사
cookie	[kúki] 🔲 쿠키(비스킷)
cook-in	[kúkìn] 🔲 ① 요리 교실 ② 자가 요리 : a cooking school 요리 학교
cookroom	[kúkrù(ː)m] 🔲 취사장, 주방
cookshop	(작은)음식점, 식당
cooky	[kúki] 🔲 (구어)여자 요리사
cool	[kuːl] 🔲 서늘한, 시원한 🔲 차게하다. 🔲 ① 식다. ② 서늘해지다. 🔲 chilly(싸늘한) 🔲 warm(따뜻한) : cool, calm, and collected 《구어》대단히 침착하고 냉정하게 get cool 식다, 시원해지다, 서늘해지다. have (a)cool cheek 아주 뻔뻔스럽다. nice and cool 기분좋게 서늘한 paly it cool 《구어》아무렇지 않은체하다, 냉정히 굴다.
cooperate	[kouápərèit] 🔲 협력하다. 🔲 help(돕다)
cope	[koup] 🔲《구어》① 대처하다. 🔲 잘 처리하다. ② 대항하다. ③《구어》그럭저럭 해 나가다.
copy	[kápi] 🔲 사본, 복사, 모방 🔲🔲 베끼다, 복사하다. 🔲 duplicate(사본) 🔲 original(원본)
cord	[kɔːrd] 🔲 ① 새끼, 끈 ② 가는 밧줄 ③ 전기 코드
cordial	[kɔ́ːrdʒəl] 🔲 마음에서 우러난, 충심으로부터의 🔲 강장제, 강심제 🔲 friendly(친절한) 🔲 hostile(적의의)
core	[kɔːr] 🔲 ① 배·사과 등의 가운데 속 ② 핵심, 골자 🔲 kernel(씨, 핵심) 🔲 cutside
corn	[kɔːrn] 🔲 ① 옥수수 ② 곡물, 곡식, 낟알

corned	[kɔːrnd] 혱 ① 소금에 절인 ② 작은 알로 만든
corner	[kɔ́ːrnər] 명 귀퉁이, 모퉁이, 구석진 곳
cornered	[kɔ́ːrnərd] 혱 진퇴양난의, 구석에 몰린
corner shop	작은 상점
cornerwise	[kɔ́ːrnərwàiz] 뷔 각을 이루도록, 비스듬히, 대각선 모양으로
cornflakes	[kɔ́ːrnflèiks] 명 콘플레이크
correct	[kərékt] 타자 잘못을 고치다, 바로잡다. 동 exact(정확한) 빤 incorrect(틀린)혱 정확한, 올바른, 틀림없는
correspond	[kɔ̀ːrəspánd] 자 ① 서신이나 교신을 주고받다. 동 communicate(통신하다) ② 일치하다, 부합하다, 조화되다. ③ …에 상당하다, 해당되다. 빤 diverge(갈라지다)
corrupt	[kərʌ́pt] 혱 ① 뇌물이 통하는 ② 순수성을 잃은 ③ 퇴폐한, 부정한, 부도덕한, 타락한 동 demoralize(타락시키다) 빤 honest(진실한)타 ① 뇌물로 매수하다. ② 타락시키다. 자 타락하다, 부패하다.
cosmos	[kázməs] 명 ① 우주, 천지 만물 ② 코스모스
cost	[kɔːst] 명 값, 비용 동 price(값) 타자 ① 비용이 들다. ② 물게[내게] 하다.
costume	[kástjuːm] 명 ① 지방의 특유한 복장 ② 여성복 동 garb(복장)③ 차림새, 풍속
cottage	[kátidʒ] 명 피서지의 별장, 오두막집, 시골의 작은 집 (속어)공중화장실 : love in a cottage 비록 가난하지만 행복한 부부생활
cotton	[kátn] 명 ① 목화솜 ② 면사, 무명, 면직물 자 (구어)…좋

아지다, 친해지다.

cotton candy 솜사탕

cough [kɔ(:)f] 몡 기침, 기침소리 탄 ① 기침해서 …을 뱉다. 잔 기침하다. ② 기침소리를 내다. ③ 헛기침하다.

could [kud] could not 의 간약형

could be (구어)아마 그럴꺼야, 아마 그럴지도 모른다.

council [káunsəl] 몡 자문회, 회의, 협의회 동 board(회의)

counseling [káunsəliŋ] 몡 카운슬링(상담, 조언)

counselor [káunsələr] 몡 ① 고문, 의논 상대, 조언자, 법률 고문 ② (美)변호사

count [kaunt] 탄 ① 계산하다, 세다. ② 셈에 넣다. ③ 축에 끼우다, 포함시키다. 동 number(세다)

countdown [káuntdàun] 몡 초읽기, 카운트 다운

counter [káuntər] 몡 ① 계산대 ② 판매대

counteract [kàuntərǽkt] 탄 ① 좌절시키다, 방해하다. ② 중화하다. 동 thwart(방해하다, 허를 찌르다)

counterview [káuntərvjùː] 몡 반대 의견, 대항, 대면

country [kʌ́ntri] 몡 국가, 본국, 조국, 고국 동 nation(나라) the country 로 시골, 전원, 교외, 농촌지대 혱 시골의, 농촌의, 전원생활의

country jake[jay] (구어)시골뜨기 동 country bumpkin(시골뜨기)

countryman [kʌ́ntrimən] 몡 ① 같은 나라 사람 ② 촌뜨기

countryside [kʌ́ntrisàid] 몡 시골, 시골의 한 지방

country school (영)공립학교 동 council school

coupla [kʌ́plə] 혱 (구어)두 개의, 두 사람의, 두서넛의 동 a

couple of(둘의)

couple [kʌ́pəl] 몡 ① 부부, 남녀 한 쌍, 약혼한 한 쌍, 댄스의 한 쌍, 두 개 ② 얼마간 퇘 ① 두 사람을 결혼시키다. ② 동물을 교미시키다. ③ 결부해서 연상하다. ④ 짝되게 연결하다, 연결하다(화차 등). 몡 pair(쌍), brace(한 쌍)

coupon [kjúːpɑn] 몡 ① 떼어쓰는 표, 회수권의 한 장 ② 배급표 ③ 식료품 교환권

courage [kə́ːridʒ] 몡 용기, 담력, 배짱 몡 bravery(용감) 뺸 cowardice(비겁)

courageous [kəréidʒəs] 혱 배짱이 있는, 담력 있는, 용기 있는 몡 brave 뺸 cowardly(비겁한)

course [kɔːrs] 몡 ① 일정한 교육과정 ② 방향, 진로, 진행 ③ 항로, 코스 퇘 ① 달리다. ② 몰게하다. ③ 사냥개를 이용 사냥하다.

court [kɔːrt] 몡 ① 법정, 법원 ② 경기장(코트) ③ 안마당, 안뜰 the court로 집합적으로 법관

courtesy [kə́ːrtəsi] 몡 ① 우대, 특별대우, 호의, 정중한 행위 ② 예의 몡 politeness(점잖은) 뺸 rudeness(무례한)

cousin [kʌ́zn] 몡 ① 사촌(남녀 공통으로) ② 친척 ③ 경(卿) ④ (속어) 호모의 애인

covenant [kʌ́vənənt] 몡 ① 날인 증서, 계약, 서약, 맹약, 계약 조항 퇘짜 계약하다.

cover [kʌ́vər] 퇘 ① …을 덮어 씌우다. ② 범위가 …에 걸치다. ③ 어떤거리를 가다. 몡 덮개, 뚜껑, 책표지 몡 overlay(씌우다) 뺸 uncover(폭로하다)

covet	[kʌ́vit] 자타 몹시 탐내다.
covetous	[kʌ́vitəs] 형 탐내는, 열망하는
cow	[kau]명 암소, 젖소
coward	[káuərd] 명 비겁한 사람, 겁쟁이 형 소심한, 비겁한, 겁 많은
cowboy	[káubɔ̀i] 명 카우보이, 목동 (속어)갱단의 두목, 무법자, 악한
crab	[kræb] 명 ① 게, 게살 (구어)실패, 불리 ② 비스듬히 나는 것. ③ 심술장이 (구어)깎아내리다, 흠잡다, 불평하다. crabbed 심술궂은, 괴팍한 : turn out crabs = come off crabs 실패로 끝나다.
crack	[kræk] 타 깨다, 금가게 하다, 부수다. 자 금이가다, 부서지다, 깨지다. 동 break(깨다) 형 (구어)일류의, 아주 좋은 부 탁, 탕, 지끈, 우지직 명 창문 등의 틈, 갈라진 틈, 금
cracked	[krækt] 형 ① 인격·신용 등에 손상된 ② 깨진, 금이 간, 부스러진
cracker	[krǽkər] 명 ① 딱총, 폭죽 ② 크래커(英口) 멋쟁이, 미인 동 biscuit(비스킷)
crackerjack	[krǽkərdʒæ̀k] 명 (구어)제1인자, 일등품, 최고품 형 일류의, 우수한, 굉장한
crackpot	[krǽkpɑ̀t] 명(구어)① 미친 짓 ② 이상한 사람 형 이상한
crack-up	[krǽkʌ̀p] 명 ① 정신적 파탄 ② 추락, 충돌
cracky	[krǽki] 형 깨지기 쉬운, 금이 간
cradle	[kréidl] 명 요람, 유아용 침대 the … 어린 시절
cradleland	[kréidllæ̀nd] 명 발상지, 요람지

craft	[kræft] 몡 특수한 기술, 기능 ⑧ skill(기술), talent(재능)
craftsman	[kræftsmən] 몡 기능공, 장인
cram	[kræm] 囲 억지로 채워넣다, 다져넣다. 囲제 ① 포식시키다, 포식하다. ② 벼락 공부시키다(하다). 몡 주입식 공부, 벼락 공부
cramp	[kræmp] 몡 ① 꺾쇠, 죄는 기구 ② 경련, 쥐 ③ 복수로 급격한 복통 囲 …에 경련을 일으키다.
cramped	[kræmpt] 몡 비좁은, 갑갑한
crane	[krein] 몡 ① 기중기 ② 학, 두루미 囲 ① 기중기로 올리다. ② 목을 길게 빼다.
cranky	[krǽŋki] 몡 ① 길이 꾸불꾸불한 ② 까다로운 ③ 심기가 뒤틀린 ⑧ cross(성질내는)
crapshoot	[krǽpʃùːt] (구어)예측할 수 없는 일, 위험한 일, 도박
crapshooter	[krǽpʃùːtər] 몡 위험에 뛰어드는 사람, 도박꾼
crash	[kræʃ] 몡 천둥·대포의 꽝음, 쿵쿵 쾅쾅 와르르 ⑧ dash(충돌하다)
crater	[kréitər] 몡 분화구
crawfish	[krɔ́ːfiʃ] 몡 (구어)변절자, 꽁무니 빼는 사람
crawl	[krɔːl] 제 ① 포복하다. ② 서행하다. ⑧ creep(기다)
crayon	[kréiən] 몡 크레용 囲 크레용으로 그리다.
crazy	[kréizi] 몡 (구어)반한, 열중한, 미친, 흥분해 있는 ⑧ mad(미친) ⑨ sane(제정신의)
crazy house	(속어)정신 병원 = fun house
creak	[kriːk] 몡 삐걱거리는 소리 제囲 삐걱거리게 하다, 삐걱거리다. ⑧ squeak(삐걱거리다)

cream	[kri:m] 몡 ① 크림 ② 화장용 크림 ③ 크림이 든 과자 ④ 유지 ⑤ 액체의 더껑이
crease	[kri:s] 타 ① 구기다, 주름지게하다, 주름을 잡다. 몡 구김 살, 주름 짜 접어 자국이 생기다, 구겨지다, 주름지다.
crease-resistant	[krí:srizìstənt] 혱 구겨지지 않는, 주름이 잡히지 않는
creasy	[krí:si] 혱 주름이 있는, 주름투성이의
create	[kri:éit] 타 ① 창조하다, 안출하다. ② 창립하다.(英口) 몹시 떠들다. 통 originate(발명하다)
creature	[krí:tʃər] 몡 ① 창조물 ② 소산, 산물
credit	[krédit] 몡 ① 신용장, 신뢰, 신용, 명성 ② 신용 대부 ③ 외상 통 trust(신뢰), discredit(불신)
creditable	[kréditəbəl] 혱 신용할 만한, 칭찬할 만한, 명예가 되는
creep	[kri:p] 짜 ① 덩굴 등이 서로 얽히다. ② 기다, 살금살금 걷다, 포복하다.
crew	[kru:] (구어)① 동아리, 패거리 ② 승무원 일동, 탑승원
crick	[krik] 몡 쥐, 근육(관절) 경련 타 …에 쥐가 나다.
cricket	[kríkit] 몡 ① 귀뚜라미 ② 찌르릉 울리는 완구 ③ (英口) 페어플레이, 신사다운 행동, 영국에서 인기있는 구기
crime	[kraim] 몡 범죄, 죄 통 wrongdoing(범죄)
crimp	[krimp] 타 주름을 잡다, 곱슬곱슬하게 하다.
crocky	[kráki] 혱 병약한, 무능한, 노후한
crocodile	[krákədàil] 몡 ① 악어 ② 자동차 등의 긴 행열(英口)
crook	[kruk] 타 ① 활처럼 구부리다. ② 낚아채다. 몡 갈고리
crooked	[krúkid] 혱 ① 타이 등이 삐뚤어진, 구부러진 ② 마음이 비뚤어진 ③ 밀매의 부정으로 얻은 통 bent(굽은) 반

straight(곧은)

crop	[krɑp] 명 ① 수확 ② 농작물 ③ 짧게 깎은 머리, 막 깎이 통 harvest(수확)
cross	[krɔːs] 명 십자형, 십자가 형 교차된 타 서로 교차시키다, 가로줄을 긋다. 자 교차하다, 길·강을 건너다.
crossbow	[krɔ́ːsbòu] 명 석궁
crossbred	[krɔ́ːsbrìːd] 형 교배종의, 잡종의 명 교배종, 잡종
crossing	[krɔ́ːsiŋ] 명 ① 횡단 ② 교차점, 건널목
crossroad	[krɔ́ːsròud] 명 교차로, 십자로, 네거리
crosstown	[krɔ́stàun] 명 시내 횡단버스
crouch	[krautʃ] 자 ① 몸을 웅크리다, 쪼그리다. ② 무서워 위축되다, 굽실거리다, 비굴하게 구부리다. 통 stoop(구부리다) 반 stand(서다)
crow	[krou] 명 ① 수탉의 울음소리 ② 갓난아기의 환성 ③ 까마귀 자 ① 환성을 올리다. ② 수탉이 울다. ③ 갓난애기가 좋아서 소리지르다.
crowd	[kráud] 명 (구어)① 그룹, 패거리, 동료 ② 부대 ③ 녀석 ④ 군중, 인파 타 …에 꽉 들어차다, 꽉 들어차게 하다. 통 mob(군중) 자 ① 붐비다, 몰려들다. ② 밀치락 달치락하며 들어가다.
crowded	[kráudid] 형 붐비는, 혼잡한, 꽉 찬
crown	[kraun] 명 ① 왕관 ② 영광, 화관 ③ 왕관표 타 …에게 왕관을 씌우다.
cruel	[krúːəl] 형 잔인한, 잔혹한 통 heartless(무정한) 반 merciful(자비로운)

cruise	[kru:z] 태 ① 답사하다. ② 순항하다. ③ 남녀가 상대를 낚으러 다니다. ④ 택시가 손님을 태우러 돌아다니다. ⑤ 외출하다, 여행하다.
crush	[krʌʃ] 태 ① 압축하다, 짜다, 눌러 부수다, 눌러 뭉개다. ② 궤멸시키다, 압도하다, 박멸하다. 자 ① 서로 밀고 들어가다. ② 부서지다. ③ 구겨지다, 짜부러 뜨리다.
cry	[krai] 태 ① 큰소리로 부르다, 외치다, 큰소리로 알리다. ② 엉엉울다. 동 bawl(울부짖다) 반 lough(웃다) cry against 에 반대를 외치다. 동 shout(외치다) cry for …의 위급함을 호소하다. cry off 취소하다, 포기하다, 손을 떼다. cry quits (구어) 무승부로 하다. for crying out loud! (구어)아 기막혀, 잘됐구나, (명령문에서)제발 부탁이니…
cube	[kju:b] 태 3제곱하다, 부피를 구하다. 명 입방체, 정6면체
cucumber	[kjú:kʌmbər] 명 오이
cuddle	[kʌ́dl] 태 ① 껴안고 귀여워하다, 꼭 껴안다. 자(구어)아첨하다. ② 새우잠자다.(up) ③ 꼭 붙어자다.
cuddlesome	[kʌ́dlsəm] 형 꼭 껴안고 싶은 동 cuddly(껴안고 싶어하는)
culpable	[kʌ́lpəbl] 형 괘씸한, 비난할 만한
cultural	[kʌ́ltʃərəl] 형 ① 문화적인, 인문상의 ② 교양적인, 수양상의 : cultural studies 교양 과목 동 educational(교육적인)
cultural exchange	문화 교류
culture	[kʌ́ltʃər] 명 ① 지적·예술적 활동 ② 문화, 교양 ③ 양식, 재배 동 learning(학문)

cunning	[kʌ́niŋ] 형 교활한, 간사한 (구어)귀여운 작은 동물들 통 sly : a cunning trick 교활한 술책 통 foxy(교활한) 반 simple(소박한)
cupboard	[kʌ́bərd] 명 찬장, 식기장
curdle	[kə́:rdl] 자타 굳어지다, 굳히다. (속어)불쾌하게 느껴지다, 거슬리다.
cure	[kjuər] 타자 치료하다, 낫다, 치유되다. 명 ① 치유, 치료 (법) ② 의료 ③ 치료제, 치료법 통 heal(고치다)
curiosity	[kjùəriásəti] 형 ① 호기심, 신기함 ② 진기한 것
curious	[kjúəriəs] 형 꼬치꼬치 캐기 좋아하는, 호기심이 강한 통 inquiring(묻기 좋아하는)
curiously	[kjúəriəsli] 부 ① 신기한 듯이, 호기심에서 ② 기묘하게도
curly	[kə́:rli] 형 곱슬머리의, 오그라든, 소용돌이 모양의
current	[kə́:rənt] 명 ① 전류 ② 흐름, 조류, 기류 ③ 풍조, 대세 통 present(현재의) 형 통용하고 있는
curse	[kə:rs] 타자 ① 악담하다, 저주하다, 욕지거리하다. ② 불경한 말을 하다. ③ 재앙을 빌다. 통 oath(저주), swear(욕하다) 반 benediction(축복)
cutting edge	최첨단, 최선두
cuttlefish	[kʌ́tlfiʃ] 명 오징어
cutup	[kʌ́tʌp] 명 개구쟁이, 장난꾸러기
cyber-	[sáibər] (연결형)컴퓨터, 컴퓨터 네트워크의 뜻
cyber crud	[sáibərkrʌ̀d] 명 (구어)컴퓨터와 관련된 사기·속임수
cybernate	[sáibərnèit] 타 ① 인공 두뇌화하다. ② 컴퓨터로 공정을 자동 조절하다.

Dd

dabble	[dǽbəl] 卧 물을 튀기다. 재 ① 물장을 치다. ② 장난삼아 하다.　dabble in water 물속에서 물장난 치다.
dad	[dæd] 명 (구어)아빠, 아저씨
daddy	[dǽdi] 명 (구어)아버지
Daddy-o	[dǽdiòu] 친근한 호칭으로 아저씨
daggle	[dǽgəl] 卧재 질질 끌어 더럽히다.
daily	[déili] 형 매일의, 일당의, 일간의 卧 매일, 날마다 명 일간신문, 파출부
daintily	[déintili] 卧 ① 음식을 가려서, 까다롭게 ② 우아하게, 섬세하게 : eat daintily 음식을 가려 먹다.
dairy	[déəri] 명 ① 착유장 ② 우유 판매점
dairy farm	낙농장
dairy farming	낙농업
dairy products	낙농제품, 유제품
dam	[dæm] 명 둑, 댐 卧 둑으로 막다, …에 댐을 만들다.(up) dam one's feelings up 감정을 조절하다. 동 levee(제방), dike(제방)
damage	[dǽmidʒ] 명 손해, 피해 the … 비용 동 impairment(손상) 卧 피해를 입히다, 손해를 입히다. 반 repair(수선하다), rebuild(재건하다)
damn	[dæm] 감 제기랄 卧재 저주하다. 동 condemn(비난하다) damn thing (구어)이 망할놈의 것.

damp	[dæmp] 몡 습기, 수증기 택자 축축하게 하다, 축축해지다. 통 moist(습기찬)
dance	[dæns] 몡 댄스, 춤 택자 ① 춤을 추다, 춤추다. ② 뛰어 돌아다니다. dancer(무용가)
	dance up and down 껑충껑충 뛰어다니다.
	dance about for joy 좋아 날뛰다.
dancing	[dǽnsiŋ] 몡 무용, 무용연습, 무도(법)
danger	[déindʒər] 몡 ① 위험, 위험한 상태 ② 위험물 통 peril(위험), risk(위험) 뺀 safety(안전)
	make danger of 을 위험시하다.
	out of danger 위험을 벗어나.
dangerous	[déindʒərəs] 휑 위험한, 위해를 주는 통 perilous(위험한) 뺀 safe(안전한)
dapper	[dǽpər] 휑 ① 날씬한, 말쑥한 ② 작고 민첩한
dapple	[dǽpəl] 휑 얼룩진 몡 얼룩, 얼룩배기
dare	[dɛər] 조 감히 …하다, 겁내지 않고(뱃심좋게) …하다. 통 brave(과감히 맞서다) 택 감히 …하다. 자 대담하게 하다, …할 용의가 있다. 몡 도전, 용기
daredevil	[déərdèvəl] 휑 물불을 가리지 않는 몡 저돌적인 사람
daren't	[dɛərnt] dare not 의 단축형
daring	[déəriŋ] 몡휑 대담성, 참신성, 모험적인 용기[기상] 통 brave(용감한) 뺀 cowardice(비겁)
dark	[dɑːrk] 휑 ① 어두운 ② 거무스름한 통 shadowy(어두운) 뺀 bright(밝은)
darken	[dɑ́ːrkən] 택자 어둡게 하다, 어두워지다.

dark horse	다크 호스, 의외의 강력한 경쟁 상대
darkish	[dáːrkiʃ] 혱 거무스름한, 어스름한
darky	[dáːrki] 몡 (구어)흑인, 검둥이
darling	[dáːrliŋ] 몡 ① 귀여운 사람 (구어)여성이 매력적인, 가장 사랑하는 동 beloved(가장 사랑하는 사람) my darling 여보, 얘야
dash	[dæʃ] 탸 ① 물을 끼얹다. ② 내던지다. 쟈 충돌하다, 돌진하다. 동 strike(부딪치다)
dashing	[dǽʃiŋ] 혱 위세당당한, 기세좋은, 생기 있는
dashingly	븻 생기있게, 기세좋게
date	[deit] 몡 ① 날짜 (구어)② 이성과의 약속, 데이트 상대 탸 쟈 ① 날짜를 기입하다. ② 이성과의 만날 약속을 하다, …와 데이트 하다.
dauby	[dɔ́ːbi] 혱 끈적끈적한
daughter	[dɔ́ːtər] 몡 ① 딸 ② 동물의 암컷
daughterhood	[dɔ́ːtərhùd] 몡 처녀시절, (집합적으로)딸들
dawdle	[dɔ́ːdl] 탸쟈 빈둥빈둥 시간을 보내다.
dawn	[dɔːn] 몡 새벽, 여명 쟈 날이 밝다, 날이 새다. 동 sunrise(동틀녘) 뺀 sunset(해질녘) the dawn 조짐, 일의 시초, 서광
day	[dei] 몡 낮, 날, 하루 the day = one's day 전성시대, 좋았던 시절 on one's day (구어)한창 때에는 Those were the days. 그때(옛날)가 좋았지
daydream	[déidriːm] 몡 백일몽, 공상 쟈 공상에 잠기다.

daylight	[déilàit] 몡 일광 瓜타 햇빛을 쬐다, …에 햇빛을 쬐다.
daytime	[déitàim] 몡 주간, 낮
daze	[deiz] a daze ① 현혹 ② 멍한 상태 ③ 눈이 부심 됭 stun(어리둥절하게 하다) 타 멍하게 하다. be in a daze 어리벙벙하다, 눈이 부셔서 잘 볼 수가 없다.
dazzle	[dǽzəl] 타 ① 현혹시키다, 감탄시키다. ② 압도하다. 瓜 ① 눈이 부시다. ② 감탄하다.
dazzling	[dǽzliŋ] 혱 ① 눈부신 ② 현혹적인, 휘황찬란한
D.C.	[dí:sí] District of Columbia 의 약자로 미국의 수도인 워싱턴을 포함한 지구로 50개 주와는 달리 특별 취급을 받고 있음.
dead	[ded] 혱 ① 무생물의 ② 김빠진 ③ 쓸모 없는 ④ 죽은 ⑤ 불이 꺼진 ⑥ 생기 없는 됭 lifeless(생명이 없는) 뻔 alive(살아있는)
deadening	[dédniŋ] 몡 방음 장치, 방음재
deadhouse	[dédháus] 몡 영안실
deadly	[dédli] 혱 치명적인, 치사의 됭 fatal(치명적인)
deaf	[def] 혱 ① 귀가 먼 ② 충고에 귀를 기울이지 않는, the … 귀머거리들 됭 stonedeaf(전혀 못듣는)
deaf-aid	[défèid] 몡 보청기, 방송인용의 작은 이어폰 됭hearing aid(보청기)
deal	[di:l] 타 분배하다, 카드패를 도르다. 몡 취급, 처리, 대우, 거래 瓜 ① 다루다, 취급하다. ② 대하다. 됭 treat(취급하다)
dear	[diər] 혱 친애하는, 귀여운, 그리운 몡 애인, 친애하는 사

람 **부** ① 비싸게 ② 소중히, 비싸게 사다(buy dear), 비싸
게 팔다(sell dear). **통** darling(사랑하는) **반** hateful(증오하
는)

dearly	[díərli] **부** ① 끔찍이, 애정으로 ② 비싼 값으로
deary	[díəri] 부름말로 쓰여 할아버지, 할머니 **(구어)**요 귀여운 사람
death	[deθ] **명** 죽음, 사망 Death 죽음의 신 **(구어)**공포, 두려움 **통** decease(죽음) **반** life(삶) : the death …의 사인
debt	[det] **명** 부채, 채무, 빚 **통** obligation(채무)
decade	[dékeid] **명** 10년간
decay	[dikéi] **타** 썩게하다. **자** 이가 썩다, 부식(부패)하다. **통** rot(썩다) **반** grow(자라다) **명** ① 부식, 쇠퇴, 문들어짐 ② 충치
deceit	[disíːt] **명** ① 부실 ② 사기, 기만, 허위 ③ 책략 **통** fraud(사기) **반** honesty(정직)
deceitful	[disíːtfəl] **형** 기만적인, 사기성의, 허위의 **통** false(거짓의) **반** honest(정직한)
deceive	[disíːv] **타자** 속이다, 사기치다. **통** cheat(속이다)
December	[disémbər] **명** 12월 **(약 Dec.)**
decent	[díːsənt] **형** ① 의젓한, 어울리는 ② 남부럽지 않은 ③ 예절바른 **통** proper(예절바른) **(구어)**엄하지 않은 ④ 친절해서 기분 좋은 ⑤ 벗지 않은 **반** improper(부적당한)
decide	[disáid] **타자** 결심하다, 결정하다, …에게 결심시키다. **통** determine(결정)
decision	[disíʒən] **명** ① 결정, 결심, 결단 ② 관결 ③ 결의문, 관결

	문 囲 권투에서 판정으로 이기다. ⑧ determination(결정)
deck	[dek] 몡 갑판
declaration	[dèkləréiʃən] 몡 ① 선언, 발표 ② 사랑의 고백 ③ 선언서, 세관·세무서의 신고서 ⑧ announcemnet(알림) a declaration of war 선전포고
declare	[diklέər] 泏囲 ① 선언하다, 발표(공표, 폭)하다. ② 세관 에서 신고하다. ⑧ proclaim(선언하다) 몐 suppress(나타 내지 않다)
decorate	[dékərèit] 囲 ① 장식하다. ② 벽지를 바르다. ③ 페인트 칠하다. ④ 훈장을 주다. ⑧ ornament(장식하다) 몐 deface(보기흉하게하다)
decoration	[dèkəréiʃən] 몡 장식, 꾸밈새, 장식법 ③ adornment(장식)
decoy	[dikɔ́i] 몡 유인하는 장치, 미끼 囲 꾀어내다, 유인하다. 泏 유혹당하다, 미끼에 걸려들다.
dedicate	[dédikèit] 囲 ① 공식으로 개관하다. ② 헌납[봉납]하다. ⑧ consecrate(봉헌…)
deed	[diːd] 몡 ① 행위, 업적, 공적 ② 실행 ③ 증서 ⑧ act(행 위), feat(공적)
deejay	[díːdʒèi] = (구어)disk jockey
deep	[diːp] 囲 ① 깊은, 깊이가 …인 ② 뿌리 깊은 ③ 깊이 빠 진, 몰두한 ⑧ low(낮은) 몐 shallow(얕은) (구어)뱃속이 검 은 ④ 목소리가 굵은 ⑤ 죄가 무거운 ⑥ 겨울밤이 깊은 deep one 엉큼한 사람
deep-seated	[díːpsíːtid] 囲 고질적인, 뿌리가 깊은
deep-set	[díːpsét] 囲 ① 움푹하게 들어간, 깊이 파인 ② 뿌리 깊은

deer	[diər] 명 사슴
defeat	[difíːt] 타 …을 무찌르다, 패배시키다, 좌절시키다. 명 패배, 타파, 좌절 동 overcome(이겨내다) 반 surrender(항복하다)
defect	[diːfékt] 명 결점, 결함, 흠 자 ① 변절하다. ② 도망하다, 망명하다. 동 flaw(결함)
defend	[difénd] 타자 ① 방어하다, 막다. ② 변호하다, 지지하다. 동 protect 반 attack
defense	[diféns] 명 방어, 방위, 수비 동 protection(보호)
degree	[digríː] 명 ① 온도계 등의 도(度)(부호 °) ② 정도 ③ 계급, 지위 ④ 학위
dehydrate	[diːháidreit] 타 탈수하다. 자 탈수되다, 마르다.
delay	[diléi] 타 …을 미루다, 연기하다. 자 늦어지다. 동 defer (늦추다)
delete	[dilíːt] 타자 삭제하다, 지우다, 삭제되다. 동 cancel(삭제하다) 반 add(더하다)
delicate	[délikət] 형 ① 감각·성미가 예민한, 민감한 ② 섬세한, 우아한 ③ 연약한, 솜씨 좋은 ④ 가냘픈 ⑤ 기계가 정밀한, 정교한 동 dainty(고상한) 반 clumsy(서투른)
delicately	[délikətli] 부 ① 우아하게, 섬세하게, 정교하게 ② 고상하게 ③ 미묘하게
delicious	[dilíʃəs] 형 매우 맛있는 동 savory(맛있는)
delict	[dilíkt] 명 불법 행위, 범죄
delight	[diláit] 명 기쁨, 즐거움 타 매우 기쁘게 하다. 자 매우 기뻐하다. 동 joy(기쁨) 반 disgust

delightful	[diláitfəl] 혱 대단히 유쾌한, 대단히 기쁜 통 pleasant(즐거운) 반 unpleasant(불쾌한)
deliver	[dilívər] 탄 ① 배달하다. ② 의견을 말하다. ③ 해방시키다. 재 ① 아가를 분만하다. ② 배달하다. 통 transport(수송하다) 반 confine(감금하다)
	be delivered of 아이를 낳다.
	deliver over 인도하다, 양도하다.
	deliver up 내주다, 넘겨주다.
	deliver the goods 상품을 배달하다.
	《구어》약속을 이행하다, 기대에 어그러지지 않다.
delivery	[dilívəri] 뎽 ① 배달, 인도, 교부, 납품, ② …편
	take delivery of goods 상품을 인수하다.
delude	[dilúːd] 탄 ① 착각하게 하다, 현혹시키다. ② 속이다.
deluge	[déljuːdʒ] 뎽 호우, 대홍수 탄 범람시키다, 밀어닥치다, 수동형으로 압도하다. 통 flood(홍수)
delusion	[dilúːʒən] 뎽 ① 착각, 기만, 현혹, 망상 ② 환상, 잘못된 생각 통 fantasy(환상)
	be under a delusion 망상에 시달리다.
delusive	[dilúːsiv] 혱 착각하게 하는, 기만적인, 현혹적인
delusively	기만적으로
deluxe, de luxe	[dəlúks] 혱 사치스러운, 호화스러운 뿐 사치스럽게
demand	[dimǽnd] 뎽 요구, 청구 탄 …을 요구하다. 통 request(요구하다), waive(포기하다)
demo	[démou] 뎽 ① 자동차의 선전용 견본 ② 데모, 시위 행진
democracy	[dimάkrəsi] 뎽 ① 민주주의, 민주정치 ② 사회적 평등

democrat	[déməkræt] 명 민주주의자
democratic	[dèməkrǽtik] 형 ① 민주주의의 ② 사회적 평등을 존중하는, 민주적인
demon	[dí:mən] 명 ① 귀재, 귀신같은 사람, 명인 ② 악마, 마귀
denizen	[dénəzən] 명 귀화 외국인, 공민권을 받은 거류민 타 ① 귀화를 허가하다. ② 이식하다.
denounce	[dináuns] 타 탄핵하다, 비난하다, 고발하다.
dense	[dens] 형 인구가 조밀한, 밀집한, 빽빽한 동 thick(두터운) 반 aparse(희박한)
dent	[dént] 타자 움푹 들어가다, 움푹 들어가다. 명 움푹 팬 곳
dentist	[déntist] 명 치과의사
deny	[dinái] 타 ① …을 부정하다. ② 요구 등을 거절하다. 동 contradict(반박하다) 반 admit(인정하다)
depart	[dipá:rt] 자 떠나다, 출발하다. 동 leave(떠나다) 반 arrive(도착하다)
department	[dipá:rtmənt] 명 ① 학부 ② 관청의 구, 국 부문
department store	백화점
departure	[dipá:rtʃər] 명 ① 출발 ② 이탈
depend	[dipénd] 자 …나름이다, …에 의해 좌우되다. 동 rely on(신뢰하다)
dependent	[dipéndənt] 명 의존하고 있는 사람 형 의지하고 있는
depth	[depθ] 명 깊이
derive	[diráiv] 타자 유래하다, …을 끌어 내다, 파생하다. 동 get(얻다)
descendant	[diséndənt] 명 자손, 후예

descent	[disént] 명 ① 내리막 길 ② 하강, 하산 ③ 전락, 몰락
descirbe	[diskráib] 타 서술하다, 묘사하다. 동 portray(묘사하다)
desert	[dézərt] 명 불모의 땅, 사막 동 waste(황무지)
deserve	[dizə́:rv] 타자 상·벌을 받을 가치가 있다. 동 earn(받을 만하다)
design	[dizáin] 명 디자인, 도안, 설계, 계획 타자 도안을 만들다. 동 plan(설계하다)
designer	[dizáinər] 명 디자이너, 도안가, 설계자
desirable	[dizáiərəbəl] 형 ① 호감이 가는, 바람직한 ② 탐나는 동 coveted(갈망하는) 반 repellent(질색인)
desire	[dizáiər] 타 …을 바라다. 명 갈망, 소망 동 crave(갈망하는) 반 loathe
desk	[desk] 명 책상
despair	[dispέər] 자 절망하다, 단념하다. 명 절망, 자포자기 동 desperation(자포자기)
despairing	[dispέəriŋ] 형 절망적인, 자포자기한
despite	[dispáit] …에도 불구하고 동 in spite of(…에도 불구하고)
dessert	[dizə́:rt] 명 디저트
destroy	[distrói] 타 …을 파괴하다, …을 멸망시키다. 동 ruin(파멸하다) 반 create
destruction	[distrʌ́kʃən] 명 파괴, 멸망 동 demolition(파괴) 반 creation(창조)
detail	[ditéil] 명 세부, 상세 타 상술하다, 열거하다.
detective	[ditéktiv] 명 탐정, 형사
determine	[ditə́:rmin] 타 결심시키다, …을 결정하다. 동 decide(결

정하다)

determined [ditə́:rmind] 휑 ① 굳게 결심한 ② 단호한, 결연한

detract [ditrǽkt] 탄 ① 주의를 딴데로 돌리다. ② 가치·명예가 떨어지다.

develop [divéləp] 탄재 발달시키다, 개발(발달)하다, 발육하다.

development [divéləpmənt] 명 ① 발달, 발전 ② 필림의 현상

deviate [dí:vèit] 탄 빗나가게 하다. 재 빗나가다, 벗어나다.

device [diváis] 명 장치, 고안, 고안품 동 machine(기계)

devil [dévl] 명 악마. 악령

devilish [dévəliʃ] 휑 (구어)지독한, 악마 같은, 흉악한, 극악무도한 부 (구어)지독하게, 무섭게, 맹렬하게

devil-may-care [dévəlmeikéər] 휑 저돌적인, 무모한, 물불을 가리지 않는

devise [diváiz] 명 부동산의 유증, 유증재산 탄재 방법을 안출·고안·궁리하다, 발명하다. 동 invent(발견하다)

devote [divóut] 탄 노력·시간 등을 바치다. 동 dedicate(바치다) 반 ignore(무시하다)

dew [dju:] 명 이슬, 상쾌함 탄재 이슬로 적시다.

dial [dáiəl] 명 전화·라디오의 다이얼

dialog(ue) [dáiələːg] 명 대화, 문답, 회화

diamond [dáiəmənd] 명 ① 다이아몬드, 금강석 ② 마름모꼴

diary [dáiəri] 명 일기, 일기장

dice [dais] 명 주사위놀이, 주사위 탄 도박으로 잃다. 재 주사위놀이하다.

dictate [díkteit] 탄 불러주어 받아쓰게 하다. 동 record(기록하다)

dictation	[diktéiʃən] 명 받아쓰기
dictionary	[díkʃəneri] 명 사전, 옥편
dido	[dáidou] 명 (구어)까불기, 떠들기, 농담
die	[dai] 자 죽다, 소멸하다. 동 perish(죽다) 반 flourish(번영하다)
diet	[dáiət] 타 규정식을 먹다. 명 규정식, 식이요법, 가축의 상용사료
dietary	[dáiəteri] 형 식이 요법의, 규정식의 명 ① 규정식 ② 음식의 규정량
differ	[dífər] 자 다르다, 틀리다.
different	[dífərənt] 형 다른, 딴, 여러 가지의 동 unalike(같지 않은) 반 similar
difficult	[dífikʌlt] 형 어려운, 곤란한 동 hard(힘든) 반 easy(쉬운)
difficulty	[dífikʌlti] 명 어려움, 곤란, 고생 동 hardship(고난) 반 ease(용이)
dig	[dig] 타자 파다, 파헤치다. 동 excavate(뚫다), burrow(파다)
digest	[didʒést] 타 음식을 소화하다. 자 소화시키다, 삭다. 동 eat(먹다)
digital	[dídʒətl] 형 ① 계수형의, 숫자를 사용하는 ② 손가락(모양)의
dignified	[dígnəfàid] 형 위엄있는, 기품있는, 고귀한, 엄숙한 동 noble(고상한)
dignity	[dígnəti] 명 기품, 위엄, 존엄 동 distinction(고귀), stateliness(위엄)

diligence	[dilədʒəns] 몡 근면, 열심, 부지런함
diligent	[dilədʒənt] 혱 ① 근면한, 부지런한 ② 공들인
diligently	[dilədʒəntli] 图 열심히, 부지런히
dim	[dim] 혱 어렴풋한, 어슴푸레한, 어둑한, 흐릿한 통 faint(희미한) (구어)① 둔한 ② 미덥지 못한, 가망성이 희박한 타 자흐려지다. 만 bright(밝은)
dime	[daim] 몡 10센트 은화
dine	[dain] 타 ① 정찬(만찬)을 대접하다. ② 정찬을 먹다. 통 eat, feast(대접하다)
dingdong	[díŋdɔ̀(:)ŋ] 몡 ① 격론 ② 땡땡 혱 ① 격렬한 ② 땡땡 울리는 图 (구어)열심히, 부지런히 : go[be] at it dingdong (구어)열심히 일하다.
dingy	[díndʒi] 혱 ① 평판이 나쁜 ② 그을은, 때묻은
dining room	가정·호텔의 식당
dinner	[dínər] 몡 정찬, 정식
dinosaur	[dáinəsɔ̀:r] 몡 공룡 (속어)음경
dip	[dip] 타 ① 담그다. ② 국자로 퍼내다. ③ 사건 등에 끌어들이다. 통 plunge(잠기다) 자 액체에 잠간 들어가다, 살짝 잠기다.
dipper	[dípər] 몡 국자 the Dipper로 북두 칠성
direct	[dirékt] 타자 지도·감독하다, 가리키다. 통 command(명령하다) 혱 ① 직행의, 직통의 ② 똑바른 만 crooked(굽은) 图 ① 곧장 직행하여 ② 직접적으로
direction	[dirékʃən] 몡 ① 방향, 경향, 방침, 목표 ② 지도, 명령, 지령 통 way(방향)

directly	[diréktli] 튀 ① 곧, 즉시 ② 똑바로 图 straight(곧바로)
dirt	[də:rt] 명 ① 오물, 때 ② 진흙 쓰레기 ③ 음담 패설 ④ 내밀한 정보 图 soil(오물)
dirty	[dá:rti] 형 ① 길이 진창인, 더러운 ② 상스러운, 행위가 부정한 ③ 대기오염이 심한, 오염된 图 soiled(더러운) 반 clean(깨끗한) 타자 더럽히다, 오염시키다. 튀 ① 비열하게, 음란하게
disagree	[dìsəgrí:] 자 ① 체질에 맞지 않다. ② 일치하지 않다, 의견이 다르다.
disappear	[dìsəpíər] 타 보이지 않게 하다. 자 자태를 감추다, 사라지다. 图 vanish(사라지다) 반 appear
disappoint	[dìsəpóint] 타 실망시키다. 자 실망하다. 图 fail(실망시키다) 반 satisfy(만족시키다)
disaster	[dizǽstər] 명 불행, 재난, 천재, 재앙 图 calamity(재난)
discount	[dískaunt] 명 할인 타자 ① 할인하다. ② 무시하다, 도외시하다.
discover	[diskʌ́vər] 타자 ① …을 발견하다. ② 깨닫다. 图 find(발견하다) 반 conceal(숨기다)
discovery	[diskʌ́vəri] 명 ① 유망한 신인 ② 발견, 발견물
discriminate	[diskrímənèit] 타자 구별하다, 분간하다.
discuss	[diskʌ́s] 타자 ① 논의하다, 토론하다. ② 상의하다. ③ 검토하다. 图 talk about
discussion	[diskʌ́ʃən] 명 토론, 토의, 검토 图 talk(이야기)
disease	[dizí:z] 명 병, 질병 图 illness(병)
disguise	[disgáiz] 타 ① 사실을 숨기다. ② 위장하다, 변장하다. 图

	mask(가면을 쓰다) 몡 변장, 분장, 가면, 거짓 행동 땐 reveal(나타내다)
disgust	[disɡʌ́st] 몡 혐오, 질색, 넌더리 동 nauseate(불쾌감을 느끼게 하다) 타 ① 정떨어지게 하다. ② 넌더리나게 하다. 땐 linking(좋아함)
disgusted	[disɡʌ́stid] 혱 ① 정떨어진, 싫증난 ② 메스꺼운 ③ 분개한 동 revolting
dish	[diʃ] 몡 ① 큰 접시 ② 접시에 담긴 요리 ③ 한 접시의 요리 타 요리를 접시에 담다.
	disk it out (구어)별주다, 꾸짖다, 호통치다.
	dish out 분배하다, 음식을 접시에 담아 나누어 주다.
	dish up ① 음식을 접시에 담다, 음식을 내놓다. ② 그럴 듯하게 꾸미다.
dishonest	[disánist] 혱 ① 부정직한, 불성실한 ② 눈속이는, 부정한 동 corrupt(부패한) 땐 honest
dishonorable	[disánərəbəl] 혱 망신스러운, 수치스러운, 불명예스러운
disk, disc	[disk] 몡 ① 원반 ② 축음기의 레코드 ③ 주차시간의 표시판(parking disk)
dismal	[dízməl] 혱 ① 음산한 ② 기분이 침울한 ② 장소가 기분 나쁜 ④ 참담한 : be in the dismals 저기압이다. 동 gloomy (침울한) 땐 cheerful(유쾌한)
disobey	[disəbéi] 타자 ① 불복종하다. ② 반칙하다.
disorder	[disɔ́:rdər] 몡 ① 무질서, 혼란 ② 난잡 동 confusion(혼돈) 땐 order(질서) 타 질서를 어지럽히다, 혼란케하다.
	be in disorder 무질서[혼란] 상태에 있다.

	fall into disorder 혼란상태에 빠지다.
	throw into disorder 혼란상태에 빠뜨리다.
display	[displéi] 타 ① 보이다, …을 전시하다. ② 감정·능력을 나타내다. 동 exhibit(전시하다) 반 hide(숨기다)
distance	[dístəns] 명 거리, 간격
distant	[dístənt] 형 ① 원격의, 먼 ② 시간적으로 먼, 아득한 동 remote(떨어진) 반 near(가까운)
distinct	[distíŋkt] 형 ① 별개의, 다른, 명백한, 뚜렷한 동 clear(분명한) 반 indistinct
distinguish	[distíŋgwiʃ] 타 식별하다, 분간하다, 구별하다. 동 separate(분리하다) 반 blend(혼합하다)
distinguished	[distíŋgwiʃt] 형 ① 저명한, 뛰어난 ② 품위있는 동 famous 반 unknown
distress	[distrés] 타 고민하게 하다, 괴롭히다. 명 심통, 고뇌, 고민, 고민거리
district	[dístrikt] 명 시·군의 한 구역, 지구, 선거구, 지방, 지역
distrust	[distrʌ́st] 타 ① 의심하다, 신용하지 않다. 명 불신
distrustful	[distrʌ́stfəl] 형 의심스러운, 의심 많은
disturb	[distə́:rb] 타자 ① 불안하게 만들다. ② 방해하다, 어지럽히다.
ditch	[ditʃ] 명 도랑, 시궁창, 하수구 타자 도랑을 치다, 도랑을 파다.
dive	[daiv] 타 ① 잠수시키다. ② 급강하시키다. 자 물속으로 뛰어들다, 물속에 잠기다. 명 잠수
diver	[dáivər] 명 ① 잠수부 ② 다이빙선수, 물에 뛰어드는 사

람

divide [diváid] 타 ① …을 나누다, 분배하다. ② 분리하다, 격리하다. 자 ① 나눗셈하다. ② 갈라지다, 쪼개지다. 동 split(쪼개다) 반 join(결합하다)

division [divíʒən] 명 ① 분할, 구분 ② 칸막이 ③ 경계선 ⑤ 불일치, 불화, 분열 ⑥ 관청 등의 부, 국, 과 동 separation(분리) 반 union(결합)

dizzy [dízi] 형 (구어) ① 어지러운, 현기증나는 ② 지각없는, 어리석은 동 giddy

dizzying [díziiŋ] 형 현기증이 날 것 같은 동 giddy(현기증 나는) 반 clearheaded(명석한)

dock [dak] 명 배를 건조하는 독, 부두 타 배를 독에 넣다, 부두에 대다. 자 독·부두에 들어가다.

doctor [dáktər] 명 의사, 의학 박사, 박사 구어로 doc. 수리하는 사람 : car doctor 자동차 정비공, You are the doctor. (구어)당신한테 달려있다.

do-do [dú:dù:] 명 유아어로 응가 (똥·대변)

dog [dɔ(:)g] 명 개 puppy(강아지)
hound, hunting dog(사냥개)

doll [dal] 명 인형

dollar [dálər] 명 달러, 화폐단위(미국·캐나다 등)

dolphin [dálfin] 명 돌고래

dome [doum] 명 ① 둥근 지붕, 둥근 천장 ② 둥그런 꼭대기

domestic [dəméstik] 형 ① 가정의, 가사의 ② 국내의 ③ 길들여진 동 home-loving(가정을 사랑하는)

domino [dɑmənòu] 匣 연쇄 반응을 일으키게 하다. 圀 ① 도미노, 가장복 ② 도미노 패 ③ 하나가 쓰러지면 연달아 쓰러지는 것.

done [dʌn] 阄 끝난, 복합어로 익은, 구워진 : done to a turn 알맞게 익은

donkey [dɑ́ŋki] 圀 당나귀 (구어)바보, 얼간이

doodle [dúːdl] 圀 낙서 匣孖 낙서하다. (속어)대변을 보다, 똥, 음경

door [dɔːr] 圀 문, 출입구, 문호

doorway [dɔ́ːrwèi] 圀 문간, 현관

dorm [dɔːrm] (구어)기숙사, 공동 침실 圄 domitory(기숙사)

dot [dɑt] 圀 꼬마, 작은 점, 점 匣孖 …에 점을 찍다, 점점으로 표시하다.
on the dot (구어)정각에, to a dot 철저히

double [dʌ́bl] 匣孖 두 배로 하다, 두 배가 되다. 圀 두 배, 곱, 갑절, 구보 鼻 곱절로, 겹으로, 이중으로 阄 두 배의, 이중의, 두 겹의, 쌍의
wear a double face 표리가 있다.

double-tongued [dʌ́bltʌ́ŋd] 阄 일구 이언하는

double trouble (구어)매우 골치 아픈 사람[것]

doubt [daut] 匣孖 의혹을 품다, 의심하다, 수상히 여기다, 미심쩍게 생각하다. 圀 의심, 불신 圄 distrust(불신하다) 凰 trust(믿다) : in doubt 어정쩡하여, 미심쩍어

doubtful [dáutfəl] 阄 의심스러운, 어정쩡한, 확신이 없는, 의심을 품고 있는 圄 dubious(의심스러운) 凰 certain(확실한)

doubting	[dáutiŋ] 휑 의혹을 품고 있는
doubtless	[dáutlis] 휑 의심이 없는 男 의심할 여지 없이
dough	[dou] 명 가루 반죽, 굽지 않은 빵
doughnut	[dóunʌt] 명 도넛, 고리 모양의 물건
dove	[dʌv] 명 비둘기(pigeon 보다 작은)
down	[daun] 젠 …을 내려가, …의 아래쪽으로 男 아래쪽으로, 사라져서
downstairs	[dáunstéərz] 男 아래층으로 휑 아래층의
downtown	[dáuntáun] 男 번화가로 명 상업지구, 번화가, 도심지
downwind	[dáunwínd] 휑 바람 방향으로 향한, 순풍의 男 바람과 같은 방향으로
downy	[dáuni] 휑 ① 폭신폭신한 ② 털이 들어 있는 ③ 솜털 같이 부드러운
doze	[douz] 타 졸면서 시간보내다. 자 선잠을 자다, 꾸벅꾸벅 졸다.
dozen	[dʌ́zn] 명 1다스, 타, 12개
drag	[dræg] 명 견인 타 끌다. 자 끌리다. 동 pull(끌어당기다)
dragon	[drǽgən] 명 용, 동아시아의 신흥국 the(old) Dragon 마왕(Satan)
dragonfly	[drǽgənflài] 명 잠자리
drain	[drein] 명 배수로, 하수구 타 배수하다, 고름을 짜다. 자 액체가 흘러 빠지다. 동 draw off(흘러 없어지다) 반 fill(채우다)
drama	[drɑ́:mə] 명 극, 극적 사건, 연극, 드라마 동 play(극)
dramatic	[drəmǽtik] 휑 극적인, 연극 같은, 희곡의, 각본의

dramatist	[drǽmətist] 몡 극작가, 각본 작가 동 playwright
draw	[drɔː] 티 …을 끌다, 당기다, 그림·선을 그리다, 물을 길어 올리다, 돈을 인출하다, 오므리다. 짜 끌리다, 끌어당기다, 끌다. 동 pull(당기다)
drawer	[drɔ́ːər] 몡 ① 제도사 ② 어음 발행인 ③ 서랍 (복수로)속옷, 팬츠, 속바지
drawing	[drɔ́ːiŋ] 몡 ① 그림 ② 제도 ③ 수표·어음의 발행
drawing-room	[drɔ́ːiŋrù(:)m] 혱 객실의 ② 고상한
dreadful	[drédfəl] 혱 무서운, 무시무시한
dreadfully	[drédfəli] 혱 (구어)① 몹시, 지독히 ② 무시무시하게, 겁에 질려
dream	[driːm] 몡 꿈 티짜 꿈을 꾸다, …을 꿈에 보다 동 daydream(공상)
dreamful	[dríːmfəl] 혱 꿈많은
dreamland	꿈나라, 유토피아
dreamy	[dríːmi] (구어)① 여성이 멋진 ② 환상에 잠기는, 꿈꾸는 듯한, 꿈많은
dress	[dres] 몡 ① 의복, 복장 ② 부인복, 소녀복 티 …에게 옷을 입히다, 정장시키다. 동 attire(의상)
dressmaker	[drésmeikər] 몡 양재사 남자복 재단사 (tailor)
drill	[dril] 몡 ① 송곳, 천공기, 드릴 ② 훈련, 연습
drink	[driŋk] 티짜 …을 마시다, 술을 마시다. 몡 음료, 술 동 sip(홀짝 홀짝 마시다)
drinking	[dríŋkiŋ] 몡 마심, 음주 혱 술을 좋아하는, 마실 수 있는
drip	[drip] 티짜 …을 똑똑 떨어뜨리다, 똑똑 떨어지다, 흠뻑 젖

다. 图dribble(똑똑 떨어지다)

drive [draiv] 운전하다, …을 몰다.

drive-in [dráivìn] 图 차에 탄 채 이용하는 은행, 상점, 극장, 식당

driveway [dráivwèi] 图 대문에서 현관까지(차고에서 집앞 도로까지) 차도

driving [dráiviŋ] 图 ① 운전용의 ② 사람을 혹사하는 ③ 정력적인 ④ 추진하는 图 운전, 조종

drizzle [drízl] 图 이슬비, 보슬비 재 가랑비가 내리다.

drop [drɑp] 图 ① 방울, 물방울 ② (구어)소량(한 잔의)의 술 ③ 공중 투하 图drip 타재 똑똑 떨어뜨리다, 떨어뜨리다, 방울져서(똑똑) 떨어지다.

drown [draun] 타 …을 물에 빠지게 하다. 재 물에 빠져 죽다.

drug [drʌg] 图 약, 약품 图medicine(약) 타 …에 약품을 섞다.

drugstore [drʌ́gstɔ̀ːr] 图 약국

drum [drʌm] 图 ① 북, 북소리 ② 귀의 중이, 고막(eardrum) 타 ① 북을 쳐 연주하다, 둥둥둥 소리내다. ② 북을 쳐서 모으다. 재 ① 북을치다, 쿵쿵치다. ② 북을 치며 선전하다, 북치며 돌아다니다.

dry [drai] 图 ① 건조한, 마른 ② 무미건조한 图arid(건조한) 반wet(젖은) 타 말리다, 건조시키다.

dryasdust [dráiəzdʌ̀st] 图 무미건조한D … 인간미 없는 학자

duck [dʌk] 图 오리

duckling [dʌ́kliŋ] 图 새끼 오리

due [djuː] 图 ① 지급 기일이 된 ② …의 탓으로 돌려야 할 ③ 도착예정인 图owed(지불의무)

duke	[djuːk] 몡 영국의 공작
dull	[dʌl] 웽 ① 날이 무딘 ② 둔한 ③ 재미없는, 지루한 됭 tiresome(지루한)
dumb	[dʌm] 웽 벙어리의 됭 dull(우둔한) 뺀 bright(총명한)
dump	[dʌmp] 탸 ① 와르르 쏟아내리다. ② 쓰레기를 내버리다. 쟈 ① 쾅[털썩] 떨어지다. ② 싸게 팔다. ③ 똥누다. (속어) 게우다.
dumping	[dʌ́mpiŋ] 몡 ① 쏟아버림 (속어)깎아내림, 헐뜯음 dumy (뚱한) ② 투매, 덤핑
during	[djúəriŋ] 졘 …동안, …사이에
dusk	[dʌsk] 몡 어스름, 황혼(twilight) 탸쟈 어둑해지다, 날이 저물어 가다.
dusky	[dʌ́ski] 웽 ① 어둑어둑한 ② 피부가 거무스름한 ③ 음울한
dust	[dʌst] 몡 ① 먼지, 흙먼지 ② 진폐증 ③ 가루, 분말 탸 먼지를 털다, 뿌리다, 먼지를 끼얹다. 쟈 먼지를 뒤집어 쓰다. the dust 굴욕, 수치
dusty	[dʌ́sti] 웽 먼지가 많은, 먼지 투성이의
Dutch	[dʌtʃ] 웽 네덜란드의 몡 네덜란드 사람
dutiable	[djúːtiəbəl] 웽 세금이 붙는, 관세를 붙여야 할 … goods 과세품
dutiful	[djúːtifəl] 웽 ① 착실한, 예의바른 ② 의무(본분)을 다하는 됭 faithful(충실한)
duty	[djúːti] 몡 ① 의무, 직무, 임무, 본분 ② 보통 복수로 세금 됭 obligation
duty-free	[djúːtifríː] 웽 관세가 없는, 면세의 봄 면세로

dwarf	[dwɔːrf] 명 난장이 형 소형의, 자그마한 타 위축시키다. 자 위축되다.
dwarfish	[dwɔ́ːrfiʃ] 형 ① 지능이 발달하지 않은 ② 오그라져서 작은 ③ 난장이 같은, 유난히 작은
dwell	[dwel] 자(문어)① 살다. ② 머무르다. dwell in one's mind 마음에 남다.
dwelling	[dwéliŋ] 명 (문어)거주, 주소, 살고 있는 집
dwindle	[dwíndl] 타 …을 감소하다. 자 ① 점차 감소하다. ② 여위다. ③ 타락하다. ④ 명성(품질)이 떨어지다, 가치가 없어지다. 통 wane(작아지다), diminish(줄이다)
dye	[dai] 타 …을 염색하다. 자 물들다, 염색되다. 명 ① 염료, 물감 ② 물든 색깔
dye-works	[dáiwàːrks] 명 염색 공장, 염색소
dying	[dáiiŋ] 형 ① 죽어가는, 꺼져가는 ② 사라져가는 ③ 저물어가는 명 사망
dynamic	[dainǽmik] 형 ① 역학상의, 동력의 ② 에너지를 내는 ③ 정력적인, 활동적인
dynamics	[dainǽmiks] 명 ① 박력, 힘, 활력 ② 원동력 ③ 동력학, 역학, 역학관계
dynamite	[dáinəmàit] 명 (구어)① 위험인물, 성격이 사나운 사람 ② 놀라운 물건(사람) 타 다이나마이트로 장치하다, 폭파하여 다 죽이다. 형 스캔들이 될만한 큰
dynamo	[dáinəmòu] 명 (구어)① 정력가 ② 발전기
dynasty	[dáinəsti] 명 왕조, 왕가
dystrophy	[dístrəfi] 명 영양 실조, 영양 장애

Ee

each	[í:tʃ] 때 각자 웹 각… 각자의, 각각의 문 한 사람마다, 각자에게
eager	[í:gər] 웹 …에 열심인, 열성적인, 간절히 …하고 싶어하는 图 keen 世 indifferent(무관심한)
eager beaver	(구어)노력가, 일벌레
eagle	[í:gl] 웹 독수리
ear	[íər] 웹 귀, 음감, 청각, 청력, 귀모양의 물건, 이삭 bend an ear 귀를 기울여 듣다. easy on the ear (구어)듣기 좋은 be all ears (구어)열심히 귀를 기울이다.
earache	[íərèik] 웹 귀앓이
earbender	[íərbèndər] 웹 (구어)수다쟁이
eardeafening	[íərdèfəniŋ] 웹 귀청이 깨질 것 같은
early	[ə́ːrli] 웹 이른 문 일찍이, 일찍부터
earmuff	[íərmʌ̀f] 웹 방한용 귀덮개
earn	[ə́ːrn] 타 ① 일하여 벌다, 획득하다. ② 이익 등을 낳다. 图 clear(순이익을 올리다) 재 수입을 낳다. earn one's bread[living] 밥벌이를 하다.
earnest	[ə́ːrnist] 웹 성실한, 진지한, 열심인 图 sincere(진실한) 世 insincere
earnestly	[ə́ːrnistri] 문 진심으로, 진정으로, 진지하게

earring	[íəriŋ] 명 귀고리
earth	[ə́:rθ] the earth ① 지구, 대지, 땅, 육지 ② 이승 ③ (전기) 어스 타 ① 채소 등에 흙을 덮다. ② …을 흙속에 묻다. 동 world(세계)
earthquake	[ə́:rθkwèik] 명 ① 지진 ② 대변동
earthshaking	[ə́:rθʃèikiŋ] 형 세상을 떠들썩하게 하는
earthshock	[ə́:rθʃàk] 명 천재지변
ease	[i:z] 명 ① 안정, 마음의 편안함 ② 안이, 용이함 ③ 홀가분함 ④ 여유있음 타 ① 안심시키다. ② 덜어주다, 완화시키다. 동 comfort(편한) 자 ① 완화되다. ② 편해지다. ③ 고통 등 가벼워지다. 반 difficulty(어려움)
easeful	[í:zfəl] 형 안일한, 태평스러운, 마음이 편한
easeless	[í:zlis] 형 불안한, 마음이 편치 않은
easily	[í:zəli] 부 ① 마음 편히, 쉽게 ② 원활하게, 술술
east	[i:st] 명 the east 동쪽, 동부 형 동쪽의 부 동쪽으로, 동쪽에
Easter	[í:stər] 명 부활절
eastern	[í:stərn] 형 동쪽의, 동방의, (첫글자를 대문자로)동양의,
easy	[í:zi] 형 ① 쉬운 ② 기분·태도가 여유있는, 딱딱하지 않은 동 simple(용이한) ③ 마음 편한 ④ 옷이 낙낙한 ⑤ 태평스러운 ⑥ 품행이 단정치 못한 부 ① 마음 편하게, 용이하게, 쉽게 ② 여유있게, 자유로이 반 diffcult(어려운) easy chair 안락의자 easy terms 월부, 할부 on easy terms 월부로, 할부로
eat	[í:t] ① (구어)사물이 낭비하다, 먹다. ② (구어)초조하게

	만들다, 괴롭히다. (구어)복수(eats)로 음식, 식사 ⑤ consume(먹어 없애다) : An old engine eats oil 낡은 엔진은 기름을 많이 먹는다.
ebb	[éb] 명 the ebb 썰물 자 조수가 빠지다.
eccentric	[ikséntrik] 형 별난, 괴벽스러운 명 별난 사람
echo	[ékou] 명 ① 반향, 메아리 ② 흉내, 모방 ECHO 초음파 검사법 타 ① 그대로 흉내내다. ② 소리를 반향하다. 자 울려퍼지다, 반향하다.
economy	[i(:)kánəmi] 명 경제, 검약, 절약 형 ① 여객기의 보통석의 ② 경제적인, economy class 보통석
ecstasize	[ékstəsaiz] 타자 황홀케하다[해지다].
ecstasy	[ékstəsi] 명 무아경, 환희, 황홀경 ⑤ rapture(황홀) 반 misery(비참)
ecstatic	[èkstǽtik] 복수로 황홀경 형 황홀한, 무아경의
edge	[édʒ] 명 끝, 가장자리, 가 ⑤ border(가장자리) 반 middle(한가운데)
Edison	[édisn] 명 Thomas Edison 발명가 1847-1931. (타머스 에디슨)
edit	[édit] 타 …을 편집하다.
editor	[éditər] 명 주필, 편집자
educate	[édʒukeit] 타 ① 정신을 도야하다, 교육하다, 훈련하다. ② 동물을 길들이다.
education	[edʒukéiʃən] 명 교육, 훈련 ⑤ instruction(훈육) 반 illiteracy(무식)
efface	[iféis] 타 삭제하다, 지우다, 말살하다, 없애다.

effect	[ifékt] 몡 ① 결과, 효과, 영향, 효력 ② 복수로 소지품 통 result(결과)
effective	[iféktiv] 혱 효과있는, 효과적인, 유효한 통 efficient(효과적인)
efficient	[ifíʃənt] 혱 ① 유능한, 실력있는 ② 능률적인, 효과 있는 통 effective(유효한)
effort	[éfərt] 몡 노력, 수고 통 endeavor(노력)
egest	[iːdʒést] 팀 …을 체내로부터 배설[배출]하다.
egesta	[iːdʒéstə] 몡 배설물, 배출물
egg	[ég] 몡 달걀, 알
egghead	[éghèd] 몡(구어)지식인, 인텔리
ego	[iːgou] 몡 자존심 (구어)자만, 자아
Egypt	[iːdʒipt] 몡 이집트 (현재의 이집트아랍 공화국)
eh	[éi, é, é] 올림조의 감탄사로 에! 뭐라고! 그렇잖아 (놀람 · 의문 · 동의)
either	[iːðər] 때 둘 중 어느 하나, 어느 쪽이든 (부정문에서)어느 쪽도 혱 둘 중 어느 한쪽의 팀 부정문에서 …도 또한 쩝 eithe … or …의 꼴로 …거나, 든가, …든가
either-or	[iːðərɔ́ːr] 몡 양자택일 혱 양자택일의
elastic	[ilǽstik] 혱 탄력이 있는, 신축성이 있는, 나긋나긋한, 융통성이 있는 통 flexible(구부리기 쉬운) 반 rigid(휘지 않는)
elbow	[élbou] 몡 팔꿈치, 팔꿈치 모양의 것
elder	[éldər] 혱 ① old 의 비교급 ② (혈연에서)나이가 위인 몡 연장자
elect	[ilékt] 팀재 선거하다, 선택하다. 통 choose(선택하다)

election	[ilékʃən] 명 선거
elector	[iléktər] 명 ① 유권자 ② 미국의 대통령 부통령 선거인
electric	[iléktrik] 형 전기의
electricity	[ilektrísiti] 명 전기
elegant	[éligənt] 형(구어)① 훌륭한, 멋진 ② 품위있는, 격조높은, 우아한 ③ 조촐한 ④ 고상한 동 fine(훌륭한) 반 crude(조야한)
element	[élimənt] 명 구성요소, 성분, 화학원소
elementary	[eliméntəri] 형 초보의, 기본의 동 basic(기본의)
elephant	[élifənt] 명 코끼리
elevated	[éləvèitid] (구어)① 한잔하여 기분 좋은 ② 의기양양한 ③ 높여진; 고결한
elevator	[éliveitər] 명 엘리베이터
eleventh hour	[the eleventh hour] 마지막 기회, 최후의 순간, 마감이 다된 시간, 막판 at the eleventh hour 막판에 가서, 마지막 기회에
elf	[élf] ① 작은 요정 ② 난장이, 꼬마, 장난꾸러기 paly the elf 못된 장난을 하다
eligible	[élidʒəbl] 형 ① 결혼상대로 바람직한 ② 적격의, 적합한, 적임의 명 적임자
eloquence	[éləkwəns] 명 ① 웅변, 감동시키는 힘 ② 설득력, 화술
else	[éls] 부 그밖의, 달리 형 그밖의, 달리 or else …이 아니면, 그렇지 않다면
elsewhere	[élswɛ̀ər] 부 어떤 딴 곳으로[에서]
elude	[ilúːd] 타 위험등을 벗어나다, 몸을 돌려 피하다. 동

evade(피하다)

embarrass	[imbǽrəs] 巨 어리둥절케 하다, 무안하게 하다. 困 갈팡질팡하다. 통 shame(창피주다)
embarrassed	[imbǽrəst] 휑 무안한, 창피한, 난처한, 어리둥절한
embarrassedly	[imbǽrəstli] 匣 멋쩍은 듯이, 난처한 듯이
embarrassing	[imbǽrəsiŋ] 휑 무안하게 하는, 당황하게 하는, 난처한
embassy	[émbəsi] 멩 ① 대사관 ② (집합적)대사관 직원
embrace	[imbréis] 巨 …을 껴안다, 포용한다. 통 hug(꼭 껴안다), bar(제외하다)
emote	[imóut] 困(구어)감정을 겉으로 과장해서 나타낸다.
emotional	[imóuʃənəl] 휑 정서적인, 감동하기 쉬운 통 stirring(감동시키는)
emperor	[émpərər] 멩 황제, 제왕
empire	[émpaiər] 멩 제국
employ	[implɔ́i] 巨 사람을 고용하다, 사용하다. 통 use(사용하다), ignor(무시하다)
employed	[implɔ́id] 휑 일자리를 가지고 있는, 취직하고 있는
employee, -ploye	[implɔ́ii:] 멩 피고용인, 종업원 통 worker(종업원)
employer	[implɔ́iər] 멩 고용주, 주인 통 boss(사장) 棙 worker
empress	[émpris] 멩 황후
empty	[émpti] 휑 비어있는, 텅빈 통 vacant(빈) 棙 full(가득찬)
enable	[inéibl] 巨 …에게 …할 수 있게 하다.
encourage	[inkə́:ridʒ] 巨 ① 용기를 북돋아 주다, …를 격려하다. ② …을 장려하다. 통 inspirit(활기띠게 하다)
end	[énd] 멩 마지막, 종말, 끝장 巨困 끝내다, 끝나다. 통

extremity

endeavor, -our [indévər] 몡 노력 롱 try(노력하다)

ending [éndiŋ] 몡 ① 어미, 낱말의 끝부분 ② 종결, 종료, 최후

endless [éndlis] 휑(구어)① 끝이 없는 ② 장황한, 끝이 안 보이
는, 무한한

endlessly [éndlisli] 팀 한 없이, 영구히

endow [indáu] 터 재능 등을 …에게 주다. 롱 give(주다) 빤
divest(빼앗다)

endure [indjúər] 터 물건이 견디어내다, 지탱해내다. 재 지탱하
다, 참다. 롱 last(견디어내다)

enduring [indjúəriŋ] 휑 영구적인, 참을 수 있는

enemy [énimi] 몡 적, 적국 the enemy 적군 롱 adversary(적) 빤
friend

energy [énərdʒ] 몡 정력, 기력, 원기, 개인의 활동력 롱 power
(힘) 빤 ethargy(무기력)

enforce [infɔ́:rs] 터 억지로 시키다, 시행하다.

enforced [infɔ́:rst] 휑 강제적인

enforcedly [infɔ́:rsidli] 팀 강제적으로

engage [ingéidʒ] 터 약속하다, 계약하다, 약혼시키다, 고용하다,
종사시키다. 재 약속하다, 종사하다. 롱 empoly(근무하
다) 빤 disengage(해방하다)

engaged [ingéidʒd] 휑 예약된, 약혼중인, 종사하는 롱 betrothed
(약혼한)

engaging [ingéidʒiŋ] 휑 애교있는, 남의 마음을 끄는, 매력있는 롱
winning(애교있는) 빤 boring(따분한)

	a winning smile 애교 있는 미소
engine	[éndʒin] 명 엔진, 기관차
engineer	[èndʒiníər] 명 기사, 기술자 자 기사로서 일하다.
England	[íŋglənd] 명 좁은 뜻으로 잉글랜드, 넓은 뜻으로 영국
Englishman	[íŋgliʃmən] 명 잉글랜드 사람, 영국인(남자)
engorge	[ingɔ́:rdʒ] 타 마구먹다, 게걸스레 먹다.
engrossing	[ingróusiŋ] 형 마음을 사로잡는
enjoy	[indʒɔ́i] 타자 즐기다, 누리다.
enlist	[inlíst] 자 입대하다, 징병에 응하다. 타 병적에 편입하다. 동 enroll(입대하다)
enormous	[inɔ́:rməs] 형 엄청난, 거대한, 막대한 동 huge(거대한) 반 small(작은)
enormously	[inɔ́:rməsli] 부 막대하게, 터무니없이, 엄청나게
eough	[ináf] 형 충분한 부 …하기에 족할 만큼 대 충분한 수·양
enter	[éntər] 타 에 들어가다. 자 들어가다.
enterprise	[éntərpràiz] 명 모험적인 사업, 기업, 기획 동 project(사업), venture(모험적 사업)
entertain	[èntərtéin] 타자 즐기게 하다, 대접하다. 동 amuse(즐겁게 하다) 반 bore(싫증나게 하다)
enthusiasm	[inθú:ziæzm] 명 열광, 열의, 의욕 동 eagerness(열중) 반 indifference(무관심)
entice	[intáis] 타 꾀다, 유혹하다.
enticing	[intáisiŋ] 형 마음을 끌만한, 마음을 끄는
entrance	[éntrəns] 명 입학, 입사, 입구, 문간 동 entry(입구) 반

exit(출구)

envelope	[énvəlòup] 명 봉투, 씌우개, 외피 (속어)콘돔
environment	[inváiərəmənt] 명 환경, 주위의 상황, 주위 통 surroundings(환경)
envy	[énvi] 타 부러워하다. 명 질투, 시기, 부러워하는 것 통 jealousy(질투)
equal	[íːkwəl] 형 같은, 감당하는, 서로 맞먹는 통 same(같은) 반 unequal(같지 않은)
equally	[íːkwəli] 부 균일하게, 동등하게, 똑같게, 균등하게
eradicable	[irǽdəkəbl] 형 근절할 수 있는
erase	[iréis, iréiz] 타 테이프의 녹음을 지우다, 글자 등 지우다. 통 remove(제거하다) 반 add(더하다)
eraser	[iréisər] 명 고무 지우개, 흑판 지우개
erotic, -ical	[irátik (əl)] 형 성욕을 자극하는, 호색의 명 호색가
errand	[érənd] 명 심부름, 심부름의 용건[내용]
error	[érər] 명 잘못, 그릇된 생각, 과실, 죄 통 mistake(잘못)
escalator	[éskəlèitər] 명 자동계단 통 moving staircase
escapade	[éskəpèid] 명 엉뚱한 행위, 탈선행위, 장난
escape	[iskéip] 자 도피하다, 탈출하다, 달아나다, 위험 등에서 헤어나다, 가스 등이 새다. 타 벗어나다, 면하다. 명 탈출, 도피 통 run away(도망하다)
escort	[éskɔːrt] 타 바래다 주다, 동행하다, 호위[경호 · 호송]하다. 명 호위, 호송, 호송자, 호위자 통 guard(호위자)
especially	[ispéʃəli] 부 특히, 각별히 통 particularly(특히)
essay	[ései] 명 논문, 수필, 평론

essence	[ésns] 몜 ① 진수, 본질, 정수 ② 실재, 실체 톹 character (특질)
essential	[isénʃəl] 혷 ① 없어서는 안 될 ② 본질적인, 정수의 몜 본질적 요소, 필요불가결한 것 톹 important(중요한) 뱐 dispensable(없어도 되는)
establish	[istǽbliʃ] 타 개설[설립·제정·수립·확립] 하다. 톹 found(설립하다)
estimate	[éstəmət-mèit] 타 견적[평가·어림]하다. 톹 value(평가하다) 잔 견적서를 만들다. 몜 인물 등의 평가, 가치판단, 견적
estranged	[istréindʒd] 혷 사이가 멀어진, 소원해진 be [become] … from 와 사이가 멀어지다, …와 소원하게 되다.
etc.	[etsétərə] = et cetera (美) and so forth [ənsóufɔ́:rθ] 따위, 기타
eternal	[itə́:rnl] 혷 영원한, 불후의 톹 everlasting(영원한) (구어) 끝없는, 끊임 없는 몜 the … 영원한 것
etiquette	[étikit] 몜 ① 에티켓 ② 외교상의 의식, 예식, 예의, 범절 톹 decorum
Europe	[júərəp] 몜 ① 유럽대륙 ② 유럽공동시장, 구라파
European	[jùərəpíːən] 혷 유럽의 몜 유럽사람, 백인
eve	[íːv] even 의 단축형 몜 축제일의 전날, 전날밤
Eve	[íːv] 몜 하나님이 창조한 최초의 여자로 Adam 의 아내
even	[íːvən] 부 ① …조차, …마저도 ② 비교급을 강조하여, 훨씬, 한층 더

	even if 또는 even though 로 비록 …이라 하더라도 동 level(평평한)
evenfall	[íːvənfɔ̀ːl] 명 해질녘, 황혼
evening	[íːvniŋ] 명 일몰에서 자기까지, 저녁, 밤 동 dusk(땅거미) 반 dawn(새벽)
evenly	[íːvənli] 부 공평하게, 평등하게, 고르게, 평탄하게
even-minded	[íːvənmáindid] 형 마음이 차분한, 평온한
event	[ivént] 명 ① 경기의 종목 ② 사건, 행사 동 occurrence(사건)
ever	[évər] 부 ① 의문문에서 언젠가 동 always(항상) 반 never(결코 …않다) ② 이제까지, 일찌기, 늘, 언제나
Everest	[évərist] 명 에베레스트산 (8,884m)
evergreen	[évərgrìːn] 형 ① 상록의, 늘 신선한 ② 불후의
everlasting	[èvərlǽstiŋ] 형 불후의, 영원한, 영원히 계속되는
everlastingly	부 영원히, 끝없이
evermore	[èvərmɔ́ːr] 부 언제나, 항상, 영원토록
ever-present	[èvərpréznt] 형 늘 존재하는
ever-ready	[èvərédi] 형 항상 준비되어 있는
every	[évri] 형 ① 온갖, 모든 ② 매…, …마다 ③ 부정문에서 모두가 다 : every time …할 때마다, …할 때는 언제나 (=whenever)
everybody	[évribɑdi] 대 모두, 누구든지
everyday	[évridei] 형 매일매일 사용하는, 매일의, 일상의
everyone	[évriwʌn] 대 누구나 다, 모두
everything	[évriθiŋ] 대 ① 모두, 무엇이든지 ② 만사

example **151**

everywhere	[évrihwὲər] 튀 어디든지
everyway	[évriwèi] 튀 어느점으로 보나, 모든 점에서
everywoman	[évriwùmən] 몡 여자다운 여자, 전형적인 여성 : every-man 은 보통사람
evidence	[évədəns] 몡 증언, 증인, 물증, 증거 타 명시하다. 동 proof(증거)
evident	[évədənt] 혱 외적증거로 명백한 동 clear(분명한) 반 unclear(불분명한)
evil	[í:vəl] 혱 흉악한, 나쁜, 평판이 좋지 않은, 불길한 동 sinfal (죄악의)
evil-looking	[í:vəllúkiŋ] 혱 인상이 나쁜
evil-tempered	[í:vəltémpərd] 혱 몹이 언짢은
exact	[igzǽkt] 혱 정확한, 정밀한, 엄격한, 꼼꼼한 동 correct(정확한) 반 inexact
exactly	[igzǽktli] 튀 대답에 쓰여서 그렇습니다, 바로 그렇다 not exactly 꼭 그렇지는 않다.
exactitude	[igzǽktətjùːd] 몡 엄정, 정밀도, 정확도[성]
exaggerate	[igzǽdʒərèit] 타자 과장해서 말하다. 동 overstate 반 minimize
exam	[igzǽm] 몡(구어)시험
examination	[igzæmənéiʃən] 몡 시험, 조사, 심사, 검사, 검토, 진찰
examine	[igzǽmin] 타자 조사[검사, 심사, 심리, 검토]하다. 동 inspect(검사하다)
example	[igzǽmpl] 몡 모범, 견본, 전례, 실례, 보기, 예 동 sample (견본)

excel	[iksél] 타자 타를 능가하다, 뛰어나다, 탁월하다. 통 outdo(보다 뛰어나다)
excellence	[éksələns] 명 탁월성, 우수, 장점, 미덕, 미점 통 superiority(우수)
excellency	[éksələnsi] 명 … 로 장관·대사 등에 존칭으로 각하의 뜻
excellent	[éksələnt] 형 아주 좋은[훌륭한], 우수한 통 fine(훌륭한) 반 inferior
except	[iksépt] 접 …을 제외하고는 타 …을 제외하다. 통 save(…을 제외하고) 전 …외에는 자 이의를 제기하다. 통 but(…외엔)
excess	[iksés] 명 초과량[액] , 과다, 과잉, 월권, 지나침 통 profuse(풍부한)
	[ékses, iksés] 형 초과한, 여분의
exchange	[ikstʃéindʒ] 타자 교환[환전, 교체] 하다, 명 주고받음 통 trade(교환하다)
excite	[iksáit] 타 성적으로 흥분시키다, 자극하다, 흥분시키다. excite oneself 흥분하다. 통 excite(자극하다) Don't excite! 침착해라! 반 bore(지루하게 하다)
excited	[iksáitid] 형 흥분한, 자극받은 get excited at …에 흥분하다, be excited at …에 흥분해 있다.
exciting	[iksáitiŋ] 형 흥분시키는, 손에 땀을 쥐게 하는, 조마조마 하게 하는
exclaim	[ikskléim] 타자 큰 소리로 말하다, 외치다, 고함지르다.

exclude [iksklú:d] 타 차단하다, 차단하여 들어오지 못하게 하다, 쫓아내다, 추방, 제명하다.

excursion [ikskə́:rʒən] 명 소풍, 유람, 짧은 단체여행

excuse [ikskjú:z] 타재 변명하다, 용서를 구하다, 용서하다. 통 forgive(용서하다) : [ikskjú:s] 명 구실, 핑계, 변명, 해명 반 condemn(책망하다)

Excuse me [ikskjú:zmi] 실례합니다, 미안합니다.

Excuse me? 방금 뭐라고 하셨습니까?

May I be excused? 먼저 실례합니다. 화장실에 가도 되겠습니까?

exercise [éksərsaiz] 명 운동, 체조, 연습, 연습문제 통 practice(실습) 타 운동시키다, 훈련하다, 손발을 움직이다. 재 운동하다, 연습하다, 예배하다.

exert [igzə́:rt] 타 힘 · 능력 · 지력을 쓰다, 발휘하다.

exhaust [igzɔ́:st] 수동형으로 체력 · 인내력을 소모하다, 다 써버리다 통 tire(지치게하다) 반 refresh(상쾌하게 하다)

exhausted [igzɔ́:stid] 형 고갈된, 우물 등 물이 바닥을 드러낸, 지칠 대로 지친 : be exhausted 지쳐버리다.   feel quite exhausted 아주 지쳤다.

exhibit [igzíbit] 타 ① 전시하다. ② 출품하다. 재 ① 전시하다. ② 전람회를 열다. 통 show(진열하다) 반 conceal(숨기다)

exhibition [èksəbíʃən] 명 ① 공개 ② 전람회, 전시회, 박람회

eximious [egzímiəs] 형 탁월한, 저명한

exist [igzíst] 재 존재하다, 실존하다.

existence [igzístəns] 명 존재, 현존, 존속

exit	[égzit] 몡 ① 출구 ② 퇴진, 퇴장
expect	[ikspékt] 팀 ① 기대하다, 예상하다. ② 기다리다. 짜(구어)진행형으로 임신하고 있다. 图 anticipate(예기하다)
expense	[ikspéns] 몡 ① 비용, 지출 ② 비용이 드는 일 图 coat(비용)

expense account 소요경비, 교제비

expensive	[ikspénsiv] 혭 값이 비싼, 비용이 드는 图 dear(비싼) 맨 cheap(싼)
experience	[ikspíəriəns] 몡 ① 복수로 경험담 ② 체험, 경험 팀 경험하다, 체험하다. 图 encountering(만남)
experienced	[ikspíəriənst] 혭 경험이 있는, 노련한 图 skilled(숙련된) 맨 inexperienced(무경험의)
experiment	[ikspérəmənt] 몡 실험 图 test(시험)
expert	[ékspərt] 몡 달인, 전문가, 대가 팀 …을 전문으로 하다. 图 specialist(전문가) 맨 unskilled(미숙한)
expertise	[èkspərtí:z] 몡 ① 전문적 기술 ② 전문가의 감정
expertize	[ékspərtaiz] 팀 ① 감정하다. ② 전문적 의견을 내놓다.
explain	[ikspléin] 짜 ① 설명하다, 사실 등을 설명하다. ② 변명하다. 图 clarify(분명히 하다)
explanation	[èksplənéiʃən] 몡 ① 해명, 설명 ② 변명 图 description(묘사)
explode	[iksplóud] 팀 ① 폭발시키다. ② 폭발적으로 늘다. 짜 ① 폭발하다. ② 미신을 타파하다.
explore	[ikplɔ́:r] 짜 ① 탐험하다, 탐험하러가다, 탐구하다. ② 답사하다. 图 investigate(조사하다)

explosion	[iksplóuʒən] 몡 ① 폭음 ② 폭발, 파열 ③ 급증
export	[ikspɔ́:rt] 수출하다. [ékspɔ:rt] 몡 수출
expose	[ikspóuz] 甲 ① 위험 등에 몸을 드러내다. ② 햇빛 · 바람을 쐬다. ③ 진열하다. ④ 폭로하다, 노출하다. 동 reveal (나타내다) 반 cover(덮어감추다)
express	[iksprés] 재 급행열차로 가다. 몡 급행버스[열차], 급행 甲 감정을 표현하다, 생각을 표명하다. 동 state(말하다) 반 local(완행의)
expresser	[iksprésər] 몡 표현력이 뛰어난 사람
exquisite	[ékskwizit] 혱 ① 태도가 세련된 ② 최고로 아름다운,맛있는, 아름다운, 훌륭한 ③ 절묘한 ④ 적절한 ⑤ 효과적인 동 delicate(미묘한)
extend	[iksténd] 甲 뻗다, 연장하다, 을 확장하다. 재 ① 넓어지다, 뻗다. ② 영향을 주다. 동 stretch(뻗다) 반 shorten(짧게하다)
extended	[iksténdid] 혱 ① 쭉 뻗은, 펼친 ② 연장한
extension	[iksténʃən] 몡 증축, 증축한 부분, 확장, 연장 동 stretching(늘림)
extensive	[iksténsiv] 혱 ① 넓은 범위에 걸친, 대규모의 ② 광대한 동 extensive
extent	[ikstént] 몡 넓이, 길이, 크기, 정도, 범위 동 degree(정도), range(범위)
extra	[ékstrə] 혱 ① 임시의 ② 특별한 ③ 여분의
extract	[ikstrǽkt] 甲 ① 발췌하다, 인용하다. ② 받아내다. ③ 뽑다.(마개 · 이 등) 동 draw out(뽑아내다) 반 insert(주입하

다)

extreme	[ikstrí:m] 형 극단적인, 과격한 동 utmost(극도의) 반 moderate(알맞은, 적당한)
extremely	[ikstrí:mli] 부 ① (구어)매우, 몹시 ② 극단적으로, 몹시
extrovert, -tra	[ékstrəvəːrt] 형 외향적인 명 사교적인 사람
eye	[ai] 명 눈, 시력, 복수로 눈치, 눈빛, 눈길, 견해
eyebrow	[áibrau] 명 눈썹
eyelid	[áilid] 명 눈꺼풀
eyesore	[áisɔːr] 명 눈꼴신 것, 눈꼴 심
eyewash	[áiwɔːʃ] 명 (구어)눈속임, 엉터리, 안약
eyewitness	[aiwítnis] 명 목격자 타 목격하다.

F f

fable	[féibl] 팀 이야기를 꾸며내어 말하다. 재 우화를 이야기 하다 명 ① 우화, 꾸며낸 이야기 ② 전설, 신화 통 parable (우화)
fabled	[feibld] 형 ① 허구의 ② 전설적인
face	[féis] 명 ① 물건의 면, 표면 ② 얼굴, 안색, 표정 팀 정면 으로 대하다, 맞서다. 팀 …에 면하다, …쪽을 향하다. 통 look(표정) 반 avoid(피하다)
face-lifting	[féislìftiŋ] 명 ① 소규모의 디자인 변경, 외부개장 ② 주름성형수술
facial	[féiʃəl] 명(구어)미안술 형 얼굴의 : facial cream 화장크림, facial expression 얼굴 표정
facsimile	[fæksíməli] 명 ① 복제, 원본대로의 복사 ② 사진전송 make a facsimile of …을 복제하다. in facsimile 원본대로 팀 복사하다, 팩시밀리로 보내다.
factious	[fǽkʃəs] 형 ① 당쟁을 일삼는, 파벌의 ② 이기적인
fact	[fækt] 명 진실, 사실, 실정 통 truth(진실)
factor	[fǽktər] 명 요인, 요소
factory	[fǽtəri] 명 공장, 제작소 (소규모의 공장은 workshop)
faddish	[fǽdiʃ] 형 ① 별난 일[것]을 좋아하는 ② 일시적 유행의 ③ 변덕스러운
fade	[féid] 팀 ① 색깔을 바래게 하다, 시들게 하다. ② 쭈글쭈

글하게 하다. 동 pale(엷어지다) 자 ① 시들다, 쭈그러 들다, 바래다, 꽃이 시들다. ② 안색이 죽어가다. 반 grow(증대하다)

fadeless [féidlis] 형 ① 빛깔이 바래지 않는, 시들지 않는 ② 쇠퇴하지 않는

fail [féil] 타 …하지 못하다. 자 실패하다. 동 miss(실수하다) never fail to …반드시 …하다. 동 fall short(미치지 못하다) 반 succeed(성공…)

failure [féiljər] 명 실패 a failure ① 실패한 일[계획] ② 실패자 ③ 힘 등의 감퇴, 쇠약 ④ 신체기관의 고장, 기능 부진 동 failing(실패) 반 success(성공)

faint [féint] 형 ① 희망 등이 실낱같은 ② 희미한, 어렴풋한 동 dim(침침한) 자 졸도하다, 기절하다. 명 a faint 기절, 졸도, 실신 동 swoon away(졸도하다)

faintheart [féinthàːrt] 명 겁쟁이 동 coward(겁쟁이), timid(겁많은)
fainthearted 뱃심 없는, 소심한, 용기 없는, 겁많은 동 shy(수줍은) 반 brave(용감한)

fainting [féintiŋ] 명 ① 기절, 졸도 ② 의기소침

faintish [féintiʃ] 형 ① 어렴풋한 ② 기절할 것 같은, 아찔한

faintly [féintli] 부 ① 어렴풋이 ② 힘없이, 희미하게 ③ 소심하게 ④ 머뭇적거리며

fair [féər] 타 ① 정서하다. ② 바로하다. ③ 평평히 하다. 동 just(공정한) 자 날씨가 개다. 동 impartial(공평한), unbiased(편견 없는) 반 unfair(불공정한) 명 the fair 여성 부 정정당당하게, 깨끗하게, 공명정대하게 명 박람회 형

① 경기에서 규칙에 어긋남이 없는, 공정한, 공평한 ② 온당한, 적정한

fairish [fέəriʃ] 휑 ① 피부가 흰 편인 ② 어지간한, 대단한

fairly [fέərli] 틧 ① 아주 완전히 ② 공평히 ③ 꽤

fairy [fέəri] 뎽 요정, 선녀 휑 상상의, 요정의 뙤 pixie(요정), sprite(작은 요정)

fairy tale 뎽 동화, 꾸민 이야기 휑 ① 믿을 수 없을 정도로 아름다운 ② 동화같은

faith [feiθ] 뎽 ① 신앙, 신앙심 ② 신뢰, 신념, 신용 뙤 trust(믿음) 뙘 mistrust(불신)

faithful [fέiθfəl] 휑 ① 정숙한 ② 헌신적인, 성실한, 충실한 뙤 loyal(충성의) 뙘 disloyal

faithfully [fέiθfəli] 틧 ① 정숙하게 ② 헌신적으로, 성실하게, 충실하게

faithless [fέiθlis] 휑 ① 부정한 ② 불성실한, 신의가 없는 ③ 믿지 못할 ④ 신앙이 없는 ⑤ 신념이 없는 ⑥ 회의적인

fake [fέik] 틙(구어)위조[날조]하다. 뙤 false(위조의) 뙘 genuine(진짜의) 찌 위조하다. 뎽 위조품, 가짜 휑 위조의, 가짜의

fall [fɔ:l] 뎽 ① 강우량, 강설량 ② 낙하, 낙하물 ③ 가을, 와해 뙤 drop(떨어지다) 찌 ① 머리가 빠지다. ② 떨어지다. ③ 눈비가 내리다, 물체가 낙하하다. 뙘 rise(오르다)

false [fɔ:ls] 휑 ① 부정의, 불법의 ② 가짜의, 위조의 ③ 틀린, 잘못된 틧 ① 거짓으로, 부실하게 ② 부정확하게 ③ 부정하게

fame	[féim] 몡 ① 인기 ② 명성, 명예, 평판 嵤 name(명성) 맨 anonymity(악명)
familiar	[fəmíljər] 혱 ① 낯익은, 귀익은 ② 친밀한, 가까운 嵤 known(이미 알고 있는) 맨 unfamiliar(잘 모르는)
familiar angel	수호신
family	[fǽməli] 몡 ① 한 가정의 아이들 ② 가족 嵤 relatives(친척) : in a family way (구어)임신하여, 허물 없이
family tree	족보, 계보
famish	[fǽmiʃ] 탄 굶주리게 하다. 잔 굶다, 아사하다. be famishing [famished] (구어)배고파 죽을 지경이다. be famished to death 아사하다.
famished	[fǽmiʃt] 혱 굶주린
famous	[féiməs] 혱 고명한, 이름난 嵤 well-know(유명한) 맨 unknown(잘 안알려진)
famously	[féiməsli] 뷔 ① 훌륭하게 ② 이름높게, 뛰어나게
fan	[fǽn] 몡 부채, 선풍기, 환풍기, 송풍기, 팬, …광 탄 ① 바람이 솔솔 불다. ② 부채질 하다. ③ 바람이 스쳐가다.
fanciful	[fǽnsifəl] 혱 ① 기상천외한 ② 공상적인, 공상에 잠기는 ③ 상상력이 풍부한 맨 fanciless(꿈이 없는, 무미건조한)
fancy	[fǽnsi] 몡 ① 억측 ② 환상, 추측, 공상, 몽상, 상성력 嵤 fantasy(환상) 탄잔 공상[상상]하다, 마음에 그리다. 맨 plain(검소한)
fantastic	[fæntǽstik] 혱(구어)① 멋진 ② 근거 없는 ③ 불합리한 嵤 unbelievable(믿기 어려운) ④ 공상적인, 환상적인 ⑤ 기이한 ⑥ 터무니 없는, 엄청난

far	[fáːr] 튀 ① 멀리, 아득히 먼 곳에 ② 시간상 멀리 ③ 비교급 · 최상급을 강조하여, 훨씬 휑 먼, 멀리있는
faraway	[fáːrəwéi] 휑 ① 먼 ② 멀리서 들리는 ③ 먼 옛날의 ④ 멍한, 꿈꾸는 듯한
fare	[fέər] 명 요금, 통행료
farewell	[fὲərwél] 갑 안녕! 잘가! 명 작별
farm	[fáːrm] 명 농장, 농원
farmer	[fáːrmər] 명 농부, 경작하는 사람, 농장주
farm-fresh	[fáːrmfréʃ] 휑 ① 산지 직송의 ② 농장에서 직송된
farmhouse	[fáːrmhàus] 명 농가, 농장내의 주택
farming	[fáːrmiŋ] 휑 ① 농업용의 ② 농업의 명 농장경영, 농업
farmland	[fáːmlænd] 명 농지, 농토
fascinate	[fǽsənèit] 타 마음을 빼앗다, 매혹하다, 황홀하게 하다. 동 attract 반 bore(싫증나게 하다)
fascinating	[fǽsənèitiŋ] 휑 ① 사람을 반하게 만드는 ② 매혹적인, 황홀한
fashion	[fǽʃən] 명 유행 the fashion 인기 있는 사람[물건] 동 mode(유행)
fast	[fæst] 타 단식시키다. 자 단식하다. 명 단식 동 quick(빠른) 반 slow(느린) 휑 빠른, 속성의, 시계가 빠른, 고속용의 튀 빨리, 단단히, 굳게
fasten	[fǽsn] 타 동여매다, 죄다, 채우다, 매다. 동 fix(고정시키다) 자 닫히다, 채워지다, 잠기다, 고정되다. 반 loosen(풀다)
fat	[fǽt] 타자 살찌게 하다, 살찌다. 명 지방 휑 비만한, 뚱뚱

	한 통 fatty(지방질의) 반 lean(여윈)
fatal	[féitl] 형 불행을 가져오는, 치명적인 명 사고사 통 deadly(치명적인) 반 nonfatal
fate	[féit] 명 불운한 숙명, 운명, 운, 죽음, 비운 통 fortune(운, 운명)
father	[fá:ðər] 명 아버지 (구어)시아버지, 장인, 양부, 시조, 창시자 : the F … 하느님, 아버지, 천주
father-in-law	[fá:ðərinlɔ̀:] 명 시아버지, 장인
fatly	[fǽtli] 부 듬뿍, 살쪄서, 크게, 풍부하게
fault	[fɔ́:lt] 명 결점, 단점, 과실, 잘못, 위반 통 defect(결함)
faultfinding	[fɔ́:ltfaindiŋ] 명 흠잡기, 탓하기 형 탓하기 일삼는
faultily	[fɔ́:ltili] 부 불완전하여
faultless	[fɔ́:ltlis] 형 완전한, 나무랄 데 없는, 과실 없는
favor, favour	[féivər] 명 호의, 은혜, 친절한 행위, 청, 부탁 통 liking(기호)
favorable	[féivərəbl] 형 호의적인, 찬성하는, 유망한, 유리한
favorably	[féivərəbli] 부 유리하게, 호의적으로, 순조롭게
favorite	[féivərit] 형 제일 좋아하는, 마음에 드는, 총애하는 통 pet(애완동물) 명 총아, 인기 있는 사람, 좋아하는 사람, 특히 좋아하는 물건 통 favored(호감이 가는)
fawn	[fɔ́:n] 자 비위를 맞추다, 아첨하다, 아양떨다.
fear	[fíər] 명 근심, 불안, 공포, 두려움, 무서움 타 무서워하다. 자 걱정하다. 통 fright(공포), dread(무서운 것)
fearful	[fíərfəl] 형 무서운, 무서워 (구어)큰, 심한, 대단한
fearless	[fíərlis] 형 무서워 하지 않는, 대담무쌍한 통 brave(용감

	한) 빤 fearful
feast	[fí:st] 몡 잔치, 축연, 축제 탄자 잔치를 베풀다, 잔치에 참석하다, 대접을 받다, 마음껏 먹고 즐기다. 됭 banquet(연회)
feast day	잔칫날, 축제일
feather	[féðər] 몡 깃, 깃털
feature	[fí:tʃər] 몡 얼굴의 생김새, 특색, 특징 됭 trait(특징), characteristic(특징)
February	[fébrueri] 몡 ② 월 생략형은 Feb.
fee	[fí:] 몡 사례금, 수업료, 보수, 수수료, 납부금 됭 pay(급료)
feeble	[fí:bl] 혱 힘없는, 나약한, 의지가 박약한, 허약한, 연약한 됭 weak(약한) 빤 strong(강한)
feed	[fí:d] 몡 여물, 꼴, 먹이, 사료 탄 동물 등에 먹이를 주다. 잔 먹이를 먹다. 됭 nourish(기르다)
feel	[fí:l] 탄 느끼다, …을 만지다, 만져보다. 잔 …한 기분[느낌]이다. 됭 sense(느끼다)
feeling	[fí:liŋ] 몡 느낌, 기분 **(복수로)**감정, 촉감, 감각 됭 emotion(감정)
feelingly	[fí:liŋli] 븻 ① 실감나게 ② 감정을 담아, 다감하게
feet	[fí:t] 몡 foot(발)의 복수
fellow	[félou] 몡 친구, 동무 **(구어)**사람, 녀석, 사나이 혱 동료의
fellowman	[féloumǽn] 몡 동포, 같은 인간
female	[fí:meil] 몡 여성 혱 여성의, 암컷의
fence	[féns] 몡 울타리, 담

fencer [fénsər] 명 검술가, 검객 동 swordman = swordsman(검객, 검술가)

fencing [fénsiŋ] 명 검술, 펜싱

festival [féstivəl] 명 ① 잔치, 축제, 행사 ② 축제일

fetch [fétʃ] 자 가서 (물건을) 가져오다. 타 ① (가서) 가져오다. ② (구어)…의 마음을 사로잡다, 청중의 인기를 끌다. 명 팔을 쭉 뻗기

fever [fí:vər] 명 열병 a fever 열광, 흥분상태

few [fjú:] 형 a few 로 조금은 있는, few 로 거의 없는 대 소수 (소수밖에 …없다(않다)) a few 소수의 것, 소수의 사람

ficiton [fíkʃən] 명 ① 소설, 꾸며낸 이야기 ② 허구

fidget [fídʒit] 자 안달하다, 안절부절 못하다.

field [fí:ld] 명 ① 들, 벌판 ② 벌판 같은 곳 ③ 밭 ④ 경기장 ⑤ 분야 ⑥ 사업의 현장, 현지 ⑦ 전장, 싸움터

fiend [fí:nd] 명 …에 미친 사람, …광 the Fiend(the Devil, Satan) 악마왕

fierce [fíərs] 형 (구어)① 지독한, 불쾌한 ② 흉포한 ③ 비·바람이 맹렬한, 거센 동 savage(잔혹한), furious(광포한) 반 gentle(온순한)

fight [fáit] 명 싸움, 어떤 목적을 위한 투쟁 동 battle(전투) 자 타 싸우다, 격투하다, …와 싸우다, …와 싸움을 하다.

fighting [fáitiŋ] 형 교전중인, 투지있는, 호전적인
fighting spirit 투지

figure [fígjər] 명 ① 숫자 ② (복수로)계산 ③ 모양, 모습, 인물상, 풍모, 풍채, 외관 ③ 도형, 도안, 그림, 도해, 삽화 ⑤

표상, 상징 동 pattern(모형)

filial [fíliəl] 형 자식의, 자식으로서의 : filial piety 효도

fill [fíl] 타 ① …을 가득 부어[넣어서] 채우다. ② 메우다. ③ 마음을 흡족하게 하다. ④ 틀어 막다. ⑤ 처방약을 조제하다. 자 차다, 가득 붓다, 가득 따르다.

film [fílm] (영)① 영화, 필름 ② 엷은 막[껍질] 타 ① 엷은 껍질로 덮다. ② 필름에 넣다. 자 ① 흐릿해지다. ② 엷은 막이 생기다.

fin [fín] 명 지느러미 (속어)손 : Tip[Give] us your fin 자 악수나 합시다.

final [fáinəl] 형 최후의, 마지막의 동 last(마지막의) 반 initial(시초의)

finally [fáinəli] 부 ① 최후에[로] , 드디어, 결국 ② 결정적으로

find [fáind] 타 ① 우연히 …을 찾아내다, 찾아 발견하다. ② …임을 깨닫다[알다].

fine [fáin] 형 ① 참한, 훌륭한 ② 가느다란 ③ 묽은, 희박한 동 excellent(우수한) ④ 기능이 우수한 ⑤ 자디잔, 고운, 미세한 ⑥ 공들인, 정교한 반 inferior(열등한) ⑦ 날씨가 맑은 ⑧ 건강한 ⑨ 고상한, 아름다운, 세련된

finger [fíŋgər] 명 손가락, 손가락 모양의 것 타자 손가락을 대다, 손가락으로 만지작 거리다.

finical [fínikəl] 형 외양 등에 몹시 까다롭고 신경을 쓰는

finish [fíniʃ] 타 ① 끝마치다, 완성하다. ② 과정을 마치다. 동 end(끝내다) 자 ① 그치다, 끝나다. ② 다 읽다[쓰다] ③ 상대를 죽이다. (off) 반 begin(시작하다)

finishing	[fíniʃiŋ] 휑 최후의, 끝마무리[손질]의 몡 ① 마무리 손질, 끝마무리 손질 ② 축구에서 득점하는 기술 ③ 득점
fire	[fáiər] 몡 ① 화재, 불, 화염, 불꽃 (英)난방기, 히터 ② 총포의 발사, 사격, 포화 the fire 불고문, fires 시련, 고난 탄 ① 방화하다. ② 불을 때다. ③ 불에 쬐다[굽다]. ④ 발사[발포]하다. ⑤ 폭발시키다. 짠 ① 불붙다. ② 빨개지다. ③ 흥분하다 ④ 사격하다.
firealarm	화재경보기, 화재경보
fire ant	쏘는 개미
fireman	[fáiərmən] 몡 소방대원, 화부
fireplace	[fáiərplèis] 몡 벽난로, 난로
fireplug	[fáiərplʌ̀g] 몡 소화전 동 fire hydrant
fireside	[fáiərsàid] 난로가
fire station	소방서
firework	[fáiərwə̀:rk] 몡 불꽃, 불꽃놀이 (구어)대공포화
firm	[fə:rm] 휑 ① 견고한, 단단한, 잘 고정되어 흔들리지 않는 ② 단호한 옝 탄탄하게, 꿋꿋하게 탄짠 탄탄하게 하다[되다] 동 rigid(곧은) 반 imp(유연한)
firmly	[fə́:rmli] 옝 확고하게, 굳센, 단단하게
first run	영화의 개봉
first-strike	[fə́:rststráik] 휑 선제 공격의 몡 선제공격
fish	[fiʃ] 몡 ① 물고기, 생선 ② 사람, 녀석 : an odd fish 이상한 녀석, a queer fish 괴짜
fisherman	[fíʃərmən] 몡 ① 어민 ② 낚시꾼 동 angler
fishery	[fíʃəri] 몡 ① 어업, 수산업 ② 어장, 양식장

fishing	[fíʃiŋ] 명 ① 낚시질, 고기잡이, 어업 ② 어장, 낚시터 ③ 어획 ④ 어업권
fishy	[fíʃi] 형 물고기의, 물고기가 많은 (구어)수상한, 의심스러운 : a fishy smell 비린내
fist	[físt] (구어)손, 필적, 주먹
fit	[fít] 타자 ① 맞다, 의복 등이 꼭맞다. ② 적합하다. ③ 맞게하다, 일치시키다, 일치하다, 어울리다, 조화하다. 형 적당한, 알맞은 명 ① 적합 ② 병의 발작, 경련 ③ 일시적 흥분 갑 행동의 격발 동 suitable(적당한)
fix	[fíks] 타 ① 시일·장소 등을 결정하다. ② 수리하다. ③ 식사 등 준비하다. ④ 확정하다. ⑤ 마음에 새겨두다. ⑥ 고착·고정 시키다. ⑦ 갖다 매다. [붙이다] ⑧ 매수하다, 부정을 하다. 명 ① 궁지 ② 수리, 조정, 조절, (구어)마약 주사 동 attach(부착하다), rivet(고정시키다) : a fix 매수, 매수될 수 있는 사람
flag	[flǽg] 명 기 타 기를 올리다. 자 흥미, 기억 등이 떨어지다.
flake	[fléik] 명 ① 낟알을 얇게 한 식품 ② 엷은 조각 ③ 파편
flam	[flǽm] 명 ① 야바위, 기만, 거짓 ② 꾸며낸 이야기 타자 속이다, 기만하다.
flame	[fléim] 명 ① 번쩍이는 광채 ② 정열 ③ 타오르는 감정, 격정 ④ 불꽃, 화염 동 fire(불), blaze(불길)
flaming	[fléimiŋ] 형 ① 정열에 불타는, 타는듯 붉은 ② 불을 뿜는, 불타는
flash	[flǽʃ] 명 ① 섬광, 번쩍하는 빛 ② 기지의 번득 a flash 순

간 图 flare(불빛) : for a flash 일순간 国 빛을 번쩍 비추
다. 困 빛이 번쩍 비치다. 图 flame(불길)

flat   [flǽt] 图 평면 (복수로)평지, 평원 (구어)바람빠진 타이
어 閏 딱잘라, 단호하게 : Ⅰ' ve got a flat(타이어가 터졌다)
圈 ① 평평한 ② 따분한, 답답한 ③ 무미건조한 国 평평하
게 하다. 閌 uneven · rough · bumpy(울퉁불퉁한) 图
level · even(평평한)

flatiron   [flǽtàiərn] 图 다리미, 인두

flatter   [flǽtər] 国 알랑거리다, 추켜세우다. flatter oneself로 자
만하다. 우쭐해지다.

flesh   [fléʃ] 图 ① 인간 · 동물의 살 ② 과육 国 실지로 시험해 보
다.

flight   [fláit] 图 ① 비행 ② 항공편 ③ 비행기 여행 ② 날아가는
새의 떼 ④ 매 등의 사냥감추격 国 나는 새를 쏘다. 困 떼
지어 날다.

flight strip   ① 활주로, 비상임시] 착륙장 [활주로] ② 연속 항공 촬영
사진

flimsy   [flímzi] 圈 ① 이유 등이 빤히 들여다 보이는, 얄팍한 ②
보잘것 없는 ③ 얇은, 연약한 图 frail, weak(약한) 閌
strong(강한)

flinch   [flíntʃ] 国 ① …에서 손을 떼다. ② 책임 등에서 꽁무니 빼
다. 困 움찔하다, 위험 등에서 겁내어 피하다. 图 shrink

flat out   용두사미로 끝나다. (속어)전속력으로 달리다.

flirt   [flə́ːrt] 国 휙 집어던지다. 困 이성과 장난삼아 연애하다,
시시덕거리다. 图 바람둥이[남 · 녀]

float	[flóut] 태 ① 물위에 떠우다. ② 떠오르게 하다. 자 뜨다. 명 뗏목 동 raft
floating	[flóutiŋ] 형 ① 떠다니는, 떠있는 ② 부동적인
flock	[flák] 명 ① 한무리, 떼 ② 사람의 무리 자 떼지어 모이다. 동 flight(떼)
flood	[flʌ́d] 태자 물이 넘치게[잠기게] 하다, 홍수나다, 범람하다, 조수가 밀려오다. 동 deluge
floor	[flɔ́ːr] 명 ① 건물의 층 ② 방바닥 …장 ③ 마루청 태 …에 바닥을 깔다.
flour	[fláuər] 명 ① 밀가루 ② 고운가루 태 …에 가루를 뿌리다. 자 가루가 되다.
flow	[flóu] 태 ① 액체를 넘치게 하다. ② 흘리다. 자 ① 흐르다. ② 흘러나오다. 명 흐름, 밀물 반 ebb 동 stream(흐르다)
flower	[fláuər] 명 꽃, 화초
flower bed	화단
flower garden	꽃밭, 화원
flowing	[flóuiŋ] 형 ① 유창한, 물 흐르는 듯한 ② 흐르는 ③ 거침 없이 이어지는
fluent	[flúːənt] 형 ① 유창한 ② 우아한, 유연한 동 flowing(유창한), glib(입심 좋은)
fluently	[flúːntli] 부 거침 없이, 유창하게
flurry	[fláːri] 명 ① 강풍, 돌풍 ② 질풍이 따른 소나기, 눈보라 ③ 혼란, 동요
flush	[flʌ́ʃ] 태 ① 얼굴을 붉히다. ② 물을 왈칵 흘러내리다, 쏟

아내리다. 困 홍조를 띠다, 달아오르다. 뼹 ① 같은 높이
의 ② 손이 큰 롱 level(같은 높이의), even(평평한)

flute [flúːt] 똉 피리 퇵困 플루트를 연주하다, 플루트를 불다.

flutist [flúːtist] 똉 피리 부는 사람

flutter [flʌ́tər] 퇵 수건 등을 펄럭거리며 흔들다. 困 펄럭이다, 나
부끼다.

fly [flái] 파리 퇵 날리다. 困 ① 날다. ② 사람이 날아가듯 달
리다. ③ 급히 가다. 롱 soar(날아오르다)

foam [fóum] 똉 ① 거품 ② 비지땀 ③ 게거품 롱 lather(비누거
품), froth(거품) 困 ① 거품을 만들며 흘러가다. ② 거품
이 넘치다.

fog [fɔ́ːg] 똉 ① 안개 ② 자욱한 여기[먼지·연무] 困 안개가 끼
다. (속어)강속구를 던지다. 롱 mist(안개)

foggy [fɔ́ːgi] 뼹 ① 당혹스러운, 혼란스러운 ② 안개가 자욱한

fold [fóuld] 퇵 ① 접다. ② 날개를 접다. ③ 양팔에 안다, 끌어
안다 롱 double(겹치다, 포개다)

folk [fóuk] 똉 ① 사람들 (구어)② 가족, 친척, 애들 the folk(서
민, 민중)

folksinger 민요가수

follow [fálou] 퇵 ① …의 뒤를 잇다, …의 다음에 오다. ② 뒤따
르다. 롱 succeed(계속되다) 쀉 lead(지도하다)

followership [fálouərʃip] 똉 지도자로서의 능력[자질]

following [fálouiŋ] 뼹 하기의, 다음의 롱 disciples(제자) 똉 ① 수행
원 ② 제자 ③ 신봉자, 추종자 ④ 하기

fond [fánd] 뼹 ① 좋아하는 ② 응석을 받아주는, 너무 귀여워

하는 동 attached(애착심의)

fondly [fándli] 분 ① 애정을 담아, 다정하게 ② 귀여워하여 ③ 경
망스럽게

food [fúːd] 명 먹을 것, 음식, 식량 동 provisions(양식, 식량)

foodless [fúːdlis] 형 먹을 것이 없는
go foodless 굶고못먹고 있다.

fool [fúːl] 명 ① 남의 웃음거리 ② 어리석은 사람, 바보 등 동
clown(어릿광대)

foolish [fúːliʃ] 형 ① 미련한 ② 창피한, 쑥스러운 ③ 어리석은 동
silly(어리석은)

foot [fút] 명 피트 《길이의 단위로 12inches, 30.48㎝》발

football [fúbɔ̀ːl] 명 ① 축구 ② 손님을 끌기 위한 특가품 [염가품]
타자 특가[특매]로 팔다.

foothold [fúthould] 명 ① 발판 ② 근거지, 확고한 발판

footing [fútiŋ] 명 ① 기반, 입장, 확고한 지위 ② 발판, 발디딤

footprint [fútprint] 명 발자국, 족문

footstep [fútstèp] 명 ① 승강용 층계 발판 ② 걸음걸이

for [fər, fɔ̀ːr] 전 …을 목적으로, 축하하여, 용도의, 부르러, …
에게 주려고, …을 염원하여, …을 이해하는, Oh for …을
원하다, …동안, …을 지지하여, …대신에, …을 위하여,
…와 교환으로, …을 향하여, …을 대비로 《날짜 · 몇시》
에, …치고는

forbid [fərbíd] 타 금하다, 금지하다. 《규칙 · 법률로》금지하다.
동 ban(막다) 반 allow

force [fɔ́ːrs] 타 강요하다, 억지로 …시키다. 동 trenth(힘) 자 강

행군하다, 밀고 나아가다. 몡 ① 힘, 세력 ② 폭력 ③ 영향
력을 가진 사람

forecast [fɔ́ːrkæ̀st] 팀 ① 예보하다, 예측하다. ② 미리 계획하다.
몡 예보, 예상

forefather [fɔ́ːrfɑ̀ːðər] 몡 조상, 선조

forehead [fɔ́ːrid] 몡 ① 이마 ② 물건의 정면부분 동 brow

foreign [fɔ́ːrən] 혱 ① 외국의, 외국상대의 ② 외래의 ③ 이질적인
동 strange(외국의) 반 familier

foreigner [fɔ́ːrənər] 몡 ① 외국제품 ② 외래동물, 외래품 ③ 외국
인 동 alien(외국인) 반 native(원주민)

foresee [fɔːrsíː] 팀 ① 내다보다. ② 사전에 확인하다. 재 선견지
명이 있다.

foreseer [fɔːrsíːər] 몡 선견지명이 있는 사람

forest [fɔ́(ː)rist] 몡 숲, 삼림 혱 숲을 이룬 팀 …에 식목하다. 작
은 숲은 wood 또는 woods 임 동 wood(숲, 삼림)

foretaste [fɔːrtéist, fɔ́ːrtèist] 팀 (고락(苦樂)을) 미리 맛보다. 몡 ①
(장차 고락을) 미리 맛봄 ② 예기, 예상

foretell [fɔːrtél] 팀 예언하다, 예고하다, 예지하다.

forever [fɔːrévər] 凰 영원히, 끝없이, 줄곧 (구어)장황히 동
always 반 temporarily(일시적으로)

forewarn [fɔːrwɔ́ːrn] 팀 미리 경고하다, 미리 주의[통고]하다, 미리
경계하다.

forget [fərgét] 팀 ① …을 잊다. ② …을 잊고 오다.

forgetful [fərgétfəl] 혱 ① 잘 잊어 버리는 ② 게을리 하기 쉬운

forgive [fərgív] 팀 용서하다, 동 pardon(용서하다) 반 blame(책

	망하다)
fork	[fɔ́ːrk] 몝 포크, 갈퀴
form	[fɔ́ːrm] 몝 ① 사람의 외관, 모습 ② 꼴, 형상, 형태 튐 shape(형태)
former	[fɔ́ːrmər] 휑 이전의, 전의, 앞의 튐 previous(이전의) 뵘 present(현재의)
formfitting	[fɔ́ːrmfitiŋ] 휑 몸에 꼭 맞는
formful	[fɔ́ːrmfəl] 휑 폼 나는, 폼이 멋진, 폼이 볼 만한
forth	[fɔ́ːrθ] 믠 앞에, 앞으로, 밖으로 튐 forward(앞으로)
fortnight	[fɔ́ːrtnait] 몝 2주간, 14일
fortunate	[fɔ́ːrtʃənit] 휑 운이 좋은, 행운의 튐 lucky(행운의), blessed(축복받은) 뵘 unfortunate(불운한), unlucky(불행한)
fortunately	[fɔ́ːrtʃənitli] 믠 운 좋게도, 천만다행히
fortune	[fɔ́ːrtʃən] 몝 ① 운, 행운 ② 재산, 부 튐 luck(행운), chance(운)
forum	[fɔ́ːrəm] 몝 ① 공개 토론회, TV 등의 토론 프로그램 ② 공공광장 ③ 재판소, 법정
forward	[fɔ́ːrwərd(z)] 믠 앞으로, 전방으로 튐 onward(앞으로) 뵘 backward(후방에)
found	[fáund] ① 동사 find의 과거·과거분사 ② …을 창립하다. 튐 establish(설립하다), organize(조직하다)
fountain	[fáutin] 몝 ① 샘, 분수 ② 원천
fox	[fáks] 몝 ① 여우 ② 교활한 사람 ③ 여우모피 탐(구어) 속이다. 잚 시치미 떼다, 교활한 짓을 하다.

play the fox 꾀부리다.

France [fræns] 몡 프랑스

frangible [frǽndʒəbl] 옝 ① 약한 ② 약해서 부서지기[깨지기, 부러지기, 나가기] 쉬운

frank [frǽŋk] 옝 ① 솔직한 ② 노골적인, 공공연한 웡 candid(솔직한) 뺀 tricky(속이는)

Franklin [frǽŋklin] 몡 Benjamin Franklin(1706-1790) 미국의 물리학자 피뢰침을 발명

fray [fréi] 팀 ① 헤어지게[닳게] 하다. 찌 닳다, 헤어지다, 풀리다. ② 비비다(동물 등이).

frazzle [frǽzl] 팀찌(구어)너덜너덜 닳아 떨어지게 하다. [떨어지다] : to a frazzle 닳아 헤어질 때까지, beat to a frazzle 안 죽을 만큼 두들겨 패다.

frazzled [frǽzld] 옝(구어)① 닳아 빠진, 헤어진 ② 지친(속어)신경이 곤두선

free [fríː] 옝 ① 한가한, 할 일이 없는 ② 무료의 ③ 장애물이 없는 웡 independent(독립의) unrestrained(제한받지 않는) 뺀 enslave(노예화하다)

freedom [fríːdəm] 몡 ① 자유 ② 자유로운 상태 ③ 자주독립 ④ 지배 등으로부터 해방 웡 liberty(자유)

freely [fríːli] 붱 ① 자유로이, 허물없이 ② 아낌없이, 인심후하게

fret [frét] 팀 ① 심신·건강을 해치다. ② 생채기 내다. ③ 부식하다. ④ 벌레먹어 들어가다. ⑤ 속타게 하다. 찌 ① 애타다, 안달하다. ② 애달프다. ③ 고민하다.

freeze [fríːz] 팀찌 ① 몸을 얼게 하다. ② 간담을 서늘케[오싹하게]

하다. ③ 얼음이 얼다. ④ 몸이 얼다. ⑤ 얼어 죽다. ⑥ 몸
서리 치다, 얼어붙다.

French [frèntʃ] 명 프랑스어, 프랑스의, 프랑스 사람의

Frenchman [frèntʃmən] 프랑스인

frenzy [frénzi] 명 ① 격앙, 격분, 광포 ② 발작, 광란

frequent [frí:kwənt] 형 ① 자주 있는 ② 자주 일어나는, 빈번한 동
common(예사로운) 반 infrequent(희귀한)

frequently [frí:kwəntli] 부 자주, 종종, 뻔질나게 (often)

fresh [fréʃ] 형 ① 나온지 얼마 안 되는, 갓 만들어낸 ② 새로운,
신선한, 싱싱한 동 new(새로운)

freshly [fréʃli] 부 ① 신선하게, 산뜻하게, 새롭게 ② 싱싱하게, 새
로이

friciton [fríkʃən] 명 ① 마찰, 충돌, 불화

friendly [fréndli] 형 ① 친절한, 정다운, 친구다운 ② 호의적인

friendship [fréndʃip] 명 ① 우정, 친선, 친목, 우애 ② 벗으로서의 사
귐

frighten [fráitn] 타 ① 섬뜩 놀라게 하다. ② 위협하여 …하게 하
다. 동 scare(놀라게 하다)

frightening [fráitniŋ] 형 ① 불안을 주는 ② 놀라운

frog [frɔ:g] 명 개구리 (구어)쉰 목소리

frog hair (속어) 정치자금, 정치헌금

from [frəm] 전 (출발점)…으로 부터, (시간)…부터, (하한)…
에서, (관점)…에서 보면, (출신)…출신이다, (이유)…으
로 인하여, (선택)…중에서, (구별)…와, …에서, (발신
인)…으로 부터 온, (원료)…으로(만들어 진다)

front	[fránt] 몡 정면, 앞 휑 정면의, 표면에 내세우는 통 face(표면)
frontier	[frʌntíər] 몡 ① 복수로 최첨단 ② 새분야, 미개척의 영역 ③ 지식학문 등의 최첨단 ④ 국경지방 통 boundary(경계선), border(국경)
frost	[frɔ́ːst, frɑ́st] 몡 서리
frown	[fráun] 짜 ① 난색을 표하다. ② 험상궂은 얼굴을 하다, 찡그리다.
frozen	[fróuzn] 휑 ① (구어)자금이 동결된 ② 극한의, 냉냉한 ③ 움추린
fruit	[frúːt] 몡 과일
fruitage	[frúːtidʒ] 몡 결실, 성과, 소산
fry	[frái] 탸 …을 프라이하다. (복수로)튀김, 기름에 볶다, 지지다.
fuel	[fjú(ː)əl] 몡 연료
full	[fúl] 휑 ① 가득찬 ② 완전한 통 filled(가득찬) 뺸 empty (빈)
full name	생략하지 않은 성명
full-time	[fúltáim] 휑 전임의, 전 시간의 뷔 전시간제로, 전임으로
fully	[fúli] 뷔 충분히, 완전히 (수사 앞에서)꼬박
fumble	[fʌ́mbl] 짜 ① 말을 더듬다. ② 손으로 더듬어 찾다, 더듬다. 탸 ① 어설프게 다루다 ② 우물쭈물 말하다.
fun	[fʌ́n] 몡 장난, 농담, 재미, 즐거움 통 pleasure(즐거움)
function	[fʌ́ŋkʃən] 몡 기능 (복수로)직무 통 operation(작용)
fund	[fʌ́nd] 몡 자금, 기금, 기본금

	the funds 공채, 국채
funny	[fʌ́ni] 혱 우스운, 재미있는, 익살맞은 동 humorous(익살 스러운) 반 unfunny(재미 없는)
furnace	[fə́ːrnis] 몡 용광로, 아궁이
furnish	[fə́ːrniʃ] 톼 …에게 …을 공급하다. 동 supply(공급하다)
furnishing	[fə́ːrniʃiŋz] 몡 가구, 비품
furniture	[fə́ːrnitʃər] 몡 가구
future	[fjúːtʃər] 몡 미래, 장래 혱 미래의 동 coming(다가오는) 반 past(과거의)
futuristic	[fjùːtʃərístik] (구어)① 초현대적인 ② 미래의

Gg

gab	[gǽb] 圐 쓸데 없는 지껄임, 수다쟁이 : the gift of the gab (구어)말재주
gag	[gǽg] 圐 재갈, 언론압박, 입막음 㤦 입을 막다. 困 목이 막히다. 圐 농담, 익살, 개그 困 농담하다.
gain	[géin] 㤦 …을 획득하다, 무게를 늘리다, 시계가 더가다. 圐 이익, 벌이, 득, 이득, 수익
gallery	[gǽləri] 圐 미술관, 화랑, 사격 등의 연습장, 극장의 가장 싼 맨 위층 관람석
gallon	[gǽlən] 圐 갈론 액량의 단위로 약 3.785 리터
galloper	[gǽləpər] 圐 질주하는 말, 회전목마
gambol	[gǽmbəl] 困 깡충깡충 뛰어다니다, 희롱거리다.
game	[géim] 圐 게임, 놀이, 시합, 사냥감 圀 팔·다리가 불구인, 상처입은
gap	[gǽp] 圐 의견의 차이, 틈새, 갈라진 틈, 금, 짬 동 space(공간)
garage	[gərɑ́ːʒ] 圐 차고, 자동차 수리소 困㤦 차고[정비소]에 넣다.
gape	[géip] 困 감탄 등으로 입을 딱 벌리다, 벌리고 멍하니 보다.
garden	[gɑ́ːrdn] 圐 정원, 뜰, 화원, 과수원, 채소밭, 복수로 유원지
gardener	[gɑ́ːrdnər] 圐 채소재배자, 정원사
gas	[gǽs] 圐 가솔린, 기체, 가스

have gas 배에 가스가 차다.

gasoline, gasolene [ɡǽsəlin] 몡 가솔린

gas-guzzler [ɡǽsɡʌ̀zlər] 몡 연료가 많이 소비되는 대형차

gas-guzzling [ɡǽsɡʌ̀zliŋ] (구어) 엔진 등이 연료를 많이 소비하는

gate [ɡéit] 몡 대문, 출입문, 공항의 출입구, 역의 개찰구

gather [ɡǽðər] 탸 …을 모으다, 채집하다, 따모으다, 끌다, 빨아 당기다. 쟈 모이다, 부풀어 커지다, 종기가 곪다, 부어 오르다, 오므라들다, 이마에 주름살이 잡히다. 됭 collect(수집하다), assemble(모으다) 뻔 disperse(분산하다), scatter(흩뜨리다)

gay [ɡéi] 몡 호모, 동성연애(자) 혱 ① 동성연애자의 ② 놀아나는 ③ 화사한 ④ 명랑한, 쾌활한 ⑤ 호모가 모이는 됭 joyful(즐거운) 뻔 sad(슬픈), somber(우울한) : get gay (속어) ① 기어 오르다. ② 좋지 않게[건방지게] 굴다.

gaze [ɡéiz] 쟈 유심히 뚫어지게 보다.
stand at gaze 응시하며 서있다. 됭 stare(응시하다)

gem [dʒém] 몡 보석 탸 ① …에 보석을 장식하다. ② …에 보석을 박다.

gen [dʒén] 몡 ① 정확한 정보 ② 진상

general [dʒénərəl] ① 일반적, 전반적인 ② 개괄적인 ③ 사회의 대부분에 공통되는 몡 ① 군사령관 ② 대장 됭 miscellaneous(다방면에 걸친) 뻔 definite(분명한)

generally [dʒénərəli] 봄 일반적으로, 대체로

generating station [plant] [dʒénərèitiŋ stei∫ən] 발전소

generation [dʒènəréi∫ən] 몡 ① 세대(약 30년 간) ② 동시대의 사람

generous	[dʒénərəs] 형 ① 편견이 없는 ② 관대한, 아량이 있는 ③ 토지가 비옥한 ④ 술이 감칠맛 있는 동 charitable(자비로운) 반 stingy(인색한)
genius	[dʒíːnjəs] 명 천재, 귀재 동 talent(재주꾼), gift(타고난 재질)
gentle	[dʒéntl] 형 ① 예의 바른, 점잖은 ② 양가의, 양가의 집안에 태어난 ③ 상냥한 ④ 부드러운 동 friendly(친절한) 반 mean, nasty(심술궂은)
gentleman	[dʒéntlmən] 명 신사 : Ladies and gentlemen! 여러분(청중 호칭)
gently	[dʒéntli] 부 점잖게, 조용히, 부드럽게, 양반답게 : a gentle sloping road 완만 경사도로
genuine	[dʒénjuin] 형 ① 진짜의 ② 참된, 진품의 동 real(실제의) 반 fake(위조의)
geography	[dʒiágrəfi] 명 지리, 지리학 (영구어)화장실 위치
German	[dʒə́ːrmən] 명 독일 사람 형 독일어의, 독일 사람의, 독일의
Germany	[dʒə́ːrməni] 명 독일 the Federal Republic of Germany (독일 연방 공화국)
gesture	[dʒéstʃər] 명 몸짓, 몸동작, 손짓 find … 아량, 관용
get	[gét] ① …을 입수하다, 얻다, 받다. ② 사다, 사주다. ③ 가서 가져오다. ④ 택시를 잡아주다. ⑤ 전화로 사람을 불러내다. ⑥ 이해하다. ⑦ …하게 하다. ⑧ …시키다. ⑨ 일등 해치우다. ⑩ 권하여 …하게 하다. ⑪ 가지고 있다. ⑫ 장소에 도달하다. ⑬ 부정사와 …하게 되다. ⑭ 그럭저럭 …하다. ⑮ 형용사 보어와 …되다, …지다. ⑯ get + 과거

분사의 수동형으로 … 당하다. ⑰ [git] …로 발음하여 (속어)바로 가버리다.

getatable [getǽtəbəl] 휑 ① 물건 등 쉽사리 구입할 수 있는 ② 사람이 가까이 하기 쉬운, 도달할 수 있는

ghost [góust] 몡 ① 유령, 허깨비 ② 영혼 ③ 원혼, 원령, 망령 용 specter(유령)

giant [dʒáiənt] 휑 ① 거대한 ② 비범한, 탁월한 몡 거인, 거장, 대가 용 colossus(거인)

gibber [dʒíbər] 자 ① 원숭이가 끽끽거리다. ② 달달 떨며 말을 하다.

gibe [dʒáib] 타 ① 비웃다. ② 조롱하다, 놀려대다. ③ 웃음거리로 만들다.

gift [gíft] 몡 ① 선물 ② 타고난 재능 용 present(선물)

giraffe [dʒiræf] 몡 기린

girl [gə́rl] 몡 ① 소녀 ② 아가씨 ③ 여사무원 ④ 여성근로자, 여종업원

give [gív] 타 ① 주다. ② 인도하다. ③ 전하다. ④ 병을 옮기다. ⑤ 증거 제시하다. ⑥ 전화로 대주다. ⑦ 치료 등을 해주다, 베풀다. 용 provide(제공하다) 땐 take(받다)

glad [glǽd] 휑 ① 반가운, 기쁜 ② 자연 등이 아름다운, 빛나는, 찬란한 용 pleased(즐거운) 땐 sad(슬픈)

gladly [glǽdli] 뷔 쾌히, 기꺼이, 기쁘게, 반갑게, 즐거이 glad hand [the …] 로 따뜻한 환영 (구어)정다운(친구다운) 악수 : give 사람 the glad hand 을 따뜻이 환영하다.

glad-hand 타자 정성을 다해[크게, 따뜻이] 환영하다.

glance	[glǽns] 명 흘끗 봄, 일견 타 ① 시선을 흘끗 보내다. ② …을 스치다. 자 ① 흘끗보다. ② 잠깐 훑어보다. 동 glimpse (흘끗보다), peek(몰래보다)
glare	[glέər] 명 ① 번쩍이는 빛, 눈부신 빛 ② 강렬함 ③ 번지르르 빛나는 표면 ④ 쏘아봄 타 증오 등을 날카로운 눈초리로 나타내다. 동 flash(섬광) 자 ① 노려보다, 부릅뜨다. ② 번쩍번쩍 눈부시게 빛나다. 동 glitter(반짝이다, 번쩍번쩍하다)
glary	[glέəri] 형 ① 휘황한, 눈부신, 번쩍번쩍 빛나는 ② 매끄러운
glass	[glǽs] 타 유리를 끼우다. 명 유리, 유리잔[그릇], 유리제품
glassy	[glǽsi] 형 ① 표정이 흐릿한, 생기 없는, 무표정한 ② 흐리멍텅한, 멍청한 ③ 수면이 거울처럼 잔잔한
glide	[gláid] 자 ① 미끄러지다, 활주하다. ② 얼음 위를 지치다. 동 slide(미끄러지다)
glider	[gláidər] 명 ① 항공기, 글라이더 ② 글라이더 조종사
globe	[glóub] 명 지구의, 천체의, 구, 공, 구체 the globe(지구) 동 sphere(구형)
glorify	[glɔ́:rəfài] 타 신 등을[신의 영광을] 찬미하다, 찬송하다. 영 영광스럽게 하다.
glorious	[glɔ́:riəs] 형 (구어)① 통쾌한, 유쾌한, 즐거운 ② 멋진, 놀라운 ③ 영광스러운, 명예로운 동 lightful(유쾌한)
glory	[glɔ́:ri] 명 영광, 명예, 칭찬, 영화, 전성, 성공의 절정 the glory 장관, 눈부시게 아름다움, 복수로 이름을 높이는 것

	재 ① 기뻐하다. ② 자랑으로 여기다. 통 honor(명예)
glove	[ɡlʌ́v] 명 장갑 : a pair of gloves 장갑 한 켤레
glow	[ɡlóu] 명 백열, 백열광, 불꽃없이 타는 빛 통 gleam(빛)
glutinous	[ɡlúːtənəs] 형 끈적끈적한, 점착성의
go	[ɡóu] ① 재 가다. ② 다니다. ③ (구어)의식을 잃다. ④ 아픔·기능이 사라지다. ⑤ 기계 등이 작동하다. ⑥ 포성 등이 울리다. ⑦ 행동을 개시하다. ⑧ 신경쓰다. ⑨ 일이 진척되다. ⑩ 해당하다. ⑪ 팔리다. ⑫ 상 등이 주어지다. ⑬ 호소하다. ⑭ 착수(시작)하다. ⑮ 형용사보어와 어떤 상태로 되다. ⑯ 어떤 상태를 계속하다. ⑰ …이라고 되어 있다. ⑱ 싸이즈 등이 알맞다, 잘 어울리다. ⑲ (구어)화장실에 가다. 타 ① 돈을 지불하다. ② 걸다. ③ 견디다, 참다. ④ 생산하다. ⑤ 시계가 시간을 알리다.
goal	[ɡóul] 명 ① 축구 따위의 득점 ② 목표, 목적 ③ 결승선[점] 통 aim(목적)
goat	[ɡóut] 명 염소
god	[ɡád] 명 God로 ① 하느님, 천주, 조물주 ② 신격화된 사람 ③ 숭배의 대상
goddess	[ɡádis] 명 여신
gold	[ɡóuld] 명 금 형 금의, 금으로 만든
golden	[ɡóuldən] 형 ① 금으로 만든 ② 금빛깔의 ③ 귀중한 ④ 훌륭한, 번영하는
goldfish	[ɡóuldfiʃ] 명 금붕어
gone	[ɡɔ́ːn] 형 (구어)① 임신한 ② 우울한 ③ 기가 죽은 ④ 기력이 없는 ⑤ 이성에게 홀딱반한 ⑥ 정신이 팔린

good	[gúd] 휑 ① 성적이 우위 ② 착한 ③ 고급의 ④ 품질이 괜찮은 ⑤ 기분 좋은 ⑥ 친절한 ⑦ 맛있는 ⑧ 덕이 있는 ⑨ 썩지 않은 ⑩ 유익한 ⑪ 알맞은 ⑫자격이 있는 ⑬ 잘하는 ⑭ 바람직한 튄 잘, 훌륭히 캽 찬성입니다, 좋습니다, 좋아 뺸 bad(나쁜, 악) 뼹 덕, 미덕, 선, 좋은 일, 바람직한 일 뙹 agreeable(기분 좋은)
good-bye, good-by	[gùdbái] 캽 안녕히 가십시오, 안녕히 계십시오 뼹 작별인사 (… s)복수로도 작별 인사 뙹 so long(안녕)
good cheer	① 명랑한 기분 ② 진수성찬 ③ 즐거운 잔치 : be of good cheer 기분이 좋다.
goods	[gúdz] 뼹 ① 옷감, 피륙, 천 ② 상품 ③ 동산 ④ 가재도구, 세간 ⑤ 철도화물 ⑥ the goods(속어)사람, 여자, 안성맞춤인 물건[사람]
goodwill	[gúdwil] 뼹 ① 친선 ② 호의 ③ 신용고객
goody	[gúdi] 뼹 ① 복수로(구어)맛있는 것 ② 하층계급의 아주머니 ③ 선인 ④ 정의의 사자 휑 선량한 체 하는 캽 (유아들의 말로)근사하다!
goose	[gú:s] 뼹 거위, 기러기, 복수는 geese [gí:s] 뙹 wild goose(기러기)
gossip	[gásəp] 짜 ① 신문의 만필 기사를 쓰다. ② 잡담하다. ③ 남일을 지껄이다. 뼹 ① 한담 ② 남의 험담 ③ 수다장이, 떠벌이 뙹 prate(시시한 이야기)
got	[gát] get 의 과거 · 과거분사 have 를 구어에서는 have got(가지고 있다) : have to = have got to …해야만 한다.
gown	[gáun] 뼹 ① 파리의 정장 드레스 ② 여성의 실내용 긴 겉

옷 ② 법복, 법의(긴 옷) : the gown 판사, 변호사, 성직자 동 dress(옷), robe(길고 품이 큰 긴 옷)

grab [græb] 타 ① 기회 등 놓치지 않고 잡다. ② 붙잡다. ③ 웅켜잡다. ③ 잡아채다. 자 ① 붙잡으려 손을 뻗치다. ② 덮치다. 동 grasp(잡다)

grace [gréis] 명 (복수로) ① 미덕, 장점 ② 매력, 애교 ③ 우아, 고상함 타 ① 아름답게 꾸미다. ② 명예나 영광을 주다.

graceful [gréisfəl] 형 ① 우아한, 품위 있는 ② 깨끗한, 솔직한 동 elegance(우아함) : a graceful reply[apology] 적절한 응답, 솔직한 사과

graceless [gréislis] 형 하느님에게 버림받은, 품위 없는, 버릇 없는, 타락한, 구제불능인

gracious [gréiʃəs] 형 ① 아랫사람들에게 잘하는 ② 상냥한 ③ 정중한, 공손한 동 kind

grade [gréid] 명 학년, 평점, 등급

gradually [grædʒuəli] 부 차차로, 점차

graduate [grædʒuit, grædʒueit] 명 대학졸업생, 학교의 졸업생, 졸업하다.

graduation [grædʒuéiʃən] 명 졸업, 졸업식

grain [gréin] 곡식, 곡물, 낱알

gram [græm] 명 그램

grammar [græmər] 명 문법

grandchild [grændtʃàild] 손자, 손녀

granddaughter [grændɔ̀ːtər] 명 손녀

grandfather [grændfàːðər] 할아버지

grandma [grǽndmàː] 몡 할머니

grandmother [grǽndmʌ̀ðər] 몡 할머니

grandmotherly [grǽndmʌ̀ðərli] 휑 ① 지나치게 돌보는 ② 친절한

grandpa [grǽndpɑ̀ː] 몡 (소아어로)할아버지

grandparent [grǽndpɛ̀ərənt] 몡 조부, 조모

grandson [grǽndsʌ̀n] 몡 손자

grant [grǽnt] 티 ① 수여하다. ② 들어주다. ③ 시인하다. 몡 하사금, 보조금, 장학금 됭 give 뺀 deny(주지 않다)

grape [gréip] 몡 포도, 포도나무

graph [grǽf] 몡 그래프, 도표, 도식

grapple [grǽpl] 티 쥐고 놓지 않다. 짜 맞붙어 싸우다.

grasp [grǽsp] 티 ① 움켜잡다. ② 끌어안다. ③ 파악하다, 이해하다. 짜 단단히 쥐다.

grass [grǽs] 몡 ① 풀, 풀밭, 초원 ② 잔디 티 잔디밭으로 만들다. 짜 풀이 나다, 풀을 뜯다.

grasshopper [grǽshɑ̀pər] 몡 베짱이, 메뚜기, 여치 휑 한 가지 일에 집중되지 않는, 산만한

grateful [gréitfəl] 휑 감사히 여기는, 감사를 표하는

grating [gréitiŋ] 휑 ① 삐걱삐걱 소리내는 ② 귀에 거슬리는 ③ 신경이 쓰이는

grave [gréiv] 몡 묘석, 무덤 휑 ① 문제 등이 중요한 ② 심상치 않은 ③ 위험이 따르는 티 새기다, 명심하다. 됭 sober(진지한) 뺀 happy(행복한)

gravel [grǽvəl] 몡 자갈, 요결석 티 자갈을 깔다 (구어)짜증나게 하다. 휑 귀에 거슬리는

gravity	[grǽvəti] 몡 ① 끌림, 인력, 중력, 지구인력 ② 중죄 툉 importance(중요함)
gray	[gréi] 짜 회색이 되다, 백발이 되다. 몡 회색, 땅거미, 어스름 휑 회색의
graze	[gréiz] 타 방목하다, 생풀을 먹다. 짜 풀을 뜯어 먹다. 몡 방목 타짜 살짝 스치다, 살짝 스치며 지나가다. 몡 찰과상, TV 채널 등 자주 바꾸며 보다.
great	[gréit] 휑 ① 대단한, 위대한, 굉장한, 멋진 툉 large(큰) 뽠 small(작은)
greedy	[gríːdi] 휑 욕심이 많은 툉 covetous(탐욕의) 뽠 unselfish (이기적이 아닌)
Greek	[gríːk] 몡 ① 그리스어 ② 그리스 사람 휑 그리스(사람)의
green	[gríːn] 휑 녹색의, 익지 않은, 설은 몡 야채, 푸성귀, 풀밭
grief	[gríːf] 몡 슬픔, 비탄 툉 sorrow(슬픔) 뽠 joy(즐거움)
grocer	[gróusər] 몡 식료품 상인
grocery	[gróusəri] 몡 식료품 가게 (복수로)식료잡화류
ground	[gráund] 몡 ① 땅, 토양 ② 특수 목적을 위해 정한 장소, 용지 …장, 마당 ③ 운동장 툉 earth(땅), soil(흙)
group	[grúːp] 몡 집단, 무리, 모임 툉 gathering(집회)
grove	[gróuv] 몡 작은 숲
grow	[gróu] 타 ① …을 재배하다. ② 수염 등을 기르다. 짜 성장하다 툉 enlarge(크게하다) 뽠 shrink(움추리다)
grower	[gróuər] 몡 재배자
grown-up	[gróunʌ̀p] 몡(구어)성인, 어른 휑 성숙한, 어른이 된, 성인용의

grumble	[grʌ́mbl] 짜 ① 투덜거리다, 불평하다. ② 천둥이 울리다, 으르렁 거리다. 통 complain : grumble out 불평하는 투로 말하다.
guard	[gɑ́:rd] 명 ① 수위 ② 근위병 ③ 감시, 경계, 감시인 통 protect(방어하다) 반 neglect(방치하다) 타짜 지키다, 경계하다.
guess	[gés] 명 짐작, 추측 타짜 ① 짐작하다, 추측하다. ② 알아맞히다. (구어)…라고생각하다[여기다] 통 suppose(가정하다) 반 know(알고 있다)
guest	[gést] 명 ① 초대받은 내빈, 손님 ② 숙박인 ③ 특별 출연자 통 visitor(손님) 반 host(주인)
guide	[gáid] 명 안내자, 길잡이, 가이드 통 lead(인도하다) 반 follow(따르다) 타 ① 사람을 안내하다. ② 다스리다. ③ 지도하다. ④ 조언하다.
guitar	[gitɑ́:r] 기타(악기)
gulf	[gʌ́lf] 명 ① 만 ② 깊은 금[틈] 통 chasm(갈라진 틈), ravine(협곡)
gum	[gʌ́m] 명 ① 껌 ② 나무진, 수지 ③ 고무질
gun	[gʌ́n] 명 총, 권총
gym	[dʒím] 명 체육관, 도장
gymnasium	[dʒimnéiziəm] 명 체육관
Gypsy	[dʒípsi] 명 집시 (인도출신 방랑민족 머리가 검고 피부는 거므스레하며 점쟁이, 음악사 등을 직업으로하며 유럽 각지에 흩어져 살고 있음)

Hh

ha, hah	[háː] 캡 하하(웃음), 하아(불만, 기쁨, 놀람, 슬픔)
habit	[hǽbit] 명 습관, 버릇, 사회적 관습, 체질 동 practice(버릇, 습관)
habit-forming	[hǽbitfɔ̀ːrmiŋ] 형 습관이 되는, 습관성인
hacker	[hǽkər] 명 컴퓨터 침해자 (속어)컴퓨터 광, 전문가
hair	[hέər] 명 머리털, 체모, 사람·곤충 등의 털 : a hair 머리카락, 털한올
haircurling	[hέərkə̀ːrliŋ] 형 등골이 오싹하는
haircut	[hέərkʌ̀t] 명 이발
half-blood	[hǽfblʌ̀d] 명 혼혈아
half-breed	[hǽfbrìːd] (동·식물의)잡종
halfway	[hǽfwèi] 부 중도에 가서, 중도에서 : meet 사람 halfway 타협하다. halfway house 타협 방법
hall	[hɔ́ːl] 명 회관, 본부, 넓은 공간(방) 강당, 부속회관, 현관의 넓은 방, 대학의 기숙사, 강연회용의 집합장 동 hallway (복도)
halve	[hǽv, háːv] 타 ① 반감하다. ② 이등분하다.
halves	[hǽvz] 명 half의 복수, 반쪽들
ham	[hǽm] 명 ① 햄 ② 햄 샌드위치 (구어)풋내기, 서툰 선수, 아마추어 운동 선수
hamburger	[hǽmbə̀ːrgər] 명 ① 햄버거 ② 다진고기 ③ 얼간이 (속어)부랑자

hand	[hǽnd] 몡 ① 척추동물의 앞발 ② 일손 ③ 시계바늘 ④ 손 ⑤ 쪽 : a hand ① 원조의 손길 ② 방식, 수단 ③ 영향, 관여 ④ 필적 통 helper(조력자)
handful	[hǽndfùl] 몡 한줌, 한웅큼, 한웅큼의 양
handheld	[hǽndhèld] 혱 포켓용의, 손바닥 크기의 몡 손바닥 크기의 P.C.
handkerchief	[hǽndkərtʃif] 몡 손수건, 목도리는 neckerchief
handshake	[hǽndʃèik] 몡 악수
handspring	[hǽndsprìŋ] 몡 땅 짚고 재주 넘기 : turn handspring 재주 넘다.
hang	[hǽŋ] 타 ① …을 걸다, 달아매다. ② …을 교수형에 처하다. 재 ① 늘어지다. 통 dangle(매달리다) ② 매달리다. ③ 몸을 내밀다. ④ 교살당하다, (be hanged) ⑤ 우물쭈물하다. ⑥ 서성거리다.
hanger	[hǽŋər] 몡 ① 버스 등의 가죽끈 손잡이 ② 걸이
happen	[hǽpən] 재 ① 일어나다, 생기다. ② 우연히 …하다. 통 take place(발생하다)
happeining	[hǽpniŋ] 몡 우발사건, 우연히 일어난 일
happy	[hǽpi] 혱 ① 행복한 ② 만족한 ③ 경사스러운 ④ 행복을 낳는 : (구어)얼큰하게 취한 (복합어로)좋아하는, 열중한, 마구 …하고 싶어하는, 넋을 잃은, 홀린 통 pleased(기쁜) 맨 sorrowful(슬퍼하는)
happy pill	(구어)진정제, 정신안정제 통 tranquilizer(진정제)
harbor	[háːrbər] 몡 항구, 상선 등의 항구(port)
hard	[háːrd] 혱 ① 단단한 ② 어려운 ③ 부지런한 뿐 열심히,

몹시 图 solid(단단한) 凹 soft(부드러운)

hardly [háːrdli] 튀 거의 …않다. 图 scarcely(거의 …않다), barely(간신히 …하다)

hare [héər] 圄 산토끼

harm [háːrm] 圄 해, 손해, 해약, 손상 国 ① 사람 등을 해치다. ② 훼손하다. 图 hurt(손해)

harmful [háːrməl] 혱 해로운, 해가 되는 图 hurtful(해로운) 凹 beneficial(이로운, 은혜로운)

harmonica [haːrmánikə] 圄 하모니카

harmony [háːrməni] 圄 조화, 일치, 융화, 화합 图 accord(일치) 凹 discordance(부조화)

hatch [hætʃ] 国 부화하다. 闲 알이 깨다. 图 brood(알을 품다), breed(낳다)

hate [héit] 国 ① …을 몹시 싫어하다. ② …을 미워하다. 图 loathe(몹시 싫어하다) 凹 like

have [hæv] 과거·과거분사는 had 3인칭단수 현재는 has : ① …을 가지고 있다. ② 먹다, 마시다. ③ 동물을 기르고 있다. ④ 특징을 가지고 있다. ⑤ 경험하다. ⑥ 감정·생각 등을 품고 있다. ⑦ 하게 하다[시키다] ⑧ 병에 걸려 있다. (을) 앓다. ⑨ 얻다. ⑩ 받다. ⑪ (구어)…을 하다. 图 hold(가지고 있다) ⑫ have to[has to]로 have got to 의 뜻을 나타낸다(…해야만 한다). ⑬ have + 과거분사의 꼴로 현재완료의 뜻이 된다(완료·계속·경험·결과).

hawk [hɔːk] 圄 매 闲 ① 잡을 것을 덮치다. ② 매 사냥을 하다. ③ 소리치며 팔다.

hay　　　[héi] 명 건초, 꼴 타 ① 건초를[꼴을] 주다. ② …을 건초로 만들다.

haze　　　[héiz] 명 아지랭이, 안개, 연무 (a haze 의식의 몽롱) 자 흐릿해지다.

head　　　[héd] 명 ① 머리 ② 돈의 겉쪽 ③ 수원 ④ 거품 ⑤ 두뇌, 이성 (구어)숙취, 두통 동 leader(지도자)

headache　　　[hédeik] 명 두통 (구어)걱정거리, 골칫거리

headphone　　　[hédfoun] 명 수화기, 수신기

heal　　　[híːl] 타자 (병·상처·아픔·고장)을 고치다, 낫다, 아물다, 치료되다. 동 cure(고치다)

heal-all　　　[híːlɔ̀ːl] 명 만병통치약 동 cure-all

healthful　　　[hélθfəl] 형 ① 건강에 유익한 ② 위생적인 : a healthful diet 건강에 좋은 식사

healthy　　　[hélθi] ① 건강한, 건강에 좋은 ② 위생적인

heap　　　[híːp] 명 쌓아올린 무더기, 더미 동 pile(퇴적), stack(더미) 타 쌓아올리다, 부를 쌓다. 자 쌓여 산더미 처럼 되다.

hear　　　[híər] 타 듣다 자 ① 들리다, 듣다. ② 소식을 듣다. ③ 야단맞다, hear about 관해서 듣다. 동 listen(듣다) : hear from 에서 소식을 듣다, 야단맞다, 꾸지람 듣다, 편지를 받다. hear of 의 소문을 듣다, 관해서 듣다.

hearing　　　[híəriŋ] 명 ① 청각, 청력 ② 듣기, 청취(력), 청문회, 심리

heart　　　[háːrt] 명 ① 심장, 마음, 감정, 심정, 기분 ② 애정 ③ 본심 동 center(중심)

hearty　　　[háːrti] 형 ① 원기왕성한 ② 열열한 ③ 강력한 ④ 마음에서 우러난 ⑤ 마음이 따뜻한 ⑥ 정성(애정)어린

heat [híːt] 国 가열하다, 뜨겁게 하다. 困 흥분하다, 따듯해지다. 圄 warmth(열)

heavy [hévi] 阌 ① 무거운, 묵직한 ② 일 등이 힘이 드는 ③ 엄격한, 힘겨운 圄 weighty(무거운) 凮 light(가벼운)

hedge [hédʒ] 阎 ① 산울타리 ② 방지책 ③ 경계, 장벽

height [háit] 阎 높이, 고도 圄 altitude(높이) 凮 depth(깊이)

heighten [háitn] 国 높이다, 가치 등을 증가시키다

hell [hél] 阎 ① 지옥 ② 아수라장, 생지옥, 생지옥 같은 곳
be hell on (구어)몹시 괴롭다, 괴롭히다, 엄하게 대하다

hello [helóu] (인사로)야아!이거! (전화로)여보세요 圄 hi!(안녕하세요) 凮 good-by : hell's angel (복수로)오토바이 폭주족

help [hélp] 国 도와주다. 困 도움이 되다, 돕다, 거들다, 힘이 되다, 보탬이 되다. 圄 aid(돕다)

helper [hélpər] 阎 조력자, 위안자, 후원자 圄 assistant(조수), aide(조력자, 부관, 대통령 보좌관)

helpful [hélpfəl] 阌 도움이 되는, 요긴한 圄 profitable(유익한) 凮 useless(쓸모없는)

helpless [hélplis] 阌 속수무책인, 의지할 곳 없는, 도움이 없는 圄 dependent(남에게 의지한)

helplessly [hélplisli] 凬 속수무책으로, 의지할 곳 없이

hen [hén] 阎 암탉 (수탉은)cock

herb [həːrb] 阎 약용 식물, 풀잎 (속어)마리화나, 대마초

herd [həːrd] 阎 짐승의 떼 困 무리를 지어가다. 圄 flock(떼, 무리), drove(가축의 떼) : a herd of cattle 소떼

here	[híər] 🔤 여기에, 여기에서, 이곳에[서]
hereafter	[hìərǽftər] 🔤 앞으로는, 차후에, 장차, 지금부터는
hero	[híərou] 🔤 영웅, 이상적인 인물, 소설 등의 주인공 🔤 champion(챔피온)
heroine	[hérouin] 🔤 여장부, 여걸, 여주인공
hesitate	[hézətèit] 🔤 머뭇거리며 말하다. 🔤 주저하다, 망설이다. 🔤 pause(망설이다) 🔤 proceed(속행하다)
hi	[hái] 🔤 야아!, 안녕!, 안녕하세요.
hibernate	[háibərnèit] 🔤 동면하다, 사람이 칩거하다.
hide	[háid] 🔤 숨기다, 덮어가리다, 비밀로 하다. 🔤 숨다, 잠복하다. 🔤 conceal(숨기다) 🔤 show(보이다)
hideaway	[háidəwèi] 🔤 잠복처, 은신처, 숨는 곳 🔤 눈에 안 띄는
high	[hái] 🔤 높은, 고지의 고공의, 비싼, 고도의, 고매한, 고상한 🔤 lofty(높은) 🔤 low(낮은)
higher-up	[háiərʌ̀p] 🔤(구어)(복수로)① 상관, 윗분, 상사, 상부, 높은 사람
higway	[háiwèi] 🔤 ① 연구 등의 정도 ② 평탄한 길 ③ 간선도로, 공포 🔤 speedway(고속도로)
hike	[háik] 🔤 ① 바지 등 치켜올리다. ② 집세 등 올리다. 🔤 ① 도보여행하다. ② 밀려올라가다.
hiking	[háikiŋ] 🔤 도보여행, 하이킹
hilarious	[hilέəriəs] 🔤 통쾌한, 신나게 노는[격투하는] , 유쾌한
hill	[híl] 🔤 ① 낮은 산, 작은 산 ② 언덕 ③ 고개, 고갯길
hint	[hínt] 🔤 ① 암시, 귀띔, 조언 ② 요령 a hint of 미량의 a hint of spring 봄기운 🔤 suggestion(암시)

hip	[híp] 몡 엉덩이 (복수로)히프치수 톙 ① 옷이 허리를 덮는 ② 허리의 (속어)① 세상물정에 밝은 ② 앞서가는[있는]
historied	[hístərid] 톙 유서깊은, 역사적으로 유명한
history	[hístəri] 몡 ① 역사책, 역사 ② 연혁 ③ 경력, 과거의 일 똥 chronicle(역사)
hit	[hít] 囘 ① 때리다, 치다. ② 엄습하다. ③ 상점 등을 습격하다. 똥 strike(치다) ④ …에 명중시키다. ⑤ 생각이 번뜩 떠오르다. ⑥ …에게 인상을 주다. ⑦ 브레이크를 걸다. 邟 ① 부딪다, 충돌하다. ② 맞다, 명중하다. Don't hit the brake. 급브레이크를 걸지마라. An idea hit me. 좋은 생각이 떠올랐다. How did, I hit you? 나를 보고 어떤 인상을 받았나?
hive	[háiv] 몡 ① 꿀벌통 ② 행동의 중심지 ③ 벌떼처럼 와글와글 하는 군중
hobble	[hábl] 邟 절뚝거리며 걷다.
hobby	[hábi] 몡 ① 취미, 도락 ② 장기 똥 pastime(취미) 뽠 profession(직업)
hockey	[háki] 몡 하키 톙 하키용의
hold	[hóuld] 囘 ① …을 손에 들다, 붙들다, 잡다, 쥐다. 똥 grasp(쥐다) ② 어떤 상태로 하다. ③ 모임 등을 열다, 개최되다.
hole	[hóul] 몡 구멍 囘 …에 구멍을 뚫다. 邟 구멍을 파다. 똥 opening(구멍)
holiday	[hálədèi] 몡 휴일, 공휴일, 축제일 (英)휴가 (美)vacation

holidaymaker [hálədèimèikər] 명 (英)휴일을 즐기는 사람, 행락객

hollow [hálou] 형 ① 속이 텅 빈 ② 오목한, 움푹 들어간 ③ 말뿐인 동 vacant(빈)

holus-bolus [hóuləsbóuləs] 부 (구어) ① 단숨에, 순식간에 ② 한꺼번에 ③ 송두리째 ④ 꿀꺽 ⑤ 통째로

holy [hóuli] 형 신께 바치는, 성스러운, 신성한, 경건한, 독실한 동 sacred(신성한) 반 profane(세속적인)

home [hóum] 명 ① 고향 ② 본국, 모국 ③ 안식처 ④ 요양소 ⑤ 집, 가정, 자기의 집 동 family(가족)

homemaker [hóummèikər] 명 주부 동 housewife(주부) 〈참고〉 housewifely(알뜰한)

homer [hóumər] 자 홈런을 치다. 명 본루타, 홈런

homesick [hóumsik] 형 고향을 그리워하는 향수의 동 nostalgic(향수의) : home screen (구어)텔레비전

homework [hóumwəːrk] 명 숙제

honcho [hántʃou] 명 ① 책임자 ② 유력자 ③ 거물, 지도자

honest [ánist] 형 정직한, 성실한 동 trustworthy(믿을 수 있는) 반 dishonest(부정직한)

honesty [ánisti] 명 정직 동 integrity(청렴) 반 dishonesty(부정직)

honestly [ánistli] 부 ① 정직하게 ② 정당하게 ③ 성실하게 ④ 솔직히 말해서

honey [háni] 명 ① 벌꿀 (호칭으로 쓰여)여보, 당신, 귀여운사람 (구어)멋진 것[사람], 최고급품, 훌륭한 것

honor [ánər] 명 ① 우등 ② 여성의 정절 ③ 명예, 명예가 되는 사람[것] 동 respect(존경하다) 반 dishonor(불명예)

honorale	[ánərəbl] 혱 명예로운, 존경할 만한 용 noble(고귀한) 반 shameful(수치의)
hoot	[húːt] 몡 ① 뚜뚜, 빵빵 ② 야유하는 소리 ③ 부엉부엉(우는 소리) 타재 우우하고 야유하다, 기적을 울려 알리다, 부엉부엉 울다.
hop	[háp] 타 ① 뛰어넘다. ② 날아 넘다. 재 깡충 뛰다, 뛰어 다니다. : hop in (구어)차에 올라타다. 용 leap(뛰다), jump(뛰다)
hope	[hóup] 타 …하고 싶다, 바라다. 재 희망을 가지다. 몡 희망 용 desire(열망) 반 despair(절망)
hopeful	[hóupfəl] 혱 ① 희맹[기대]에 부푼, 희망에 찬 ② 장래가 촉망되는, 유망한 ③ 희망적인 용 optimistic(낙관적인) 반 hopeless(낙망의)
hopefully	[hóupfəli] 뭐 (구어)① 아마 ② 잘만 되면 ③ 바라건데
hopeless	[hóuplis] 혱 ① 역량이 부족한 ② 절망적인, 희망을 잃은 ③ 불치의 ④ 해볼 도리가 없는
horizon	[həráizn] 몡 수평선, 지평선
horn	[hóːrn] 타 뿔로 받다. 몡 ① 뿔 ② 촉각 ③ 자동차의 경적 ④ 호른 관악기
horse	[hóːrs] 몡 1. 말 2. 목마 재 말타다, 말타고 가다. 타 …에 말을 공급하다. work like a horse 힘차게 일하다. ride horseback 말타다. on horseback 말타고
horse racing	경마
hospitable	[háspitəbəl] 혱 ① 쾌적한 ② 극진한 ③ 손님 접대를 잘하

는, 대접이 좋은

hospital [háspitl] 뗑 ① 병원 ② 자선 시설 3. 공립 학교 4. 수리소, 가축병원 동 clinic(진료소)

host [hóust] 뗑 손님을 접대하는 주인(노릇) 타 주인으로 접대하다.

hostess [hóustis] 뗑 손님을 접대하는 여주인(역) 타 여주인으로 접대하다.

hot [hát] 타 식은 것을 데우다. 자 더워지다. 동 boiling(뜨거운, 끓는) 반 cold(찬) 형 ① 뜨거운 ② 몸에 열이 있는 ③ 매운 ④ 흥분한 (속어)성적으로 흥분한 ⑤ 훔친 ⑥ 활기찬

hot dog [hátdɔ̀ːɡ] 뗑 핫도그, 묘기를 과시하는 사람 캄(구어)굉장하다! 그래 찬성이다! 좋다!

hotel [houtél] 뗑 호텔, 여관 동 inn(여인숙) motel(모텔) : hotel it 호텔에 묵다.

hound [háund] 뗑 사냥개 타 ① 집요하게 괴롭히다. ② 선동하다. (on)동 harass [hərǽs] (괴롭히다)

hour [áuər] 뗑 ① 한 시간 ② 정시 : by the hour 시간제로

hour-long [áuərlɔ̀ːŋ] 형 한 시간 계속 되는 부 한 시간 동안에

house [háus] 뗑 ① 집 ② 가축의 우리 ③ 가게, 혈통 동 building (건물)

houseclean [háusklìːn] 타자 ① 집안을 대청소하다. ② 회사 등의 인원을 정리하다.

how-d'ye-do [háudjidúː] 뗑 (구어)인사

however [hàuévər] 부 아무리 …지라도, 아무리 …도

howl	[hául] 탄 악쓰다. 자 ① 이리 등이 긴소리로 짖다. ② 사람이 아우성치다. ③ 바람소리가 윙윙거리다. ④ 호탕하게 웃다. 동 wail(울부짖다)
hug	[hʌɡ] 탄 ① 애정을 가지고 꼭 안다. ② 몸에 딱 붙다. 자 ① 바싹 다가가 붙다, 달라붙다. ② 꼭 껴안다. 동 embrace (포옹하다)
human	[hjúːmən] 형 인간의, 인간적인, 인간다운 : human being 《구어》인간, 사람
humanism	[hjúːmənìzm] 명 인도(인본)주의, 인간주의, 인간성 동 humanity(인간성)
humor, humour	[hjúːmər] 명 ① 유머, 유머 감각 ② 일시적 기분 동 joking (농담)
humorous	[hjúːmərəs] 형 익살스러운, 재미있는, 우스운 동 funny (우스운) 반 serious(진지한)
humorless	[hjúːmərlis] 형 재미 없는, 멋없는, 유머가 없는
hunch	[hʌntʃ] 명 《구어》① 예감, 직감, 육감 ② 군살 ③ 혹
hundred	[hʌ́ndrəd] 명 100, 100개, 100명 형 100의 : hundreds of … 수백의, 수많은
hunger	[hʌ́ŋɡər] 명 굶주림, 갈망 자 시장기가 들다, 굶주리다.
hunger strike	단식 투쟁
hunger-strike	[hʌ́ŋɡərstràik] 자 단식 투쟁을 하다. (= go on a hunger strike)
hungry	[hʌ́ŋɡri] 형 ① 배고픈, 시장한 ② 기근이 든 동 starved(굶주린) 반 full(배부른)
hunt	[hʌnt] 타자 ① 사냥하다. ② 찾아 돌아다니다. ③ 추적하

다. ④ 찾다, 뒤지다. 몡 사냥 툉 chase(추적하다)
have a hunt 사냥하다.

hunting [hʌ́ntiŋ] 몡 총렵, 사냥 혱 수렵용의

hurdle [hə́:rdl] 몡 허들, 장애물 틔 장애물을 뛰어넘다, 극복하다.
툉 overcome

hurdle race 장애물 경주

hurrah [hərá:] 캅 만세 쟈 만세를 부르다, 소리쳐서 격려하다.

hurricane [hə́:rəkèin] 몡 폭풍, 허리케인 : a hurricane of applause
우레와 같은 박수 갈채

hurry [hə́:ri] 쟈 서둘러가다, 서두르다. 틔 …에 급히 보
내다. 몡 허둥지둥 툉 rush(돌진하다) 퇜 tarry(늑장부리
다) : in a hurry 허둥지둥, 급히

hurt [hə́:rt] 틔 다치게하다, 상처내다.쟈 아프다. 몡 상처, 고통
툉 damage(손해를 입히다)

hussy [hʌ́zi,hʌ́si] 몡 말괄량이, 왈패

hut [hʌ́t] 몡 ① 오막막, 오막살이집 ② 군대의 임시막사, 군진
영을 치다. 툉 cabin(오두막)

hymn [hím] 몡 찬송가 쟈 찬송가를 부르다.

hyphen [háifən] 몡 하이픈, 연자 부호

hyphenate [háifənèit] 틔 하이픈으로 잇다.

hysterical [histérikəl] 혱 히스테리의(구어)매우 우스꽝스러운, 이
성을 잃은, 병적으로 흥분한, 감정적으로 된

ice	[áis] 몡 얼음 휑 얼음으로 만든 탄 얼음으로 차게하다. 잰 얼다.
iceberg	[áisbə:rg] 몡 ① 빙산 ② (구어)냉담한 [차가운]사람
icebox	[áisbɑ̀ks] 몡 ① 전기냉장고 ② 냉동실 ③ 얼음상자
ice-free	[áisfrí:] 휑 부동의, 얼지 않은 :an ice-free port 부동항
ice skate	[áisskèit] 몡 (복수로)스케이트 구두(날) ice-skate 스케이트를 타다.
icy	[áisi] 휑 ① 얼음같은, 몹시 차가운 ② 냉담한, 쌀쌀한
idea	[aidí:ə] 몡 ① 착상, 고안, 생각 ② 의견, 관념 ③ 사상 툉 thought(생각)
ideal	[aidí:əl] 몡 이상, 완전무결 휑 비현실적인, 이상적인 툉 model(모범)
idiom	[ídiəm] 몡 ① 관용구, 숙어 ② 한 언어의 특징, 방언
idiot	[ídiət] 몡 바보, 천치, 얼간이
idle	[áidl] 탄잰 게으름 피우고 있다, 놀며 시간을 보내다, 나태한, 쓸데없는, 근거없는 툉 lazy(게으른) 탠 active(활동하고 있는)
idly	[áidli] 톤 ① 게으르게 ② 멍하니 ③ 목적 없이
idol	[áidəl] 몡 우상, 숭배의 대상
if	[if] 젭 ① 만일 …면, 만일 …한다면 ② …인지 어떤지 even if 나 even though 로 비록 …라 하더라도 as if 마치 …인 것처럼

ignitionkey	[igníʃənkìː] 시동키
ignorant	[ígnərənt] 휑 무식한, 무례한 통 uneducated(교육받지 않은) 딴 educated(교육받은)
ignore	[ignɔ́ːr] 타 ① 무시하다, 묵살해 버리다. ② 상대하지 않고 가버리다. 통 overlook(무시…) 딴 notice(유의…)
ill	[il] 휑 ① 병든 ② 도덕적으로 나쁜 명 악 부 나쁘게 통 sick(병든) 딴 well(건강한)
ill will	반감, 앙심, 악의, 증오, 원한
ill-wisher	[ílwíʃər] 명 남이 망하기를 좋아하는 사람
image	[ímidʒ] 명 ① 상, 모습, 외형 ② 닮은 사람 타 마음에 그리다. 통 likeness(아주 닮은것)
imagine	[imǽdʒin] 타 가정하다, 상상하다. 자 생각하다. 통 conceive(상상하다)
imitate	[ímətèit] 타 본받다, 모방하다. 통 mimic(흉내내다), copy(복사하다)
imitation	[ìmətéiʃən] 명 ① 모조품, 모방, 모조, 위조품 ② 가짜
immediately	[imíːdiətli] 부 곧, 즉시로 접 하자마자 통 at once(바로)
impatient	[impéiʃənt] 휑 참을성 없는, 조급한 통 restless(참을성 없는)
impolite	[ìmpəláit] 휑 무례한 통 rude(무례한) 딴 polite(점잖은)
import	[impɔ́ːrt] 타 수입하다. (복수로)수입품
impotant	[impɔ́rtant] 휑 ① 중요한, 중대한 ② 의의있는 통 essential(본질적인) 딴 trivial(사소한)
imposing	[impóuziŋ] 휑 남의 눈을 끄는, 인상적인, 당당한, 훌륭한
impossible	[impásəbl] 휑 ① 무리한, 불가능한 ② 있을 수 없는 통

unworkable(실현성 없는)

impress [imprés] 타 …에게 깊은 인상을 주다, 감동시키다. 동 influence(영향을 미치다)

impression [impréʃən] 명 느낌, 감명, 인상 동 effect(영향)

impressive [imprésiv] 형 감동적인, 강한 인상을 주는

improper [imprápər] 형 부적당한, 부적절한 동 unsuitable(알맞지 않은) 반 proper(적당한)

improve [imprúːv] 타 개선하다, 향상시키다. 자 나아가다. 동 better(좋게하다) 반 impair(손상시키다)

impudent [ímpjudnt] 형 염치없는, 뻔뻔한 동 fresh(건방진) 반 courteous(예의바른)

impulse [ímpʌls] 형 충동적인 명 추진(력), 충격 동 whim(일시적 기분)

impulsion [impʌ́lʃən] 명 ① 자극 ② 순간적 동기 ③ 충동, 충격

impulsive [impʌ́lsiv] 형 **충동적인** 동 hasty(서두르는) 반 careful(주의하는)

impure [impjúər] 형 ① 불순물이 섞인 ② 동기가 불순한 ③ 물·공기 등이 더러운, 순수하지 않은

include [inklúːd] 타 포함하다, 끼우다. 동 contain(포함하다) 반 exclude(제외하다)

incomplete [ìnkəmplíːt] 형 ① 불완전한, 불충분한 ② 미비의, 미완성의

inconvenient [ìnkənvíːnjənt] 불편한, 동 inappropriate(부적당한) 반 convenient(편리한)

increase [inkríːs] 타자 증가시키다, 증가하다. 동 swell(부풀리다)

	반 decrease(줄이다)
incredible	[inkrédəbl] 형 ① 믿기지 않는 ② 놀라운 동 unbelievable (믿을 수 없는) 반 credible(믿을 수 있는)
independence	[indipéndəns] 명 독립, 자립정신, 자주 동 liberty(자유) 반 dependence(의존)
independent	[indipéndənt] 형 ① 독립한, 자활하는 ② 일하지 않고 지낼 수 있는 ③ 자영의 ④ 독자적인 ⑤ 독립심이 강한 ⑥ 남에게 의존하지 않는
India	[índiə] 명 인도공화국
Indian	[índiən] 명 인도사람, 인도어, 아메리카 인디안, 인디안 말
indirect	[indərékt] 형 ① 간접의 ② 이차적인 ③ 말을 빙 돌리는
indifference	[indífərəns] 명 중립, 무관심 반 concerned(관심이 있는)
indifferent	[indífərənt] 형 아무래도 좋은, 무관심한 동 unconcerned (무관심한)
indoor	[índɔːr] 형 옥내의, 실내의 반 outdoor(옥외의)
indoors	[indɔ́ːrz] 부 실내에서, 집안에서 반 outdoors(옥외에서)
industry	[índəstri] 명 ① 산업, 공업 ② 근면
infant	[ínfənt] 명 유아
influence	[ínfluəns] 명 영향 the … 영향을 미치는 사람 동 effect(영향), sway(세력)
inform	[infɔ́ːrm] 타 에게 알리다. 동 notify(알리다)
information	[infərméiʃən] 명 정보, 안내, 통지, 보도 동 facts(사실)
inhabitant	[inhǽbitənt] 명 거주자, 주민
inherit	[inhérit] 타자 ① 상속하다. ② 성질 등 물려받다. ② 유

전하다.

initial [iníʃəl] 혱 ① 처음의 ② 낱말 첫머리의 몡 머리글자 동 first(처음의) 반 last(끝의)

injure [índʒər] 탄 다치게 하다. 동 harm(해치다)

injury [índʒəri] 몡 상해, 위해, 손해 동 harm(손해), hurt(손상)

inkstand [íŋkstænd] 몡 잉크스탠드

innate [inéit] 혱 ① 선천적인, 타고난, 천부의 ② 본질적인

inning [íniŋ] 몡 《(야구의)회 : the first[second] half of the fifth inning 5 회초[말]

innocent [ínəsənt] 혱 ① 죄없는, 순진한 ② 사람좋은 ③ 때묻지 않은, 순결한 동 blameless(오점 없는) 반 guilty(죄를 범한)

insect [ínsekt] 몡 벌레, 곤충 혱 살충[방충]용의

inside [ínsáid] 몡 (the … 로)내부, 내막, 속마음, 본성 on the inside 마음속으로는, 남몰래

insolent [ínsələnt] 혱 무례한, 건방진, 오만한 동 rude(무례한) 반 polite(점잖은)

inspect [inspékt] 탄자 검사[점검]하다, 검열[시찰]하다. 동 investigate(조사하다)

instance [ínstəns] 몡 보기, 실례, 사례 동 example(예) : for instance 예를 들면, 이를테면

instant [ínstənt] 혱 즉석의, 즉석요리 용의 몡 즉시, 찰나 동 moment(순간)

instead [instéd] 변 그 대신에, 그보다도 instead of …대신에, …하지 않고

instructor [instrʌ́ktər] 몡 교사, 대학의 전임강사

instrument	[ínstrumənt] 몡 기계, 기구, 도구 ⑧ implement(도구) musical instruments 악기
insult	[insʌ́lt] 톄 모욕하다. 몡 모욕, 무례 ⑧ offend(감정을 상하게 하다) ⑮ praise(칭찬하다) : a personal insult 인신공격
isulting	[insʌ́ltiŋ] 혱 모욕적인, 무례한 ⑧ insolent(무례한)
intelligent	[intélidʒənt] 혱 이성적인, 지적인, 이해력이 있는, 총명한, 재치있는 ⑧ smart(영리한) ⑮ stupid(어리석은)
intend	[inténd] 톄 …할 작정이다, 고의로 하다, 의도하다. ⑧ mean(의도하다)
intensive	[inténsiv] 혱 집중적인, 철저한, 강한, 집약적인 ⑧ intense(강력한)
interest	[íntərəst] 톄 흥미를 일으키게 만들다, 관심을 갖게 하다. ⑧ concern(관심) 몡 이해 관계, 관심사, 중대성, 환심, 재미, 흥미 ⑮ apathy(반감)
interested	[íntərəstid] 혱 이해 관계가 있는, 흥미를 가진, 타산적인, 사심이 있는
interesting	[íntərəstiŋ] 혱 재미 있는 ⑧ engaging(마음을 끄는) ⑮ boring(지루한)
interfere	[intərfíər] 쟈 ① 방해하다. ② 이해 등이 충돌하다, 대립하다. ⑧ meddle(간섭하다)
iternational	[intərnǽʃənəl] 혱 국제간의, 국제적인, 국제상의
interpret	[intə́ːrprit] 톄쟈 통역하다, 해석하다. ⑧ explain(설명하다)
interpreter	[intə́ːrpritər] 몡 통역(자), 해석자

interrupt	[intərʌ́pt] 国 말을 도중에서 방해하다, 중단시키다. 困 ① 방해하다. ② 중단하다. 图 break in(끼어들다), intrude(훼방놓다)
interval	[íntərvəl] 명 ① 시간·장소의 간격, 거리 ② 음악의 음정 ③ 막간, 휴식시간 图 gap(사이)
interview	[íntərvjùː] 国困 ① 인터뷰하다. ② 기자가 방문하다. 명 면접
intimate	[íntəmət] 휑 ① 마음속으로부터의 ② 친밀한 ③ 충심의 图 close(밀접한) : one' s intimate 허물 없는 친구
intimidate	[intímədèit] 国 겁주다, 협박하다. 图 threaten(위협하다)
introduce	[ìntrədjúːs] 国 소개하다. 图 present(소개하다) introduce oneself 자기소개를 하다.
invade	[invéid] 国 ① 남의 나라를 쳐들어가다. ② 권리를 침해하다. 图 penetrate(침투하다)
invent	[invént] 国 ① 발명하다. ② 조작하다. 图 create(창조하다)
inventor, -venter	[invéntər] 명 발명자, 고안자
invitation	[ìnvitéiʃən] 명 초대, 초대장
invite	[inváit] 国 초대하다, 초청하다.
inviting	[inváitiŋ] 휑 ① 마음이 끌리는 ② 유혹적인, 마음이 동하는 图 tempting(유혹적인) ③ 좋아보이는 ④ 맛있어 보이는 ⑤ 괜찮아 보이는
iron	[áiərn] 명 ① 쇠 ② 다리미 国 다림질하다, 다려지다. 휑 흔들림이 없는, 쇠의
island	[áilənd] 명 섬 国 섬으로 만들다.

isle	[áil] (시어)섬, 작은섬
issue	[íʃuː] 圐 ① 발행물 ② 논쟁점, 문제점 圄 발행하다. 圄 publish(발행하다)
itch	[ítʃ] 圎 가렵다. 圐 ① 옴 ② 못견디는 욕망 : have an itch for [to 부정사] …하고 싶어 못견디다.
itself	[itsélf] 때 it 의 강조형, 그것 자체 by itself 그것만으로, 자연히 in itself 원래 for itself 단독으로 of itself 저절로
ivory	[áivəri] 圐 상아, 해마 등의 큰 앞니, (복수)상아로 만든 물건(당구공 등)
ivy	[áivi] 圐 담쟁이 덩쿨

J j

jab	[dʒæb] 타자 ① 권투에서 잽을 먹이다, 쥐어박다. ② 뾰족한 것으로 쿡 찌르다.
jack	[dʒæk] 명 자동차의 잭, 나사·수압잭 타 잭으로 들어 올리다.
jackal	[dʒǽkəl] 명 ① 자칼(야생개) ② 앞잡이 자 앞잡이 노릇하다.
jacket	[dʒǽkit] 명 상반신을 덮는 짧은 상의 타 후려갈기다. 동 thrash(마구 때리다)
jak-of-all-trades	[dʒǽkəvɔ́:ltrèidz] 명 팔방미인, 만물박사, 모르는 게 없는 사람
jack-o'-lantern	[dʒǽkəlæntərn] 명 ① 도깨비불 ② 호박초롱
jail	[dʒeil] 명 감옥, 구치소 타 수감하다. 동 prison(감옥), stockade(영창)
jailbait	[dʒéilbèit] 명 미성년 강간죄가 성립되는 어린 소녀
jailbird	[dʒéilbə̀:rd] 명(구어)① 죄수 ② 악한 ③ 전과자, 상습범
jam	[dʒæm] 명 ① 잼 ② 혼잡 (구어)곤란, 궁지 타 쑤셔넣다, …에게 잼을 바르다. 동 ram(쑤셔넣다), pack(채워넣다)
	get jammed (구어)곤경에 처하여
	traffic jam 교통 체증[정체]
	be jammed with …으로 붐비다.
	jammed up (구어)곤란에 처하여
January	[dʒǽnjuèri] 명 1월

Japan [dʒəpǽn] 명 일본

Japanese [dʒæ̀pəníːz] 형 일본의, 일본어의 일본인의 명 일본어, 일본인

jaywalk [dʒéiwɔ̀ːk] 명(구어)빨간불에 길을 횡단하다, 교통규칙을 위반하고 길을 건너가다.

jealous [dʒéləs] 형 질투심이 많은, 시샘하는, 선망하는 동 evnious(시샘하는)

jean [dʒiːn] (복수로)진바지

Jesus [dʒíːzəs] 명 예수 Jesus Christ(예수 그리스도)

Jew [dʒúː] 명 유대인

jewel [dʒúːəl] 명 ① 보석 ② 소중한 사람[물건] ③ 보배 동 gem(보석)

jingle [dʒíŋgl] 타자 짤랑짤랑 울리게하다, 짤랑짤랑 소리내다.

job [dʒáb] 명 ① 직업, 일자리 ② (구어) 제품 ③ 일, 삯일, 도급일 동 work(일)

join [dʒɔin] 타 ① 기다리고 있는 사람과 합류하다. ② 축에 끼다. (구어)인접하다, 이웃하다. ③ 결합하다, 접합하다. 동 unite(결합하다) 반 split(쪼개다)

joke [dʒóuk] 명 농담, 익살, 장난 타 놀리다. 자 농담하다. 동 jest(장난)

jolly [dʒáli] 형 (구어)① 정말 기분좋은, 즐거운 ② 얼큰하여 기분좋은 동 joyful(즐거운) 반 sad(슬픈)

journal [dʒə́ːrnəl] 명 ① 시사적 내용을 다룬 정기간행물, 잡지 ② 일지 ③ 일간신문

journey [dʒə́ːrni] 명 ① 여행일정 ② 육로의 비교적 긴 특정 목적

의 장기여행 통 trip(여행)

joy [dʒɔi] 명 기쁨 자 (시어로)기뻐하다. 통 jubilate(매우 기뻐하다, 환호하다)

joyful [dʒɔifəl] 형 기쁜, 반가운, 기쁨에 넘치는, 즐거운

joyride [dʒɔiràid] 자 (구어)장난삼아 차를 몰고 돌아다니다. 명 장난 드라이브

judge [dʒʌdʒ] 타 ① …을 재판하다. ② …을 관정[판단] 하다. 통 referee(심판)

judgement [dʒʌdʒmənt] 명 ① 재판 ② 판단, 판단력 ③ 판결, 선고 ④ 분별력 통 decision(판결), verdict(판결) : sit in judge 재판하다.

jug [dʒʌg] 명 물주전자, 큰 맥주잔 통 pitcher(주전자)

juice [dʒúːs] 명 주스, 즙, 분비액 (구어) 기운 타 …의 액을 짜 내다.

juicy [dʒúːsi] 형 즙이 많은 (구어) 이야기가 흥미 진진한, 원기 왕성한 (구어) 실속있는

July [dʒuːlái] 명 7월

jumble [dʒʌmbl] 타 뒤범벅으로 만들다, 정신적으로 혼란스럽게 하다 자 뒤범벅이 되다.

jump [dʒʌmp] 타 ① 뛰어넘다. ② 우회하다. 자 뛰다, 뛰어오르 다. (구어)장소가 활기에 넘치고 있다, 갑자기 물가가 폭 등하다, 갑자기 변하다. 통 leap(뛰다)

jumpy [dʒʌmpi] 형 ① 신경과민한 ② 타고 있는 것이 흔들리는 ③ 급변하는 통 nervous(신경질적인) 반 calm(평온한)

June [dʒúːn] 명 6월

Júne · bèetle [bug] 명 풍뎅이

jungle [dʒʌ́ŋgl] 명(the jungle로)밀림지대, 미개사회 형 jungly
(정글의)

junior [dʒúːnjər] 명 연소자, 손 아랫사람 형 연하의, 2세의

junior collage ① 미국의 2년제 대학 ② 우리나라의 전문대

junior high(school) 명 미국의 7, 8, 9학년의 3년제 중학교

junk [dʒʌ́ŋk] 명 (구어)고물 · 휴지 등 허접쓰레기 타 (구어)내
다버리다. 동 trash(쓰레기)

just [dʒʌ́st] 부 (구어)① 아주, 정말 ② 아마 ③ 정확히 말해서
④ 꼭 ⑤ 마침 ⑥ 바로 ⑦ 오직 형 ① 올바른, 편견없는 ②
온당한 ③ 적정선의 동 fair(공평한)

justice [dʒʌ́stis] 명 ① 정의, 공명정대 ② 당연한 처벌 ③ 사법

jutting [dʒʌ́tiŋ] 형 튀어나온

Kk

kanga	[kǽŋɡə] 명 kàngaróo 의 단축형 [kǽŋɡərúː]
keel	[kíːl] 타자 배를 뒤집어 엎다, 배가 뒤집히다. (구어) 갑자기 쓰러지다, 졸도하다.
keen	[kíːn] 형 ① 날이 날카로운 ② 감각이 예민한 ③ 고통 · 경쟁이 격렬한 ④ 바람이 살을 에는 듯한 동 sharp(날카로운) 반 dull(무딘) : keen about …에 열심인, 여념이 없는 동 eager(열심인) 반 slow(둔한) : keen on + 동명사 …에 [하는데] 아주 열중하며, [열심인], …을 아주 좋아하는
keen-eyed	[kíːnáid] 형 통찰력이 날카로운
keep	[kíːp] 타 ① 간수하다. ② 어떤 상태를 유지하다. ③ 기르다. ④ 계속하다. ⑤ 유의하다. ⑥ 팔다. ⑦ 약속 등을 지키다. ⑧ 억제하다. ⑨ 기입하다. 동 retain(간직하다)
keeper	[kíːpər] 명 ① 소유주, 관리인 ② 구기의 키퍼 동 warden(문지기)
kettle	[kétl] 명 ① 주전자, 탕관 ② 솥 ③ 찻 주전자
key	[kíː] 명 ① 열쇠 ② 해결의 열쇠[실마리] ③ 피아노 등의 키 ④ 데이터를 키보드로 입력하다. 동 clue(단서), answer(해답)
kick	[kík] 타자 차다, 걷어차다. 명 발길질
kicky	[kíki] (속어) ① 최신 유행의 ② 원기왕성한 ③ 멋진 ④ 자극적인
kid	[kíd] 명 새끼염소, 새끼영양 형 미숙한, 손아래의 자타

(구어)① 속이다, 사기하다, 놀리다, 조롱하다. ② 속여먹다, 속임수를 쓰다.

kill [kíl] 타자 ① 죽이다, 피살되다. ② 시간을 보내다, 허송하다. 동 slay(학살하다)

kill-and-run war [kílənránwəːr] 명 게릴라전, 유격전

kind [káind] 형 친절한 명 ① 종류 ② 본성, 성질 동 sort(종류), friendly(친절한)

kindergarten [kíndərɡɑːrtn] 명 유치원, 유아원

king [kíŋ] 명 왕, 국왕 타자 king it로 왕처럼 굴다, 군림하다, 으스대다.

kingdom [kíŋdəm] 명 ① 왕국, 왕정 ② 학문 등의 세계, 영역 동 monarchy(군주국)

kinky [kíŋki] 형 엉클린, 비틀린 (구어)사람이 이상한, 변태적인, 괴팍한

kiss [kís] 타자 키스 , 입맞추다. 명 입맞춤 kiss and tell (구어)서로 신뢰나 서약을 저버리다.

kitchen [kítʃən] 명 부엌, 주방 kitchenmaid 가정부

kite [káit] 명 연, 솔개

kitten [kítn] 자타 고양이가 새끼를 낳다, 재롱부리다. 명 새끼고양이, 작은 동물의 새끼

knack [nǽk] 명(구어)요령, 솜씨 : get the knack of (구어)요령을 터득하다.

knead [níːd] 타 ① 밀가루 등을 반죽하다, 개어 반죽해서 만들다.

knee [níː] 명 무릎 자 굽히다, 무릎꿇다.

kneel	[ní:l] 자 무릎꿇다.
	kneel down 꿇어 앉다.
knife	[náif] 명 칼, 부엌칼, 식사용 나이프
knit	[nít] 타 ① …을 뜨다, 짜다. ② 눈쌀을 찌푸리다. ③ 계획 등을 짜내다, 만들어내다. 동 combine(접합하다)
knock	[nak] 타자 ① 문을 두드리다, 노크하다. ② 때리다. ③ 부딪치다, 충돌하다. 명 두드리는 소리 동 rap(톡톡 두드리다)
knockout	[nákaut] 명 녹아웃 (약어는)K.O, KO 〈숙어〉 knock out(녹아웃 시키다) (구어)매력적인 사람[물건], 히트한 상품[영화], 성공한 사람
knot	[nát] 명 매듭, 혹, 사마귀, 옹이, 나무마디 사건 등의 핵심 타 끈을 매다, …에 매듭을 짓다. 자 맺어지다, 매듭이 생기다. 동 snarl(마디)
know	[nóu]타자 알다, 알고 있다, 구별할 수 있다. 동 understand(이해하다)
know-it-all	[nóuitɔ̀:l] 명 (구어)아는체 하는 사람, 똑똑한 체 하는 사람 형 똑똑한 체하는, 아는체 하는
knowledge	[nálidʒ] 명 지식, 학식, 인식, 경험, 견문 동 learning(지식)
Korean	[kəríːən] 명 한국인, 한국어 형 한국적인, 한국의, 한국인의, 한국어의

L I

lab	[lǽb] 명 (구어)실험실, 실습실, 연습실 = laboratory
lack	[lǽk] 명 부족 타 (상식 등이) 없다, 모자라다, 모자라는 lacking 통 shortage(모자람) 반 abundance(풍부)
ladder	[lǽdər] 명 사다리
lake	[léik] 명 ① 호수 ② 진홍색
lamb	[lǽm] 명 새끼양, 새끼양고기
lame	[léim] 형 절뚝거리는, 불구의 통 crippled(절름발이의) 반 convincing(확신하는)
land	[lǽnd] 명 ① 육지, 땅, 토지, 토양 ② 나라 타 상륙하다. 자 배가 해안에 닿다.
landmark	[lǽndmàːrk] 명 경계표, 육상표
landmass	[lǽndmæs] 명 ① 광대한 땅 ② 대륙
landscape	[lǽndskèip] 명 경치, 풍경, 풍경화
lane	[léin] 명 ① 골목길, 좁은 길 ② 차선 통 passage(샛길)
language	[lǽŋgwidʒ] 명 ① …말, 국어, 언어 ② 의사 소통 능력 통 tongue(언어)
lantern	[lǽntərn] 명 제등, 초롱, 등불, 칸델라
lap	[lǽp] 명 무릎 타 ① 감다, 싸다. ② 겹치게 하다.
large	[láːrdʒ] 형 ① 큰, 넓은 ② 거대한 ③ 과장된 ④ 연예인이 있기있는 통 great(큰) 반 small
largely	[láːrdʒli] 부 ① 대량으로 ② 과장해서 ③ 후하게, 대량으로 통 mainly(주로)

lark	[láːrk] 몡 종달새 **(구어)**장난, 농담, 희롱
	have a lark with 와 장난하다.
	lark about 장난하며 떠들어대다.
	up to one's larks 장난에 정신이 팔려
last	[lǽst] 혱 순서상 맨 마지막의, 최후의, 지난, 전번 전… 屠 final(최후의) 뮌 first(처음의)
late	[léit] 혱 늦은, 지각한 뮌 늦게, 밤이 깊도록
lately	[léitli] 뮌 최근에, 요즈음 屠 of late(최근에)
later	[léitər] 혱 더늦은 뮌 나중에 屠 afterword(s)(나중에)
latest	[léitist] 혱 (the latest 로)최신의, 최신 뉴스, 최신 유행품
lather	[lǽðər] 몡 비누거품 邼 면도하려고 비누거품을 바르다. 쟈 거품이 일다.
latter	[lǽtər] 혱 the latter로 시간적으로 후반의, 후자의, 셋중 맨 나중의
laugh	[lǽf] 쟈 ① 사람이 소리내어 웃다. ② 경치 등이 미소짓 다, 생기가 넘치다. 屠 giggle(킥킥웃다)
laruel	[lɔ́ːrəl] 몡 월계수, 월계관 邼 …에게 월계관을 씌우다.
law	[lɔ́ː] 몡 법률 갑 (방언으로)이런이런! 야단났다! 屠 rule(법)
lawn	[lɔ́ːn] 몡 잔디, 잔디밭 : Keep off the lawn (잔디에 들어가지 마세요)
lawn mower	[lɔ́ːnmóuər] 몡 잔디깎는 기계 **(속)**땅볼 屠 grounder(땅볼)
lawyer	[lɔ́jər] 몡 변호사 屠 attorney(변호사)
lay	[léi] 쟈 ① 두다, 놓다, 눕히다. ② 알을 낳다. ③ 전렴하다. 屠 put(두다) ④ 숨어 기다리다. ⑤ 준비하다, 계획하

	다. ⑥ 눕다(lie)의 과거
lazy	[léizi] 휑 게으른 참고 lazybones(게으름뱅이) 통 idle(게으른) 반 active(활기찬)
lead	[líːd] 타 ① …을 인도하다, 통 guide(안내하다) 반 follow(따르다) ② …에게 시키다. ③ 길이
leader	[líːdər] 명 ① 지도자, 선도자 ② 주장 ③ 밴드지휘자 통 director(감독자) 반 follower(수행자)
leaflet	[líːflit] 명 광고 전단, 작은 잎 타 광고, 전단을 돌리다.
lefty	[líːfti] 휑 잎이 무성한, 잎이 많은 : a leafty shade 나무그늘
leak	[líːk] 자 (물·기름·가스·광선 등이)새어나오다. 명 새는 곳 통 drip(물방울이 떨어지다)
lean	[líːn] 타 기대어 놓다. 자 기대다, 의지하다. 통 slant(기울다), slender(가냘픈) 반 fat(뚱뚱한)
leap	[líːp] 타 ① 뛰어넘다. ② 수컷이 교미하다. 자 깡충뛰다, 뛰어오르다. 통 jump(뜀, 뛰다)
learn	[láːrn] 타 ① …을 배우다, 익히다. ② …을 알게 되다, 알다. 통 acquire(획득하다)
learned	[láːrnid] 휑 학식이 있는, ⟨be … in에 조예가 깊다⟩ 통 scholarly(학자의) 반 ignorant(무식한)
learnedly	[láːrnidli] 부 학자답게
learning	[láːrniŋ] 명 배움, 학문, 지식, 박학, 박식 통 knowledge(지식)
least	[líːst] 휑 little의 최상급 부 가장 적게 휑 가장 적은 통 smallest(가장 작은) 반 most(최대의)

leather	[léðər] 명 가죽
leave	[líːv] 타 …을 떠나다, …을 남기다. 동 depart(떠나다) 반 arrive(도착하다) …상태로 놔두다. 명 휴가 leaves로 잎 (leaf)의 복수
lecture	[léktʃər] 명 강의, 강연 동 speech(연설)
left	[léft] 떠나다(leave)의 과거·과거분사 명 왼쪽 형 왼쪽의 부 왼쪽에
leg	[lég] 명 다리, 의자 등의 다리
legal holiday	법정 공휴일 legal [líːgəl] 형 법률상의, 합법적인
legend	[lédʒənd] 명 전설 동 story(이야기)
leisure	[líːʒər] 명 레저, 여가 동 relaxation(휴양, 오락)
leisurely	[líːʒərli] 형 여유있는, 느긋한 부 느긋하게 동 relaxed(편한) 반 hurried(조급한)
lemon	[lémən] (구어)혹평, 통렬한 반박, 레몬, 레몬빛깔
lend	[lénd] 타 빌려주다. 자 돈을 빌려주다. 동 loan(대부하다)
length	[leŋkθ] 명 길이, 키, 시간적 길이, 기간
lens	[lénz] 렌즈, 눈의 수정체 동 measrue(크기)
less	[lés] 형 little 의 비교급 보다 적은 부 보다 적게
leeson	[lésn] 명 교훈, 수업, 학과, (교과서 중의)과 동 exercise (연습)
let	[lét] (사역동사로)…에게, 시키다, 세놓아지다. 동 permit (허락하다) rent(세주다)
lest	[lést] 접 …하지 않게, …하면 안되니까, …하지나 않을까 하고(lest …should)
let's	[léts] (권유의 뜻으로) …합시다[하자]. Let us …로 하면

우리가 …하도록 허락해 주세요.

letter [létər] 명 ① 편지, …장, 글자, 문자 ② 복수로 문학, 학문, 교양

letting [létiŋ] 명 (영)임대아파트, 셋집, 임대

level [lévəl] 명 ① 수평, 평면, 수평선 ② 높이 ③ 사회적 수준, 표준 동 even(평평한)

liar [láiər] 명 거짓말쟁이

libel [láibəl] 명 중상하는 글 타자 중상하다, 비방하다.

liberation [libəréiʃən] 명 ① 해방, 해방운동 ② 석방

liberty [líbərti] 명 자유, 언론·사상 등의 자유 동 freedom(자유) 반 bondage(속박)

library [láibrèri] 명 ① 도서관 ② 개인의 문고, 서재, 장서

license, licence [láisəns] 명 면허증, 허가증 타 면허증을 내주다. 동 permit(면허증)

licensed [láisənst] 형 ① 인가된, 면허를 받은 ② 세상이 인정하는

lick [lík] 타 ① 핥다. ② 불길이 날름거리다, 파도가 철썩거리다, 넘실거리다. (구어)때리다.

licking [líkiŋ] 명 핥기, (구어)때리기, [get] give a good licking 되게 때려주다[되게 얻어맞다].

lid [líd] 명 뚜껑, 눈까풀 (구어)경찰의 단속, 규제, 억제 동 cover(덮개)

lie [lái] 명 거짓말 타 거짓말하여 …을 빼앗다. 동 falsehood (거짓) 자 거짓말하다 동 recline(눕다, 눕히다) 자 눕다, 누워있다. lie down on the job (구어)적당히 하다, 되는대로 하다.

life	[láif] 몡 생활, 새명, 생물 the … 중심 인물, 인기 인물 동 being(존재)
life-and-death	[láifəndéθ] 혱 생사가 달린, 지극히 중요한
life-giving	혱 활기 띠게 하는, 생기[정력]를 주는 참고 life(원기, 생기, 정력, 활기)
lift	[líft] 타 ① …을 올리다, 들어 올리다. 재 (부정문에서) 올라가다, 열리다. 동 raise(올리다) (구어)금지령 등 철폐하다. ② 천막을 걷다. 몡 (구어) 원기를 돋움 (美) 엘리베어티 (英)승강기, 엘리베이터
light	[láit] 몡 a … 로 불꽃, 화염 동 radiance(빛) 반 dark(어두운) 일광, 등불, 빛 혱 밝은, 가벼운 뮈 가볍게 동 airy(공기같은) 반 heavy(무거운)
lighter	[láitər] 몡 ① 점등기, 점화기 ② 라이터 ③ 불쏘시개
lighthouse	[láithàus] 몡 등대
lightly	[láitli] 뮈 ① 경솔히 ② 노력없이, 수월하게 ③ 가볍게 ④ 사뿐히 부드럽게, 온화하게
lightning	[láitniŋ] 몡 ① 번개, 번갯불 ② 뜻밖의 행운
like	[laik] 타 …을 좋아하다. 혱 …을 닮은 동 care for (좋아하다) 반 dislike(싫어하다) 전 …와 같이 like it or not 좋아하든 좋아하지 않든 like it or lump it (속어)포기해라, 좋든 싫든
likely	[láikli] 혱 …할 것 같은, …함직한 뮈 (very, most와 쓰여) 아마 동 probable(있을 법한)
likeness	[láiknis] 몡 ① 닮은 사람, 흡사한 물건 ② 비슷함 동 resemblance(닮음)

lily	[líli] 명 백합 : the lilies and roses 비유로 아름다운 얼굴, 미모
limb	[lím] (구어)① 앞잡이, 부하 ② 팔다리 ③ 날개 ④ 돌출부 참고 limp(유연한)
limit	[límit] 명 ① 한도 (복수로)경계, 범위, 구역 ② 지정가격 동 boundary(경계)
Lincoln	[líŋkən] 명 Abraham Lincoln (미국 제16대 대통령; 1809-1865)
line	[láin] 명 ① 주름살 ② 손금 ③ 전선 ④ 글자의 행 ⑤ 끈, 노끈, 밧줄 동 row(열)
liner	[láinər] 명 ① 정기선 ② 정기항공기 ③ 옷의 안감 ④ 컨테이너열차 5.대형 쾌속선
link	[líŋk] 명 ① 커프스 버튼 ② 뜨게질의 코 ③ 사슬의 고리 동 tie(인연), connection(연결)
lion	[láiən] 명 ① 사자 ② 인기 연예인 등 유명한 사람 ③ 용맹한 사람
lip	[líp] 명 ① 입술 (속어)주제넘는 말 동 brim(가장자리) None of your lip! 건방진 소리 마라!
lippy	[lípi] 형 건방진, 수다스러운, 건방진 소리하는 (구어)입술이 두터운
liquid	[líkwid] 명 액체, 유동체 형 액체의, 유동체의
list	[líst] 명 명부, 표, 일람표, 명세서 타 일람표를 만들다. 동 roll(명부)
listen	[lísən] 타 ① 귀담아 듣다, 귀를 기울이다. ② 충고·요구 등을 듣다. 동 hear(듣다)

liter, litre	[líːtər] 몡 리터 (약어 l., lit 1,000cc 약 5홉 5작)
literary	[lítərèri] 혱 문학의, 학문상의, 문어의
literature	[lítərətʃər] 몡 문학, 문헌, 논문 (속어)인쇄물
little	[lítl] 혱 작은, a … 조금의 …가 있다, a 없이 쓰이면 거의 …않다, 조금(밖에 없다) 몡 소량, 약간 a 없이 부정용법으로 전혀[조금도] …않다, little know[think, care] : little woman, the … 으로 (구어)집사람, 아내
livable, liveable	[lívəbl] 혱 사는 보람이 있는, 살기 좋은, 같이 살 수 있는, 사귀기 쉬운
live	[lív] 쟈 ① 잘 살고 있다, 함께 살다, 동거하다. ② 원상태 그대로 남아있다. ③ 재미있게 살다. 혱 [láiv] ① 살아 있는, 생생한 ② 탄력있는 ③ 실연하는 ④ 녹음[녹화]이 아닌 동 alive(살아있는) : Let's live while we may 살아있는 동안 인생을 즐기자 동 reside(거주하다)
lively	[láivli] 혱 생기에 넘친, 기운찬, 경쾌한, 활발한 동 active (활기찬)
live-out	[lívaut] 혱 출퇴근하는
living	[lívin] 혱 ① 살아있는 ② 현재 쓰이고 있는 ③ 힘찬 ④ 생활의 ⑤ 생기를 주는 동 support(생활비)
living room	거실, 생활공간 동 parlor(거실, 객실, 응접실)
lizard	[lízərd] 몡 도마뱀
loach	[lóutʃ] 몡 미꾸라지
load	[lóud] 타쟈 짐을 싣다, 짐을 지다, 짐을 지우다, 탄알을 재다. 몡 ① 짐, 적재화물, 적재량 ② 작업량 동 burden(짐)
loaf	[lóuf] 몡 한덩어리의 빵, 복수 loaves [lóuvz] 타 놀며 보

내다. 재 일을 빈둥거리며하다.

lobby	[lάbi] 명 ① 휴게실·응접실 등으로 사용하는 홀 ② 의원이 외부인을 만날 때의 로비, 압력단체 재타 압력을 가하다, 법안의 통과운동을 하다. 통 foyer(휴게실, 로비)
lobster	[lάbstər] 명 왕새우, 바닷가재, 대하의 살
local	[lóukəl] 명 보통[완행]열차 [버스] 형 ① 지방의, 고장의 ② 완행의, 역마다 정차하는
locate	[lóukeit] 타 ① 위치를 알아내다. ② …의 위치를 …에 정하다. 통 situate(위치하게 하다) : be located in 에 위치에 있다. 재 거처를 정하다. 통 settle(거처를 정하다)
location	[loukéiʃən] 명 ① 영화의 야외촬영[지] ② 위치 ③ 위치선정 통 site(부지)
lock	[lάk] 명 ① 자물쇠, 고정하는 장치 ② 교통 정체 ③ 유치장 ④ 드잡이 타 자물쇠를 잠그다. 재 ① 잠기다, 닫히다. ② 서로 얽히다. 통 latch(걸쇠)
locust	[lóukəst] 명 메뚜기, 방아깨비, 매미
lodge	[lάdʒ] 명 ① 조그만 집, 오두막 ② 행락지의 여관, 작은 별장 통 cottage(오두막) 타 숙박시키다, 하숙시키다. 재 숙박하다, 하숙하다. 통 room(하숙하다)
log	[lɔ́g] 명 ① 통나무 ② 실험 등의 기록 ③ 항해·항공 일지 ④ 공정일지 ⑤ 동작이 느린 사람 타 일지를 쓰다.
London	[lʌ́ndən] 명 런던 Londoner 런던사람
lonely	[lóunli] 형 ① 외로운, 고독한, 고립된 ② 인적이 드문, 쓸쓸한 통 lonesome(적적한)
long	[lɔ́ːŋ] 형 ① 긴 ② 길게 느끼는 ③ 좀 지루한 통 lengthy(긴)

	뺀 short(짧은) 몡 오랫동안, 장기간 뷔 오래, …동안 내내[줄곧] 짜 열망하다, 갈망하다, 애타게 바라다 됭 desire (열망하다)
long-awaited	[lɔ́ːŋəwéitid] 혱 기다리고 기다리던, 기다린지 오랜, 대망의
look	[lúk] 짜 보다, 바라보다. 탸 자세히 보다, 주시하다, 응시하다. 됭 expression(표정) 몡 봄, 눈빛, 안색, 표정, 눈치 〈복수〉 용모, 모습 됭 gaze(응시하다)
loose	[lúːs] 탸 매듭 등을 끄르다. ② 놓아주다. 혱 꼭 죄지 않은, 풀린, 느슨한 짜 쥐고 있던 것을 놓다. 뷔 느슨하게, 헐겁게 됭 untied(풀린) 뺀 tied(묶은)
loose fish	난봉꾼
lordly	[lɔ́ːrdli] 혱 ① 도도한, 오만한 ② 위엄있는, 당당한
Los Angeles	[lɔːsǽndʒələs] 미국 캘리포니아주의 공업도시(헐리우드 포함)
lose	[lúːz] 탸 ① 잃다, 길을 잃다. ② 시계가 늦다. ③ 지다, 놓치다. 짜 ① 손해보다. ② 지다. ③ 약해지다. ④ 감소하다. lose out (구어)지다, 실패하다. lose out on 에게 지다, …을 놓치다. 됭 misplay(잃다) 뺀 find(발견하다)
lossy	[lɔ́ːsi] 혱 손실이 많은
lost	[lɔ́ːst] 혱 ① 길을 잃은 ② 분실한, 잃은 ③ 진 ④ 놓쳐버린 ⑤ 헛된, 보람 없는 ⑥ 정신이 팔린 됭 missing(행방불명의)
lot	[lát] 몡 제비뽑기, 운수 (구어)많음
loud	[láud] 혱 ① 태도가 야비한 ② 냄새가 구린 ③ 소리가 큰

	뿐 큰 소리로 : loud and clear (구어)오해의 여지가 없이
	형 noisy(스끄러운) : out loud 큰 소리로 소리를 내어, =aloud [loudly]
loudspeaker	[láudspíːkər] 명 확성기
lounge	[láundʒ] 명 ① 호텔 등의 로비, 휴게실, 오락실 ② 긴의자, 안락의자 자 어슬렁어슬렁 거닐다. 타 빈둥빈둥 보내다. 동 loaf(빈둥빈둥 놀고지내다)
lousy	[láuzi] 형 ① 몸이나 기분이 안 좋은 ② 혐오스러운 ③ 형편없는, 저질의
love	[lʌv] 타자 사랑하다, 사모하다, 반해있다, 좋아하다. 명 ① 사랑, 연애 ② 애인, 연인 동 affection(애정) 반 hate(증오)
loveless	[lʌvlis] 형 사랑이 없는, 박정한, 귀염성이 없는
love life	[lʌvlaif] (구어)성생활
lovelorn	[lʌvlɔ̀ːrn] 형 실연한, 애인에게 버림받은, 사랑에 번민하는
lovely	[lʌvli] 형 ① 귀여운, 감미로운, 사랑스러운 ② 멋진, 애교있는 명(구어)미인, 아름다운 소녀 동 fair(아름다운) 반 homely(못생긴)
lover	[lʌvər] 명 여자가 말하는 남자 애인 반 sweetheart(남자가 부르는 여자 애인)
loving	[lʌviŋ] 형 ① 정다운, 애정이 있는 ② 복합어에서 …을 사랑하는,
lovingest	[lʌviŋist] 형 (구어)끔찍이 사랑하는
low	[lóu] 형 ① 낮은, 저음의 ② 천한 ③ 기운없는 ④ 값이 싼 뿐 낮게, 싸게

lubber	[lʌ́bər] 몡 느림보, 덩치큰 미련둥이
luck	[lʌ́k] 몡 운, 행운 통 fortune(행운), chance(운), fluke(요행) 반 misfortune(불운)
lucky	[lʌ́ki] 혱 운좋은, 행운의, 재수있는 통 fortunate(행운의) 반 unlucky(불행한)
luggage	[lʌ́gidʒ] 몡 여행자의 수하물 (美) baggage
lukewarm	[lúːkwɔ́ːrm] 혱 ① 미지근한 ② 열의가 없는, 미온적인
lull	[lʌ́l] 타 어린애를 달래다, 진정[안심]시키다. 재 멎다, 자다. 통 soothe(달래다)
lullaby	[lʌ́ləbài] 몡 자장가, 미풍소리 타 자장가를 불러 잠들게 하다. cradlesong(자장가)
lump	[lʌ́mp] 몡 ① 덩어리 ② 혹 ③ 부스럼 통 bump(혹), block(덩어리)
lunar	[lúːnər] 혱 달의, 음력의
lunch	[lʌ́ntʃ] 몡 점심
lunchroom	[lʌ́ntʃruːm] 몡 ① 미국의 간이식당 ② 학교 · 공장 등의 구내식당
luxuriant	[lʌgʒúəriənt] 혱 ① 상상 등이 풍부한 ② 무성한, 울창한 ② 기름진, 풍부한 통 rich
luxurious	[lʌgʒúəriəs] 혱 ① 사치를 좋아하는 ② 호색적인, 사치스러운, 쾌적한 ③ 아주 기분 좋은
luxury	[lʌ́kʃəri] 몡 사치, 사치품, 쾌락, 방종

Mm

ma'am	[mǽm] 명(madam [mǽdəm]의 중간음 소실형)선생님, 마님, 아주머니, 손님
machine	[məʃíːn] 명 ① 기계 ② (영)인쇄 기계 ③ 재봉틀 동 macha-nism(기계)
machinery	[məʃíːnəri] 명 ① 기계류 ② 복잡한 절차
mad	[mǽd] 형 ① 미친, 정신이 나간 ② 눈이 뒤집힌, 흥분한 (구어)성난, 열광한 동 crazy(미친), angry(화난) 반·sane (제정신의), rational(이성적인)
made	[méid] (make(만들다)의 과거·과거분사)① 인공의 ② 여러 가지 섞은, 조작한, 성공이 확실한, 복합어로 …제품의, …제의 참고: a made dish(모듬요리)
madly	[mǽdli] 부(구어)① 열광적으로, 극단적으로 ② 엄청나게 ③ 미친듯이
magazine	[mæɡəzíːn] 명 ① 잡지 ② 군수품 ③ 탄약고 ③ 탄창 동 journal(잡지)
magic	[mǽdʒik] 명 마술 형 마술의, 신비한 maician [mədʒíʃən] 마술사 동 witchcraft(마술), sleight of hand(요술)
magnet	[mǽɡnit] 명 ① 자석 ② 사람의 마음을 끄는 힘이 있는 사람[것]
maid	[méid] 명 가정부, 하녀 old maid 노처녀
mail	[méil] 명 우편, 우편물 (복수)우편제도 타 우송하다, 전자우편으로 보내다.

mail bomb	폭발하는 우편폭탄
mailbox	[méilbὰks] 명 우체통
mailman	[méilmæn] 명 우체부, 우편물 집배원 (영)postman
main	[méin] 형 ① 주요한, 주된 ② 전력을 다한 명 (복수로) 수도나 가스 등의 본관 통 principal(주요한) 반 secondary (제2의)
mainly	[méinli] 부 ① 주로, 대게, 대부분은 ② 강력하게, 듬뿍
maintain	[meitéin] 타 ① …을 유지하다, 지속하다. ② 단언하다, 주장하다. 통 keep(지속하다), keep up(계속하다) 반 discontinue(그만두다)
major	[méidʒər] 형 과반수의, 대다수의 명 소령 자 전공하다. 통 important(중요한) 반 minor(작은)
make	[méik] 타 ① …을 만들다, 만들어 주다. ② …을 하다. ③ …을 …하게 하다. ④ …에게 …시키다. 통 manufacture (제조하다)
maker	[méikər] 명 만드는 사람, 제작자, 제조업자
makeup	[méikʌp] 명 ① 화장, 분장 ② 조립, 구성
mama, mamma	[mάːmə] 명 소아어로 엄마
mama's boy	(속어)나약한 남자, 여성적인 사나이
man	[mæn] 명 ① 남자, 어른 남자 ② 인간, 인류, 사람 (복수로)병사, 사병
manage	[mǽnidʒ] 타 ① 사람을 잘 다루다. ② 사업 등을 경영[관리]하다. ③ 용케 …해내다. 통 direct(감독하다)
manager	[mǽnidʒər] 명 ① 경영자, 지배인 ② 야구 등의 감독 반 mismanage(잘못 관리하다)

manner	[mǽnər] 몡 (복수로)① 예의범절 ② 방법, 방식 (복수로) 습관, 풍습 용 way(방법)
many	[méni] 휑 많은 때 많은 사람[것] 용 numerous(수없이 많은) 땐 few(적은)
map	[mǽp] 몡 지도 용 chart(도표), graph(그래프)
maple	[mépl] 몡 단풍나무
marathon race	[mǽrəθɑnreis] 마라톤 경주
marble	[mɑ́ːrbl] 몡 대리석, 복수형으로 구슬치기
march	[mɑ́ːrtʃ] 몡 행진, 행진곡 쟈 행진해가다.
March	[mɑ́ːrtʃ] 몡 3월, 생략형은 Mar. (참고)mars [mɑːrz] 화성
market	[mɑ́ːrkit] 몡 시장, 수요 the market 특정 물품이나 지역의 매매시장 용 mart(시장)
marry	[mǽri] 톼 …와 결혼하다. 쟈 결혼하다. 용 wed(결혼하다)
marvelous	[mɑ́ːrvələs] 휑 경탄할 만한, 놀라운 용 wonderful(불가사의한) 땐 usual(보통의)
mask	[mǽsk] 몡 가면, 탈, 마스크 용 disguise(변장)
mass	[mǽs] 몡 ① 큰 덩어리 ② 집단, 다수 the masses 대중, 서민, 근로자 휑 대중을 대상으로한, 대중의 : a mass game 단체경기 용 heap(많음)
mass grave	공동묘지
mass media	[mǽsmíːdiə] 대중전달 매체 (라디오 TV 신문 등)
mast	[mǽst] 몡 돛 용 pole(장대), post(기둥)
master	[mǽstər] 몡 ① 주인, 가장, 세대주 ② 교장 여주인은 mistress ③ 종교적·정신적 지도자 (Master 로)도련님, 석

사(학위), 특수 기예의 대가, 명인, 스승, 거장 **타** 숙달하다, 정통하다, 정복하다, …의 주인이 되다. **동** maestro(대가)

mat	[mǽt] **명** 돗자리, 신발문지르게, 멍석, 거적 **타** 돗자리를 깔다. **자** 엉클어지다.
matador	[mǽtədɔ̀:r] **명** 투우사
match	[mǽtʃ] **명** ① 성냥, 성냥 한 개비 ② 시합 ③ 짝, 한 쌍의 한쪽 ④ 어울리는 배우자 ⑤ 짝·상대로 좋은 사람[것] **타** **자** …와 조화하다, 어울리다. **동** equal(필적자)
math	[mǽθ] **명** 수학(구어) = mathematics [mæ̀θəmǽtiks] (수학)
matter	[mǽtər] **명** …질, …소, …체, 물질, …물 **동** substance(본질) 문제, 일, 사건 (the matter)로 낭패, 지장, 곤란 **동** count(중요하다) **자** 문제가 되다, 중요하다(의문문·부정문 에 쓰임)
may	[méi] **조** ① …해도 좋다, …일지 모르다. ② may have + P.P로 …했을[이었을]지도 모르다. ③ may well로 …하는 것은 당연하다. ④ …인지 모르지만 ⑤ (목적·결과를 나타내는 that절에 쓰여서 …하기 위하여 …할 수 있도록)⑥ 비록 …라 하더라도 ⑦ 기원문에 쓰여 …하소서
May	[méi] **명** 5월
maybe	[méibi] **부** 아마, 어쩌면 **동** perhaps **반** definitely(분명히)
mayor	[méiər] **명** 시장
meadow	[médou] **명** 초원, 목초지
meager	[mí:gər] **형** ① 메마른, 빈약한, 불충분한 ② 부적격한 ③

공부하지 못한

meal [míːl] 圀 식사 ⑧ refreshment(음식)

mean [míːn] 圄 ① …을 의미하다. ② …할 작정이다. 圀 ① 천한 ② 비열한 ⑧ nsty(험악한) 상스러운 ③ 마음이 좁은, 인색한 ④ 옷차림 등이 초라한 ⑤ 능력 등이 열등한 圀 방법, 수단(복수로) ⑧ intend(…하려 하다) Pl. wealth(부)

meaning [míːniŋ] 圀 의미, 뜻 圀 meaningful(의미 있는, 뜻있는, 의미심장한) ⑧ sense(의미)

measure [méʒər] 圄재 …를 재다, 치수를 재다. 재 ① …가 …의 길이이다. ② …가 …의 폭이다. ③ …가 …의 높이이다. 圀 측정, 크기, 치수 ⑧ size(크기)

meateater [míːtìːtər] 圀(속어)부패한 경찰관

mechanism [mékənizəm] 圀 기계장치, 기구, 구조 ⑧ machinery(기계류)

medal [médl] 圀 메달, 훈장, 기장 ⑧ award(상)

medical [médikəl] 圀 의술의, 의학의

midicine [médisn] 圀 약, 내복약 ⑧ medication(의약) drug(약)

miditate [méditeit] 재 명상하다. 圄 꾀하다, 기도하다.

medium [míːdiəm] 圀 ① 중간, 중용 ② 매개물, 매체 ③ 수단 ⑧ average(평균) (구어)중간 크기의 의복 圀 ① 중간의 ② 스테이크가 중간 정도 구워진

meek [míːk] 圀 ① 순한, 온유한, 인내심이 강한 ② 기백[패기]이 없는

meet [míːt] 圄 ① …을 만나다, 마중하다. ② 직면하다, 대처하다. ⑧ come across(만나다) ⑭ miss(놓치다)

meeting	[míːtiŋ] 圐 만남, 화합, 회의, 대회
melody	[mélədi] 圐 ① 멜로디, 선율, 곡조, 가락 ② 아름다운 음악 圐 tune(곡조)
melon	[mélən] 圐 멜론, 수박 圐 muskmelon(그물 무늬 참외), watermelon(수박)
melt	[mélt] 圐 녹이다, 감동시키다. 圐 녹다, 감동하다. 圐 용해 圐 dissolve(용해하다) 圐 harden(단단하게 하다)
melty	[mélti] 圐 녹아가는, 녹기 시작한
member	[mémbər] 圐 회원, 식구, 일원 Member 하원의원
memo	[mémou] 圐 (구어)메모, 비망록 圐 note(비망록)
memorial	[məmɔ́ːriəl] 圐 기념관, 기념행사, 기념비 圐 추도의
memorize	[méməràiz] 圐 암기하다, 기억하다.
memory	[méməri] 圐 ① 기억력, 기억 ② 추억, 회상 ③ 유물, 기념품 圐 recollection(회상)
mend	[ménd] 圐 ① 옷을 수선하다. ② 고치다, 수리하다. ③ 행실을 고치다. 圐 repair(수선하다) 圐 spoil(망치다)
mention	[ménʃən] 圐 ① 언급하다. ② …의 이름을 언급하다. 圐 refer to (말하다)
menu	[méinjuː, ménjuː] 圐 메뉴, 식단표, 식사, 음식
merciful	[máːrsifəl] 圐 자비로운, 인정 많은 圐 kind(친절한) 圐 merciless(무정한)
mercury	[máːrkjəri] 圐 ① 수온, 온도계 등의 수은주 ② 기압계, 온도계 M … 수성
mercy	[máːrsi] 圐 자비, 연민
merit	[mérit] 圐 장점, 취할 점, 칭찬할 만한 가치, 우수성 圐

demerit(단점, 결점, 잘못)

mermaid [mə́ːrmèid] 몡 인어, 여자 수영 선수, 수영 잘하는 여자

merrily [mérəli] 뵈 즐겁게, 흥겹게, 유쾌하게

merry [méri] 혱 축제 기분의, 즐거운 됭 cheerful(유쾌한) 뺀 sad(슬픈), gloomy(침울한)

merry-go-round [mérigouràund] 몡 회전목마, 선회

message [mésidʒ] 몡 ① 전언, 전갈, 전하는 말 ② 광고선전 ③ 대통령의 교서 ④ 교훈, 호소 퇌 ① 통신[신호]하다, …을 통신으로 보내다. ② 명령하다. 됭 communication(통신), note(비망록)

metal [métl] 몡 쇠붙이, 금속, 합금, 금속제품 퇌 금속을 입히다, 도로에 자갈을 깔다.

mew [mjúː] 㞢 고양이가 야옹하다. 몡 야옹하는 소리

microphone [máikrəfòun] 몡 확성기, 마이크, 송화기

microscope [máikrəskòup] 몡 현미경

midday [míddèi] 몡 정오, 한낮 혱 정오의

middle [mídl] 혱 중등의, 중앙의, 한가운데의 됭 center(중앙) 뺀 beginning(시작) 몡 the middle ① 한창때 ② 중앙 ③ 행동의 중도 퇌 한복판에 놓다.

midnight [mídnàit] 몡 자정, 한밤중 혱 한밤중의

midsummer [mídsʌ̀mər] 몡 복중, 한여름

midwife [mídàif] 몡 산파, 조산사 퇌 출산을 돕다.

might [máit] 㦨 ① …일지도 모른다. ② …해도 좋다. ③ …하기 위하여 몡 힘 ④ 뒤에 but을 동반하여 …이었는지 모르지만 ⑤ 비록 …하였을지라도 됭 power(힘) 뺀

weakness(약함)

mighty [máiti] 형 ① 힘센, 강력한 ② 엄청난, 거대한 (구어)굉장한 부(구어)몹시, 대단히, the mighty 강력한 사람 동 strong(강한) 반 weak(약한)

mild [máild] 형 ① 온화한, 유순한, 온후한 ② 얌전한, 관대한 동 calm(조용한) 반 stormy(폭풍우의)

mile [máil] 명 마일, 약 1,609킬로미터

milk [mílk] 명 우유, 젖 타 젖을 짜다. milk a cow 우유를 짜다.

Milky Way the … 은하(수), 성운 동 the Galaxy [gǽləksi] 은하, 은하수

mill [míl] 명 ① 물방앗간 ② 제조공장 ③ 제분기 타자 맷돌로 갈다[갈아지다], 제분하다, 분쇄하다, 가루로 빻아지다. (속어)드잡이하다, 치고받다, 주먹질하다.

miller [mílər] 명 ① 각종의 나방 ② 기계 프레이즈반 ③ 제분업자, 방앗간 주인

million [míljən] 명 100만 millions 수백만 the million(s) = the masses 대중, 서민

mimic [mímik] 타 흉내내다. 명 흉내쟁이 형 흉내내는, 거짓의, 참고 mimicry 흉내, 모조품

mince [míns] 타 고기를 저미다, 잘게 썰다.

mind [máind] 명 ① 마음, 정신 ② 의견, 생각 타 …에 신경을 쓰다, 꺼림칙해 하다, 싫어하다. 명령문으로 주의하다, 유의하다, 염두에 두다.

mine [máin] 대 나의 것 명 광산, 참고 miner 광부

mineral [mínərəl] 뗑 광물, 광석 휑 광물질의, 광물의 (참고) mineral water 광천, 광수 복수로 탄산수

mining [máiniŋ] 뗑 채광, 광업 휑 광업의, 광산의

minister [mínistər] 뗑 ① 장관 ② 목사 ③ 대신, 공사

minor [máinər] 휑 ① 작은 편의 ② 소… ③ 2류의 뗑 미성년자 쟤 부전공하다.

minus [máinəs] (구어) ① 부족한 ② 유해한 ③ 불리한 ④ 마이너스를 나타내는 쩐 ① …을 뺀 2.(구어)…이 없이 뗑 마이너스

minute [mínit] 뗑 ① 분 ② 잠시, 잠간 동안, 순간

miracle [mírəkl] 뗑 ① 기적, 경이 ② 불가사의한 사람[사물]

mirror [mírər] 뗑 거울

misfortune [mísfɔ́:rt∫ən] 뗑 불행한 일, 불운, 불행, 재난

misery [mízəri] 뗑 정신적 고통, 괴로움, 복수로 불행, 재난

misrule [mísrú:l] 뗑 ① 실정, 혼란, 무질서 ② 무정부상태 타 실정하다, 잘못 통치하다.

miss [mís] 타 ① 탈것을 못타다. ② …할 것을 하지 못하다. ③ 모면하다. ④ 기회를 놓치다. ⑤ 없어서 섭섭해하다. ⑥ 맞힐 것[노렸던 것을] 못 맞히다. 쟤 ① 빗나가다. ② 크게 실패하다. 동 yearn for(그리워하다)

Miss [mís] 뗑 양

missing [mísiŋ] 휑 없어진, 행발불명된, 보이지 않는

mission [mí∫ən] 뗑 ① 전도 ② 제의 사절단 ③ 사명 (복수로) ① 전도사의 파견 ② 전도사업

missionary [mí∫əneri] 뗑 선교사, 전도사

missionize	[míʃənàiz] 태 …에 전도하다. 자 선교사로 일하다.
Mississippi	[mìsəsípi] 명 미시시피주(중남부의 주), 미시시피강(the …) (중부에서 멕시코만으로)
misspeak	[misspíːk] 태자 잘못[말·발음]하다, 부적당히 말하다.
misspell	[misspél] 태 잘못 철자하다.
misstate	[misstéit] 태 허위 진술하다.
misstep	[misstép] 자 ① 실족하다, 헛디디다. ② 잘못을 저지르다. 명 실족
missy	[mísi] 명(구어)아가씨 형 소녀다운
mistakable	[mistéikəbl] 형 틀리기 쉬운, 오해받기 쉬운
mistake	[mistéik] 태자 착각하다, 오해하다. 동 error(실수), slip(실수)
mistaken	[mistéikən] mistake의 과거분사 형 ① 틀린 ② 오해한, 잘못 생각한 동 wrong(틀린) 반 correct(옳은)
Mister	[místər] 씨, 군, 선생님, 귀하, 줄여서 Mr.
mistress	[místris] 주부 ① 여주인 ② 여류대가 ③ 지배하는 여자 ④ 정부, 첩
misunderstand	[mìsʌndərstǽnd] 태 오해하다.
misunderstadning	[mìsʌndərstǽndiŋ] 명 오해, 불화, 의견차이
mitt	[mít] 명 야구 미트, 권투 글러브
mitten	[mítn] 명 벙어리 장갑
mix	[míks] 태 섞다, 혼합하다. 자 섞이다, 혼합되다. 명 인스턴트 식품 동 blend(혼합…)
mixed	[míkst] 형 ① 남녀공학의, 혼성의 ② 혼합한, (구어)머리가 혼란스러운

mixed-up	[míkstʌ́p] (구어)머리가 혼란스러운, 불안정한, 노이로제의
moan	[móun] 타 ① 애도하다, 한탄하다. ② 신음하며 말하다. 자 신음하다, 끙끙하다. 동 wail(슬퍼하다)
model	[mádl] 명 ① (자동차등의) 형, 모형 ② 모범, 귀감 ③ 마네킨 동 example(모범)
moderate	[mádərit] 형 ① 절제있는, 절도있는 ② 알맞은, 적당한 동 reasonable(적당한)
modern	[mádərn] 형 현대의, 현대식의, 최신의 (복수로)현대인 동 new(새로운) 반 antique(고풍의)
modest	[mádist] 형 ① 겸손한, 정숙한 ② 적당한 참고 modestly 겸손하게, 얌전하게 동 prudish(얌전한)
mole	[móul] 명 두더지, 터널 굴착기
moment	[móumənt] 명 ① 순간 ② (the … 접속사로 쓰여) …하는 순간에, …하자마자 동 instant(순간)
Monday	[mʌ́ndei] 명 월요일
Mondayish	[mʌ́ndiiʃ] 형(구어)일할 마음이 나지 않는
money	[mʌ́ni] 명 돈 동 cash(현금), currency(통화)
monk	[mʌ́ŋk] 명 수도자
monkey	[mʌ́ŋki] 명 원숭이, 장난꾸러기
month	[mʌ́nθ] 명 달
monthly	[mʌ́nθli] 형 한달에 한번의 부 매달, 달에 한번
monster	[mánstər] 명 ① 괴물, 도깨비 ② 기형(아), 도깨비 동 demon(악마)
monstrous	[mánstrəs] (구어)① 엄청난, 터무니 없는 ② 괴물같은,

	기형의 동 huge(거대한) 반 tiny(작은)
montage	[mɑntáːʒ] 명 몽타주, 구성사진
monument	[mɑ́njumənt] 명 기념비, 역사적 유물, 유적, 기념물
mood	[múːd] 명 일시적 기분, 《참고》 moon-blind 야맹증인, 밤눈이 어두운 동 humor(기분)
moon	[múːn] 명 달 타 할일 없이 보내다. 자 부질없이 돌아다니다.
moonlight	[múːnlait] 명 달빛 형 야간의 자《구어》밤부업을 하다, 《영》야반도주하다.
moral	[mɔ́(ː)rəl] 형 ① 교훈적인 ② 도의를 지킬 줄 아는, 도덕상의, 도덕적인 동 ethical(윤리적인) ③ 선악을 판단 할수 있는 ④ 품행이 좋은, 도의적, 정신적인 반 immoral(부도덕한)
more	[mɔ́ːr] 형 (many, much 의 비교급) 더 많은, 더 많이
moreover	[mɔːróuvər] 부 게다가, 더욱이 동 also(역시)
morning	[mɔ́ːrniŋ] 명 아침, 《구어》조간
Moslemism	[mázləmìzm] 명 이슬람교, 회교
mosquito	[məskíːtou] 명 모기
moss	[mɔ́ːs] 명 이끼 (the mosses 늪) 타 이끼로 덮다.
mossy	[mɔ́ːsi] 형《구어》① 보수적인 ② 케케묵은 ③ 이끼 낀
most	[móust] 형 many(많은), much(많이)의 최상급 가장많은, 가장 많이
mostly	[móustli] 부 일반적으로, 주로, 거의, 대부분, 보통은 동 generally(일반적으로)
moth	[mɔ́ːθ] 명 나방 the … 좀먹음

mother	[mʌ́ðər] 몡 어머니 the ··· 모성애, 출처 휑 모국의, 본국의
Mother's Day	[mʌ́ðərzdei] 몡 어머니날
motion	[móuʃən] 몡 움직임, 동작 (복수)배설물 티짜 몸짓으로 신호하다. 통 action(움직임)
motivate	[móutəvèit] 티 ···에게 동기를[자극을] 주다, (수동으로)···의 동기가 되다.
motivation	[mòutivéiʃən] 몡 ① 학습의욕 유발 ② 동기부여 ③ 자극, 유도 통 move(움직이다)
motive	[móutiv] 몡 동기, 자극, 목적 통 reason(이유)
motiveless	[móutivlis] 휑 동기가 없는, 목적이 없는
motor	[móutər] 몡 전동기, 발동기 (영)자동차
motto	[mátou] 몡 좌우명, 처세훈, 표어 통 slogan(표어)
mount	[máunt] 티 ① 산·계단 등에 오르다. ② 탈 것을 타다. 통 ascend(오르다)
mountain	[máuntin] 몡 산, (복수로)산맥 통 mount(산), alp(높은 산)
mouse	[máus] 몡 생쥐 복수는 mice [máis]
mouse potato	컴퓨터 광
mousetrap	[máustræp] 몡 쥐덫 mousy, mousey(쥐가 많은)
mouth	[máuθ] 몡 입 (복수로)부양가족
mouth-watering	[máuθwɔ̀ːtəriŋ] 휑 군침이 도는, 맛있어 보이는
move	[múːv] 티짜 움직이다, 이사하다, 감동시키다. 통 budge (몸을 움직이다), touch(감동하다)
movie	[múːvi] 몡 영화 (英)film, picture 휑 영화의

Mr.	[místər] mister 의 약어. (경칭으로)씨, 군, 선생님, 님, 각하, 귀하
Mrs.	[mísiz] mistress 의 약어. …부인, …여사, …님, …씨 부인, …씨 미망인
Ms	[míz] Miss Mrs.의 혼성. 씨, 님
Mt.	mount 의 약어. 산
much	[mÁtʃ] 형 많은 부① (동사나 과거분사를 수식하여)매우, 대단히 ② (비교급·최상급을 수식하여)훨씬 ③ (부정대명사로)다량, 많음
muck	[mÁk] 명 ① 유기질 토양 ② 외양간 거름, 퇴비, 비료
mud	[mÁd] 명 진흙, 진창 (속어)아편
muddy	[mÁdi] 형 ① 질퍽한, 진흙투성이의 ③ 흐리멍텅한
multiply	[mÁltəplài] 타자 ① 수학에서 곱하다, 승하다. ② 다양화하다. 동 increase(증가하다) 늘리다, 늘다, …을 증가시키다, 증가하다, 번식하다. 반 decrease(줄이다)
murder	[mə́ːrdər] 자타(구어)노래 등을 아주 망쳐놓다, 잡치다, 사람을 살해하다. 동 killing(살인) homicide(살인)
murmur	[mə́ːrmər] 타자 ① 잎 등이 설렁거리다. ② 시냇물이 졸졸소리내다. ③ 속삭이다. ④ 중얼거리다, 낮은 목소리로 말하다. 명 ① 시냇물의 졸졸소리 ② 설렁거리는 소리 ③ 중얼거림 ④ 불평하는 소리 ⑤ 낮은 목소리 동 mumble (중얼거림)
muscle	[mÁsl] 명 근육, 힘줄, 근력
muscovado	[mÀskəvéidou] 명 흑설탕
muse	[mjúːz] 타 숙고하다. 자 명상[묵상]하다, 숙고하다.

museum	[mjùːzíəm] 똉 박물관, 미술관
mushy	[mʌ́ʃi] 똉 걸쭉한, (구어) 감상적인, 눈물이 많은 똉 pulpy (걸쭉한, 즙이 많은)
music	[mjúːzik] 똉 음악
musician	[mjuːzíʃən] 똉 음악가
mussy	[mʌ́si] 똉(구어)① 야단법석인 ② 구깃구깃한 ③ 난잡한
must	[məst] 똉 곰팡이 쟈 곰팡내가 나다. 쬬 ① …해야 한다. ② …하지 않으면 안되다. ③ …임에 틀림 없다. 똉 (구어)꼭 필요한 것, 보아야[들어야] 할 것.
muzzy	[mʌ́zi] 똉(구어)머리가 멍한, 몽롱한, 나른한
mustn`t	[mʌ́snt] must not 의 단축형
my	[mái] 뗴 (I의 소유격) 나의
myself	[maisélf] 뗴 나 자신, 나 스스로
mysterious	[místíəriəs] 똉 불가사의한, 원인불명의 똉 secret(헤아릴 수 없는), open(분명한)
mystery	[místəri] 똉 불가사의 똉 strangeness(이상함)
myth	[míθ] 똉 신화, 꾸며낸 이야기 똉 fable(신화, 전설)

Nn

nag	[næg] 타자 ① 바가지 긁다, 성가시게 잔소리하다. ② 욕하며 들볶다. nagger 잔소리 심한 여자 naggy 잔소리가 심한 통 annoy(괴롭히다)
nail	[néil] 몡 손톱, 발톱, 못, 징 타 ① 못[징]을 받다. ② (구어)체포하다. ③ 들추어내다. ④ 명중시키다. ⑤ 후려갈기다, 구타하다.
naive	[nɑːíːv] 혱 ① 고지식한, 소박한, 순진한 ② 특정분야에 경험이 없는
naked	[néikid] 혱 ① 벌거숭이의, 가리게 없는 ② 꾸밈없는 통 bare(벌거벗은) 쀈 clothed(옷입은)
name	[néim] 몡 이름, 명성 (구어)유명한 사람 타 이름을 짓다, 임명하다. 통 title(표제)
name-calling	[néimkɔ̀ːliŋ] 몡 욕설, 중상, 비난
nap	[næp] 몡 낮잠, 선잠 타 졸면서 보내다. 자 잠간 자다. 통 snooze(선잠)
napkin	[næpkin] 몡 냅킨
narrow	[nǽrou] 혱 좁은, 폭이 좁은 타 좁히다. 자 좁아지다. 통 slender(가는) 쀈 wide(넓은)
nation	[néiʃən] 몡 국가, 국민
national	[nǽʃənəl] 혱 국립의, 국가의, 국민의
nationality	[næ̀ʃənǽləti] 몡 국적, 선적

national monument 천연기념물

native [néitiv] 형 출생지의, 태어난 명 원주민

natural [nǽtʃərəl] 형 ① 자연의 ② 당연한, 자연스러운 ③ 타고난

nature [néitʃər] 명 자연, 본바탕, 본성

naughty [nɔ́:ti] 형 ① 못된, 버릇없는 ② 장난꾸러기의

navy [néivi] 형 해군

navigate [nǽvəgèit] 타자 1. 항행하다. 2. 조종하다.

near [níər] 부 가까이 형 가까운 전 …의 가까이에 동 close(가까운) 반 far(먼)

nearby [níərbai] 형 가까운 부 근처에

nearly [níərli] 부 ① 거의 ② 긴밀하게 ③ 정성들여, 꼼꼼하게 동 almost(거의)

neat [ní:t] 형 ① 깔끔한 성미의 ② 산뜻한, 깔끔한, 말쑥한 동 clean(깨끗한) 반 messy(어지른)

necessarily [nèsəsérəli] 부 ① 반드시 ② 부정구문에서 반드시 …은 아니다.

necessary [nésəsèri] 형 필요한 동 needed(필요한) 반 unnecessary (불필요한)

necessity [nisésəti] 명(복수로)① 필수품 ② 필요성 ③ 불가피성 동 requirement(요구물)

neck [nék] 명 목 타자 (구어)서로 목을 껴안고 애무하다.

necklace [néklis] 명 목걸이

neckbreaking [nékbrèikiŋ] 형 위험천만인 동 bréaknèck(위험천만의)

neck-deep [nékdí:p] 형부 목까지 빠진[빠져]

need [ní:d] 조 …할 필요가 있다. 타 …을 필요로 하다. 명 필

요, 결핍 **동** want(결핍)

needle [ní:dl] **명** 바늘 **타[자]**(구어)…에게 주사하다, 바늘로 꿰매다.

needless [ní:dlis] **형** 불필요한, 쓸데없는

negative [négətiv] **형** ① 부정의 ② 소극적인 **명** 부정, 부정어(문법)

Negro, negro [ní:grou] **명** 흑인

neighbor [néibər] **명** 이웃집, 이웃사람

neighborhood [néibərhùd] **명** 근처, 인근, 이웃 **동** vicinity(부근)

neither [ní:ðər] **대** 양자중의 어느 쪽도 …아니다. **형** 어느 …도 …아니다. **부** neither … nor … …도 …도 아니다.

nephew [néfju:] **명** 조카 niece(조카딸)

nerve [nə́:rv] **명** 신경, 용기, 담력 (a nerve 또는 the nerve로) 뻔뻔스러움, **타** 힘을 주다, **동** courage(용기) **반** cowardice (비겁) : get up the nerve 용기를 내다.

nervous [nə́:rvəs] **형** ① 신경과민의, 신경질적인 ② 흥분하기 쉬운 ③ 안절부절하는 ④ 침착성이 없는

-ness [nis] 〈 접미사 〉(분사 · 형용사 등에 붙여서)성질 · 상태를 나타내는 추상명사를 만듦.

nest [nést] **명** ① 둥지, 보금자리 ② 피난처 ③ 아늑한 곳

net [nét] **명** ① 그물 ② 올가미 ③ 함정 ④ 거미줄 ⑤ 통신망 **타** 그물로 잡다, 투망하다. **형** 정가의, 에누리 없는, 순…

never [névər] **부** ① 결코 …하지 않는다. ② …해 본적은 한번도 없다. ③ (구어)설마 …것은 아니겠지 ④ never … but … = never …without …ing …하면 반드시 …한다.

never-say-die [névərsèidái] 혱 불굴의, 지지않는 기질의

nevertheless [nèvərðəlés] 튀젭 그럼에도 불구하고

new [njú:] 혱 ① 처음보는, 신종의, 새로운 ② 신입의

newly [njú:li] 튀 최근에, 새로이, 요즈음

news [njú:z] 몡(단수취급)메스컴의 뉴스, 새로운 사건의 보도, 소식 동 report(보도)

newspaper [njú:zpèipər] 몡 신문

newsy [njú:zi] 혱 뉴스가 많은, 화제가 많은

Newton [njú:tn] 몡 뉴톤 (영국의 물리학자, · 수학자로 만유인력 법칙을 발견 (1642-1727))

New York 몡 뉴욕시, 미국 동북부의 뉴욕주 N.Y., NY

next [nékst] 혱 다음의, 이번의 튀 다음에, 그 다음은 젼 …의 다음(옆)에 때 다음 것, 다음 사람, 다음 주, 다음 해, 다음 달

nice [nais] 혱 괜찮은, 기분 좋은, 좋은, 멋진 (구어반어)난처한, 싫은 동 pleasant(기쁜)

nicely [náisli] 튀 ① 제대로 ② 꼼꼼하게 ③ 잘, 훌륭하게 ④ 기분좋게 맨 nasty(불쾌한)

nickel [níkəl] 몡 ① 니켈 ② 5 센트짜리 백동화

nickel-and-dime [níkələndáim] 타 ① 아끼다, 알뜰하게 살다(굴다). ② 시시한 일로 애먹이다.

niece [ní:s] 몡 조카딸

niggling [níɡliŋ] 혱 하찮은 일에 신경 쓰는, 옹졸한, 꼼꼼한 동 niggle[nígəl] 까다롭게 흠잡다, 옹졸하게 굴다.

night [náit] 몡 밤, 야간

nightingale	[náitiŋgèil] 몡 ① 나이팅게일, 유럽산 지빠귀 과의 새 ② 목소리가 고운 사람
no	[nou] 혱 ① 하나의 …도 없는 閉 ① 아니오 ② 앞에 한 말을 정정하며, 아니
NO., no.	[námbər] 몡 제 …번, 제 …호
Nobel	[noubél] 몡 노벨 (Alfred B Nobel 스웨덴 화학자 다이너 마이트의 발명가(1833-1896)
noble	[nóubəl] 혱 ① 귀족의, 고결한 ② 당당한, 웅대한 동 honorable(고귀한) 멘 ignoble(비천한)
nobly	[nóubli] 閉 귀족답게, 당당히, 고귀하게
nobody	[nóubàdi] 때 아무도 …않다. 몡 무명인, 보잘 것 없는 하찮은 사람
nocuous	[nákjuəs] 혱 유쾌한, 유독한
nod	[nád] 자 ① 고개를 끄덕이다. ② 꾸벅꾸벅 졸다.
nogo	[nóugóu] 혱 통행 제한(금지)의 no-go area 출입 금지 구역
noise	[nɔiz] 몡 소음, 시끄러운 소리, 야단 (구어)잡담, 엉터리 동 uproar(소란) 멘 quiet(조용한)
noisily	[nɔ́izili] 閉 요란하게, 시끄럽게
noisy	[nɔ́izi] 혱 시끄러운, 떠들썩한 동 loud(시끄러운) 멘 silent (조용한)
none	[nán] 때 no one · nobody 보다. 문어적인 말(복수취급) 아무도 …않다.
nonsense	[nánsens] 몡 난센스, 허튼소리 Nonsense! 그게 말이나 되니! 동 balderdash(같잖은 소리)

noon	[núːn] 몡 정오 the noon 전성기, 절정
nor	[nɔːr] 쥅 neither … nor …, not … nor … 로 …도 아니고 또 …도 아니다.
normal	[nɔ́ːrməl] 휑 사람이 정상인, 표준의 보통의, 평균의 용 healthy(건강한) 뺀 odd(이상한)
normally	[nɔ́ːrməli] 뷔 ① 보통은 ② 정상적으로 ③ 순리적으로 용 usually(항상)
north	[nɔ́ːrθ] 몡 보통 the를 붙여 북, 북쪽
nose	[nóuz] 몡 코, 후각, 돌출부 탸쟈 ① 냄새맡다. ② 코를 비벼대다.
not	[nát] 뷔 ① …아님 ② 부정사·분사·동명사를 부정할 때는 그 앞에 둔다.
note	[nóut] 몡 짧은 편지 (보통 복수로)각서, 원고, 메모 탸 적어두다, 주의[유념]하다. 용 message(전갈), write down(적어두다), notice(주의하다)
notebook	[nóutbùk] 몡 노트, 노트북 컴퓨터(휴대용 퍼스널 컴퓨터)
noteworthy	[nóutwə̀ːrði] 휑 주목할 만한, 두드러진 용 noted(주목할 만한)
nothing	[nʌ́θiŋ] 때 아무 것도 …없다[않다] 몡 무, 영(복수)하찮은 일 [사람, 물건]
notice	[nóutis] 탸 주의하다. 쟈 알아채다. 몡 통지, 주의 용 sign (표지) 뺀 ignor(무시하다)
notify	[nóutəfài] 탸 정식으로 신고[통지]하다. 용 inform(알리다)
notion	[nóuʃən] 몡 ① 관념, 개념 ② 막연한 생각, 의향 용 idea(생

각)

notional [nóuʃənəl] 휑 ① 상상의, 비현실적인 ② 관념상의 ③ 순리
적인

noun [naun] 똉 명사(문법)

nourishing [nə́:riʃiŋ] 휑 자양분이 있는

nourishment [nə́:riʃmənt] 똉 영양 상태, 자양물 동 sustenance(자양물)
반 deprivation(결핍)

novel [nάvəl] 똉 장편 소설 휑 신기한

November [nouvémbər] 똉 11 월

now [náu] 뷔 지금, 현재 휑 (구어)지금의, 현재의 (전치사 뒤
에 써서)지금, 현재 : by now 지금쯤은 벌써 for now 당
분간, 지금 당장은

nowhere [nóuhwɛ̀ər] 뷔 아무데도 …없다. 똉 ① 미지의 장소 ②
이름도 없는 존재, 무명

nuclear family 핵가족 (부모와 미혼자녀만으로 구성된 가족 형태) 반
extended family(확대 가족)

nudge [nʌ́dʒ] 타 ① 팔꿈치로 슬쩍 찌르다. ② 주의를 환기시키
다. 똉 팔꿈치로 슬쩍 찌르기

number [nʌ́mbər] 똉 ① 수, 숫자 ② 전화 번호 the number of …
의 수, a number of 다수의

numberless [nʌ́mbərlis] 휑 번호 없는, 셀 수 없이 많은

number one 자기, 제 1 급, [No.1] (유아어로)쉬, 오줌 do[make, go]
number one. 쉬를 하다.

number one boy (구어)권력자, 사장, 윗사람 말에 동조하는 사람 동 yes-
man

number plate (英) 자동차 번호판 (美) license plate

number ten (속어) 가장 좋지 않은, 최악의

number two 제2의 실력자, 보좌역, 유아어로 응가, do[make, go]
number two 응가를 하다.

nurse [nə́:rs] 명 간호원, 애보는 사람, 보모, 유모 타 간호하다,
젖먹이다, 보아주다. 자 젖을 먹이다, 젖을 빨다, 간호사
로 근무하다. 동 attend(간호하다)

O, oh	값 오, 아, 아이구, 어마나 (놀람·감탄·공포 등) (호칭하는 이름 앞에서)오‥!
oak	[óuk] 명 ① 떡갈나무 ② 오크재 제품
oar	[ɔ́:r] 명 노 타자 노저어 가다. (노 젓는 사람 oarsman)
oasis	[ouéisis] 명 오아시스, (비유로)휴식처 (속어)술집
oat	[óut] 명 귀리, 연맥 (복수로)성적만족 : I'm off my oats 식욕이 없다.
oatmeal	[óutmì:l] 명 오트밀, 빻은 귀리죽
obedient	[oubí:diənt] 형 …의 말을 잘 듣는, 순종하는, 고분고분한 동 obliging(정중한) 반 rebellious(반항적인)
obey	[əbéi] 타자 ① 복종하다, 말을 잘 듣다. ② 명령을 따르다.
object	[ábdʒikt] 명 ① 물건, 물체 ② 목적 ③ 목적어 [əbdʒékt] 자 항의하다, 반대하다, 이의를 제기하다. 동 protest(항의하다) 반 agree(동의하다)
objection	[əbdʒékʃ*ə*n] 명 반대, 이의 동 protest(항의) 반 agreement (동의)
oblige	[əbláidʒ] 타 ① 강요하다. ② 의무를 지우다. (수동태로 표현되어짐) 반 disoblige(불친절하게 하다) 자 (구어)호 의를 보이다, 은혜로 기쁘게 해주다. 동 require(요구하다)
obliging	[əbláidʒiŋ] 형 ① 협력적인, 잘 돌봐주는 ② 일 잘해 주는 ③ 예의바른 : obliging nature 잘해주는 성질
oblique	[əbli:k] 형 ① 비스듬한, 사면의, 기울어진 ② 애매모호한

observation	[àbzərvéiʃən] 명 관찰, 감지, 관찰력 동 watching(주시)
observe	[əbzə́:rv] 타 ① …을 관찰하다, 관측하다. ② 법을 지키다. 동 see(보다) 반 ignor(무시하다)
obtain	[əbtéin] 타 노력하여 …을 얻다, 손에 넣다. 동 acquire(획득하다) 반 lose(잃다)
obvious	[ábviəs] 형 ① 분명한, 환히 들여다보이는 ② 노골적인 ③ 뻔한 동 clear(명백한) 반 subtle(미묘한)
occasion	[əkéiʒən] 명 특정한 때, 경우, 기회 동 time(때)
occasionally	[əkéiʒənəli] 부 이따금 동 now and then(때때로)
occupation	[àkjupéiʃən] 명 직업, 취업, 점령 동 trade(직업)
occupy	[ákjupai] 타 장소를 차지하다, 점령, 점거하다, 마음 · 주의를 끌다.
occur	[əkə́:r] 자 일이 발생하다, 생각이 나다. 동 happening(일어나다)
occurrence	[əkə́:rəns] 명 발생, 사건 동 hapening(사건, 발생)
ocean	[óuʃən] 명 [the …] 대양, 바다. (구어)많음 동 sea(바다), deep(대양)
o'colck	[əklák] 부 [of the clock 의 단축형] 시
October	[αktóubər] 명 10 월
octopus	[áktəpəs] 명 문어, 낙지
oculist	[ákjulist] 명 안과의사 동 opthalmologist(안과의사)
odd	[ád] 형 이상야릇한, 홀수의, 우수리의, 임시의 동 strange(이상한) 반 ordinary(보통의)
oddball	[ádbɔ̀:l] 명(구어)괴짜, 형 별난
of	[áv, áv] 전 …에서 떨어져서, 소유의, …재료로, …때문

	에, …으로부터, …중에서
off-air	[ɔ́ːfέər] 형부 유선방송의[으로]
offbeat	[ɔ́ːfbíːt] 형 엉뚱한, 별난, 색다른
off	[ɔ́ːf] 전 …에서 분리되어, 탈것에서 내려, …에서 빠져나가, 정상상태에서 벗어나, 기준·목표·주제·일 등에서 벗어나
offal	[ɔ́ːfəl] 명 ① 인간 쓰레기 ② 쓰레기, 폐물, 찌꺼기 ③ 부스러기고기
offend	[əfénd] 타 감정을 해치다, 위반하다. 동 irritate(화나게 하다) 반 please(기쁘게 하다)
offender	[əféndər] 명 감정을 해치는 사람, 범죄자, 무례한 자 동 culprit(범인)
offer	[ɔ́ːfər] 타 …하겠다고 나서다, 제공[제의]하다. 동 tender (제의하다) 반 refuse(거절하다)
office	[ɔ́ːfis] 명 사무소, 취급소, 회사, 영업소 동 suite(잇달아 붙은 방)
officer	[ɔ́ːfisər] 명 순경, 장교, 공무원, 관리, 대리인 동 executive (행정관)
official	[əfíʃəl] 명 공무원, 당국자, 형 관의, 공무[직무]상의
often	[ɔ́ːfn] 부 자주, 종종 동 frequently(자주) 반 rarely(드물게)
oh	[óu] 감 야, 이런, 아이구, 아아 (감탄·놀람·기쁨·고통·비난 등에 쓰임)
oil	[ɔ́il] 명 기름, 석유, 유화물감 동 oil color(유화물감)
oink	[ɔ́iŋk] 자 돼지가 꿀꿀거리다. 명 꿀꿀거리는 소리
O.K., OK	[òukéi] 감 좋아, 알겠어 명 승인 타 승인하다. 동 correct

	(옳은) 휑 지장 없는, 괜찮은 위 좋아, 됐어
okay	[òukéi] = O.K. 동 all right(좋은)
okeydokey	[óukidóuki] (구어)= O.K.
old	[óuld] 휑 ① 노후한 ② 나이 먹은, 늙은 동 aged(나이 먹은) ③ 오래 사권 ④ 케케묵은 ⑤ 이전의, 원래의
old boy	(구어)남자학교의 졸업생, 정정한 노인
	an old boy's association 동창회
old girl	여자졸업생, 교우 [the …](구어)마누라, 어머니
Old Glory	[óuld glɔ́:ri] 휑 the … 성조기
Olympic Games	[the …] 근대의 국제 올림픽 대회
Olympic flame(fire)	성화
Olympic mascot	[əlímpik mǽskɑt] 올림픽 마스코트[복의 신]
Olympic symbol	5륜의 올림픽 마크
omit	[oumít] 태 …을 없애다, 생략하다, …을 빠뜨리다. 동 leave out(빼다) 땐 include(포함하다)
omnibus	[ámnibÀs] 휑 승합 자동차, 버스 휑 총괄적인, a hotel … 호텔 전용 버스
on	[án, ɔ́n] 젠 ① (접촉된)위에 ② (몸에)가지고 ③ …에 종사[관계]하고 ④ (받침)으로 ⑤ …에 따라 ⑥ …을 목적으로 ⑦ 도중에 …(도구)로 ⑧ …하는 중 ⑨ …에 따라서 ⑩ (날짜, 시간)에 ⑪ …하자 곧, …와 동시에
once	[wáns] 위 한번, 옛날에, 이전에 쩝 일단 …하면, 한번 하면
one	[wán] 휑 하나, 한 명, 1개 휑 하나의 때 사람은 《앞에 나

	온 명사의 반복을 피하여) (그것과 같은)것
one's	[wʌnz] 대 (one 의 소유격)사람의
oneself	[wʌnsélf] (강조용법으로)스스로, 자기자신이, (재귀용법으로)자신을
only	[óunli] 형 유일한 부 겨우, 다만 …뿐 동 sole(유일한)
ooze	[úːz] 타자 ① 스며 나오다. ② 비밀이 새다, 누설하다. ③ 분비물이 나오다. 명 바닥[밑바닥]의 부드러운 흙, 습지 동 seep(스며나오다)
opaque	[oupéik] 형 ① 불투명한 ② 우중충한 the … 암흑
open	[óupən] 형 ① 열린 ② 꽃이 핀 ③ 울타리가 없는 ④ 공개된, 출입 등 자유의 ⑤ 문호를 개방한 ⑥ 관세·통행세 등이 붙지 않는 타자 ① 열다, 펴다, 열리다. ② 공개하다. ③ 개시하다, 개업하다. 동 free(개방된) 반 closed(닫힌)
open sesame	「열려라 참깨」 난국해결책
opera	[ápərə] 오페라, 가극
operate	[ápərèit] 타자 운전하다, 기계가 움직이다. 동 run(운전하다)
operating	[ápərèitiŋ] 형 ① 수술의 ② 경영[운영]상의 ③ 운전상의
operation	[àpəréiʃən] 명 ① 운전, 작동 ② 작전 ③ 수술 동 function (기능)
operator	[ápərèitər] 명 ① 경영자, 운영자 ② 기사, 조작자
opinion	[əpínjən] 명 의견, 견해 (복수로)소신 동 viewpoint(견해)
opium	[óupiəm] 명 아편
opponent	[əpóunənt] 명 반대자, 적수, 상대 동 rival(경쟁자) 반 ally(협력자)

opportune	[ɑ̀pərtjúːn] 톙 때[시기]가 좋은, 적절한, 좋은
opportunity	[ɑ̀pərtjúːnəti] 몡 기회, 호기 됭 chance(기회)
oppose	[əpóuz] 타자 반대하다, 대항하다. 됭 resist(저항하다) 뺸 support(지지하다)
opposed	[əpóuzd] 톙 대립된, 적대하는, 반대된
opposite	[ɑ́pəzit] 톙 맞은편의, 정반대의 됭 contrary(반대의) 뺸 same(같은)
optional	[ɑ́pʃənl] 톙 마음대로의
or	[ɔ́ːr] 졉 또는, 즉, 다시말하면, 그렇지 않으면
oral	[ɔ́ːrəl] 톙 구두의 (구어) 구두시험 … ly. 구두로 됭 vocal (구두의) 뺸 written(서면의)
orbit	[ɔ́ːrbit] 몡 천체 등의 궤도, 활동범위, 타자 궤도를 그리며 돌다. 됭 course(진로)
orchard	[ɔ́ːrtʃərd] 몡 과수원, 과수 a pear … 배과수원
orchestra	[ɔ́ːrkìstrə] 몡 관현악단
order	[ɔ́ːrdər] 몡 명령, 주문, 주문서, 질서 타 명령하다. 됭 command(명령) …을 주문하다, 지시[처방]하다, 정리[정돈]하다.
ordinary	[ɔ́ːrdənèri] 톙 평상의, 정상의 됭 usual(보통의) 뺸 special (특별한)
organ	[ɔ́ːrgən] 몡 오르간, 발성기관, 기관, 장기
organization	[ɔ̀ːgənizéiʃən] 몡 조직, 기구, 구조, 단체 됭 association(협회)
organize	[ɔ́ːrgənaiz] 타 …을 조직하다, 체계화하다, 구성하다. 됭 establish(설립하다) 편성하다, 준비하다, 행사 등 계획하

　　　　　　다, 노동조합을 만들다.

Orient [ɔ́ːriənt] 몡 [the …] 동양 툉 the East

origin [ɔ́ːridʒin] 몡 기원, 발달, 출처, 수원, **(복수로)**가문 툉 source(원천) 뻔 end(끝)

original [ərídʒinəl] 혱최초의, 본디 툉first(처음의) 뻔 secondary(2차적인) 창의성이 풍부한, 독창적인

originality [ərídʒənǽləti] 몡 진짜, 원형, 독창력, 신선미, 진품

originally [ərídʒənəli] 뮈 원래는 최초에는, 기발하게, 참신하게, 독창적으로

originate [ərídʒənèit] 톼 시작하다, 짜내다. 쟈 유래하다, 비롯하다. 툉 begin(시작하다)

orphan [ɔ́ːrfən] 몡 고아 톼 고아가 되다, 부모를 잃게 하다. **(수동형으로 고아가 되었다)**

ostrich [ɑ́stritʃ] 몡 타조, 현실도피자

other [ʌ́ðər] 혱 다른 [the …]둘중에서 다른 하나의, 댸 [the …] 둘중의 다른 한쪽 **(복수)**others 남들

otherwise [ʌ́ðəwàiz] **(부사이면서 접속사적으로 쓰여)**그렇지 않으면, 달리, 다른 방법으로, 다른데는, 다른 점에서 보면

ouch [áutʃ] 깝 아야, 아이구 아파

ought [ɔ́ːt] 쪼 ① …해야 할 의무가 있다. ② 틀림없이 …일 것이다. **(구어)**꼭 …해보면 좋아

ounce [áuns] 몡 중량의 단위 1/16 파운드 약 28.4 그램 oz로 생략

our [áuər] 댸 we(우리들은)의 소유격, 우리의

ours [áuərz] 댸 we 의 소유대명사, 우리의 것

ourselves [ɑːrsélvz] 때 we의 복합인칭대명사 (재귀용법)우리 자신을[에게], (강조용법)우리 자신, 우리 스스로

out [áut] 閉 ① 동사와 함께 밖으로 ② 밖으로 내밀어 ③ 물체가 나타나 ④ 신체의 일부가 나와 ⑤ 비밀·소문 등이 알려져 ⑥ 책이 나와 ⑦ 꽃·잎·싹 등이 나와 ⑧ 큰소리로 ⑨ 철저하게 ⑩ 바닥이 날 때까지 ⑪ 벗어나 ⑫ 일을 못하고, 파업을 해 놓고

outdo [àutdúː] 厄 …을 능가하다, …보다 낫다. 통 excel(능가하다)

outdoor [áutdɔ̀ːr] 휑 야외의, 옥외의

outdoors [àutdɔ́ːrz] 閉 문밖에서, 옥외[야외]에서

outgoing [áutgòuiŋ] 휑 1. 떠나가는 ② 외향성의, 사교성이 많은

outline [áutlàin] 囘 1. 윤곽, 약도 ② 주된 특색·요점 통 contour (윤곽) 厄 …의 약도[윤곽]를 그리다.

outright [áutràit] 휑 노골적인, 솔직한, 완전한 閉 완전히, 철저히, 까놓고

outside [áutsáid] 囘 표면, 바깥쪽, 외부 휑 외부의 閉 외부에 쩐 [àutsáid áutsàid]의 바깥쪽으로, 밖에 통 exterior(외부) 맨 inside(안쪽)

outstanding [autstǽndiŋ] 휑 ① 걸출한, 우수한 ② 쑥내민, 눈에 띄는 통 prominent(특출한) 맨 ordinary(평범한)

oven [ʌ́vn] 囘 ① 건조실 ② 솥, 가마, 찜통

over [óuvər] 쩐 ① 공간이 있는 위쪽에, 바로 위에 ② 접촉된 위를 덮어 ③ …의 위로 내밀어 ④ …의 구석구석을 ⑤ 동작동사와 쓰여 …을 넘어 ⑥ 저편, 너머, 멀리에 ⑦ …이

상 ⑧ …에 관해서 ⑨ …을 들면서, 마시면서 ⑩ (전화)로, 에 의해

overcoat [óuvərkòut] 몡 외투

overcome [òuvərkʎm] 팀 …을 이겨내다, …에 이기다. …을 압도하다. 툉 conquer(정복하다) 뺸 submit(굴복하다)

overeat [òuvəríːt] 타자 과식하다.

overhead [òuvərhéd] 혱 고가의, 머리 위의
overhead railway 고가철도
overhead walkway 보도육교

overlook [òuvərlúk] 타 ① 못보고 지나치다. ② 눈감아 주다. ③ 대충 훑어보다. 툉 miss(놓치다) 뺸 notice(주시하다)

overseas [óuvərlúk] 혱 해외의, 해외로부터 뮈 해외로

overthrow [òuvərθróu] 타 ① 뒤엎다. ② 타도·전복하다, 정복하다. 툉 upset(전복하다)

overwork [òuvərwáːrk] 타자 과로시키다, 과로하다.

owe [óu] 타자 ① 빚지고 있다, 빚이 있다. ② 의 신세를 지고 있다.

owing [óuiŋ] 혱 ① 빚지고 있는 ② …에 기인하여, owing to … 때문에, …로 인하여

owl [ául] 몡 올빼미 혱 심야·철야 영업의

own [óun] 혱 ① 남의 것이 아닌 자기자신의 ② 남의 힘을 빌지 않는 툉 possess(소유하다)

owner [óunər] 몡 ① 소유권자 ② 하주, 선주

owner-driver [óunərdráivər] 몡 자영업자, 개인차 운전사

ownership [óunərʃìp] 몡 소유권, 소유자로서의 자격 car ownership

(자동차 소유권)

ox [áks] 명 황소 복수는 oxen [áksən]

oxygen [áksidʒən] 명 산소 (원소 기호 O)

oyster [ɔ́istər] 명 굴, 진주조개 (구어)입이 무거운 사람, 닭골 반 속 살점(맛있는)

Pacific Rim	태평양 연안 국가들
package tour	[pǽkidʒtúər] 몡 여행사 알선여행
page	[péidʒ] 몡 페이지 탄 ① 페이지 수를 메기다. ② 이름을 불러 사람을 찾다. 짜 1. 사환으로 일하다. 2. 페이지를 넘기다.
pain	[péin] 몡 육체적 · 정신적 고통 (복수로)고심, 노력, 수고 짜 아프다.
painful	[péinfəl] 혱 ① 고통스러운 ② 고된, 힘드는 ③ 아픔, 괴로운
paint	[péint] 탄짜 ① 페인트칠하다. ② 그리다. ③ 화장하다. 몡 페인트, 그림물감
painter	[péintər] 몡 화가, 칠장이 통 artist(화가)
pair	[péər] 몡 ① 한 쌍, 한 켤레, 한 벌 ② 한 쌍의 남녀 탄 짝으로 만들다, 짝지우다, 교미시키다. 짜 둘씩 한 조가 되다, 교미하다.
pal	[pǽl] 몡 ① 단짝 ② 공범, 동아리 ③ 친구 짜 친구가 되다.
pale	[péil] 혱 창백한, 어슴프레한 짜 창백해지다.
pants	[pǽnts] 몡 바지, 팬츠(내복)
papa	[pɑ́:pə] 몡 아빠 mama, mamma 엄마
parachute	[pǽrəʃùːt] 몡 낙하산 탄 낙하산으로 투하하다. 짜 낙하산으로 강하하다.

parade [pəréid] 몡 행렬, 시위행진, 연병장, 열병식 图 march(행진) 国 열병하다, 시위행진하다. 园 열지어 행진하다, 정렬하다.

parent [péərənt] 몡 어버이(아버지 또는 어머니) (복수로) 양친 부모

park [páːrk] 몡 공원, 주차장 the park …장 (영구어)축구 경기장 国园 주차하다, 잠시 놓아두다, 아이등을 남에게 맡기다.

part [páːrt] 몡 부분, 연극 등의 역, 역할 国 …을 나누다, 가르다. 园 헤어지다, 갈라지다, 나뉘다, 쪼개지다, 떨어져 나가다. 图 portion(부분) 倒 whole(전체)

partner [páːrtnər] 몡 ① 동업자 ② 댄스 등의 상대 ③ 동료, 공동 경영자, 배우자 国 ① 짝짓다. ② 제휴[협력]하다.

party [páːrti] 몡 ① 파티, 회합 ② 일행, 패거리 ③ 정당, 당파 ④ 당사자, 한쪽 편 国 파티로 접대하다. 园 파티에 가다. 톙 정당의, 관계하는, 가담하는, 관여하는, be … to …에 가담하다.

pass [pǽs] 国 ① …을 추월하다. ② …을 통과하다. ③ 건네주다(식탁에서) 에게 넘겨주다. ④ 시험에 합격하다.

past [pǽst] 톙 과거의 몡 과거 젠(시간·연령에서)…가 지난, 넘은, 건물 등을 지나서

paste [péist] 몡 붙이는 불, 밀가루 반죽, 연고, 고약, 치약 国 풀칠하다, 풀로 붙이다, 풀칠하여 붙이다.

pasture [pǽstʃər] 몡 목장, 목초지, 목초

pat [pǽt] 国园 토닥거리다, 톡톡 치다.

patent	[pǽtnt] 몡 특허[권], 특허품, 특허증 휑 특허권을 가진 탄 …의 특허를 얻다. apply [ask] for a … 특허를 출원하다. take out a … for[on] …의 특허를 취득하다.
path	[pǽθ] 몡 ① 밟아 다져진 소로, 보도 ② 통로, 진로
patience	[péiʃəns] 몡 인내, 참을성
patient	[péiʃənt] 휑 참을성이 많은 몡 환자
pavement	[péivmənt] 몡 포장도로 (英) 포장한 인도 (美)인도 툉 sidewalk(인도)
pay	[péi] 몡 지불, 임금, 급료 탄자 대금을 지불하다.
peace	[píːs] 몡 평화 (the peace로)치안, 질서
peaceful	[píːsfəl] 휑 ① 평화로운, 평화적인 ② 평화를 애호하는 ③ 평안한
peacefully	[píːsfəli] 명 평화롭게, 평안하게
peak	[píːk] 몡 ① 산꼭대기, 봉우리 ② 성수기, 절정 툉 top(꼭대기) 땐 base(밑)
pebble	[pébl] 몡 ① 조약돌 (구어)도수 높은 안경 ② 수정
peculiar	[pikjúːljər] 휑 고유의, 특유한, 특이한 툉 unusual(드문) 땐 ordinary(보통의)
peel	[píːl] 탄 껍질을 벗기다. 쟈 벗겨지다. 몡 껍질 툉 skin(껍질을 벗기다)
peep	[píːp] 쟈 ① 엿보다, 훔쳐보다. ② 소곤거리다. 툉 cheep (삐악삐악 울다)
penguin	[péŋgwin] 몡 펭귄
peninsula	[pinínsjulə] 몡 반도 툉 headland(돌출부)
penny	[péni] 몡 영국의 1페니, 새 페니는 1/00 파운드 약어 P

penpal	[pénpæl] **(구어)**편지 친구 **동** pen friend(편지 친구)
people	[píːpl] **명** 사람들 a … 또는 … s로 국민, 민족 **동** persons(사람들)
per	[pəːr] **전** …당, …마다 **부** 1개[1인] 당, 각각
percent	[pərsént] **명** 퍼센트, 백분 **(구어)**백분율 **부** 100에 대하여
perfect	[pə́ːrfikt] **형** 완벽한, 조금도 틀림이 없는 **동** faultless(실수 없는) **반** flawed(결점 있는)
perform	[pərfɔ́ːrm] **타자** 실행[이행]하다, 연기[연주]하다. **동** carry out(실행하다)
performance	[pərfɔ́ːrməns] **명** 이행, 성과, 상연, 연기 **동** presentation (상연)
pehaps	[pərhǽps] **부** 어쩌면, 아마 **동** maybe(아마) **반** definitely (분명히)
period	[píːriəd] **감(구어)(문미에서)**이상이다, 이상 **명** 마침표 **동** term(기간)
permit	[pərmít] **타** 허용하다, 사물이 허락하다. **동** allow(허락하다) **반** forbid(금지하다)
person	[pə́ːrsn] **명** 사람, 인물, 풍체 **동** human(인간)
personal	[pə́ːrsənəl] **형** 개인의, 사적인, 본인의 **동** private(사사로운) **반** public(공공의)
persuade	[pərswéid] **타** 설득하다, 납득시키다. **동** convince(확신시키다) **반** dissuade(단념케 하다)
pet	[pét] **명** ① 애완 동물, 귀염둥이 ② 귀여운[마음에 드는] 사람 **동** favorite(총아)
pheasant	[fézənt] 꿩, 목도리 뇌조

phone	[fóun] 명 전화기 타자 전화하다, 전화로 불러내다. (up)
photo	[fóutou] 명 (구어)사진 타자 사진을 찍다, 사진에 찍히다.
pohotograph	[fóutəgrӕf] 명 사진
photographer	[fətágrəfər] 명 사진가, 카메라맨
phrase	[freiz] 명 구, 성구, 완용구
physics	[fíziks] 명 (단수취급)물리학
pianist	[piӕnist] 명 피아노 연주가
pick	[pík] 타자 ① 파다. ② 우비다. ③ 찍다. ④ 쪼다. ⑤ 훔치다, 슬쩍하다. ⑥ 잔소리하다.
picnic	[píknik] 명 (구어)유쾌한 시간, 소풍
picture	[píktʃər] 명 그림, 사진, 영화 (복수로)영화계 동 paiting (그림)
piece	[píːs] 명 일부분, 조각, 한 개, 한 점, 한 조각, 잇다, 때우다. 동 part(부분)
piety	[páiəti] 명 신앙심, 효심, 애국심
pigeon	[pídʒən] 명 비둘기, 젊은 처녀 (英口)my pigeon 나의 일 [책임 · 관심사]
pile	[páil] 명 퇴적, 산더미 타 쌓아 올리다. 자 쌓이다. 동 heap (퇴적)
pilgrim	[pílgrim] 명 순례자 동 traveler(여행자)
pillow	[pílou] 명 베개 타 베개로 삼다. 동 cushion(방석)
pilot	[páilət] 명 비행기 조종사 타 비행기 등을 조종하다. 동 aviator(비행가)
pin	[pín] 명 핀, 부로치, 넥타이핀 타 핀으로 꽂다. 동 fastening(죄는 기구)

pine	[páin] 몝 소나무 때 ① 애타게 그리워하다. ② 수척해지다, 파리해지다.
pineapple	[páinæpl] 몝 파인애플 (호주에서 구어로)폭탄, 수류탄
Ping-Pong	[píŋpɑŋ] 몝 탁구 태재 주고받고 [왔다 갔다] …, table tennis 탁구
pinwheel	[pínhwìːl] 몝 종이 바람개비
pioneer	[pàiəníər] 몝 개척자 태재 개척하다. 동 pathfinder(개척자)
pitch	[pítʃ] 태 던지다, 투수를 맡다. 때 ① 거꾸로 떨어지다. ② 천막을 치다. 동 throw(던지다), set up
pitcher	[pítʃər] 몝 ① 투수 ② 손잡이 달린 주전자 동 jug(주전자)
pity	[píti] 몝 동정심, 연민 태재 동정하다, 딱하게 여기다. 동 mercy(자비) 반 cruelty(잔인)
place	[pléis] 태 놓다, 배열하다, 배치하다. 몝 장소, 입장 동 space(공간)
plague	[pléig] 몝 1. 역병, 전염병 2. 페스트, 흑사병 3. 재앙, 천재, 저주 태 1. 역병에 걸리게 하다. 2. 애태우다.
plain	[pléin] 혭 ① 분명한 ② 소박한, 평범한 ③ 평평한(복수로)광야, 평지 동 simple(간단한) 반 fancy(장식적인)
plain living	검소한 생활
plain-looking	보통으로 생긴
plain people	보통 사람
plan	[plǽn] 몝 ① 계획, 안 ② 도면, 설계도 태재 계획을 세우다, 입안하다. 동 plot(계략)
plane	[pléin] 몝 ① 비행기 ② 수평면 혭 평탄한 동 level(수준),

	airplain 困 ① (구어)비행기로 가다. ② 활공하다. 《down》
plane	[pléin] 명 대패 타자 대패질하다.
planet	[plǽnit] 명 행성, 운성
plankton	[plǽŋktən] 명 부유생물
planned	[plǽnd] 형 계획된, 예정대로의, 조직적인
plant	[plǽnt] 명 ① 식물, 모종, 묘목 ② 공장 ③ 생산시설, 설비 타 심다, 이식하다.
plastic	[plǽstik] 형 ① 플라스틱의 ② 성격이 유연한 ③ 감수성이 예민한, 가르치기 쉬운 ④ 성형의 동 pliant(유연한), supple(유연한), pliable
plate	[pléit] 명 ① 접시, 접시류, 식기류 ② 요리 ① 인분 [the …] 교회의 헌금 타 ① …에 도금하다, 관금으로 닦다. ② 두들겨 펴서 판으로 만들다. ③ 종이에 광택을 내다. ④ 인쇄에서 전기(동)판으로 뜨다.
plateau	[plætóu] 명 고원
platform	[plǽtfɔːrm] 명 ① 교단, 연단 ② 역의 플랫폼, 승강장 동 dais(연단)
play	[pléi] 자타 ① 놀이 · 경기 등을 하다. ② 상연하다, 출연하다. 동 show(연극) 명 ① 놀기, 놀이, 기분풀이, 오락, 경기 ② 경기하는 솜씨 ③ 수법 동 performance(공연)
player	[pléiər] 명 ① 선수, 경기자, 연주자 ② 녹음 · 녹화 재생기
playful	[pléifəl] 형 말이나 행동이 웃기는, 장난 잘하는, 명랑한, 놀기 좋아하는
playground	[pléigraund] 명 운동장

plaything	[pléiθiŋ] 명 노리개, 장난감, 희롱 당하는 사람 동 toy(장난감) 동 game(장난감)
plaza	[plǽzə] 명 광장
pleasant	[pléznt] 형 ① 기분 좋은, 즐거운 ② 태도가 싹싹한, 쾌활한 동 affable(상냥한)
please	[plíːz] (부사적으로)① 부디, 제발 ② 남을 기쁘게[즐겁게]하다. 동 gratify(기쁘게 하다) 반 vex(화나게 하다)
pleasure	[pléʒər] 명 기쁨, 즐거움 동 delisht(기쁨) 반 pain(아픔)
plentiful	[pléntifəl] 형 많은, 풍부한 동 abundant(풍부한) 반 scarce(부족한)
plenty	[plénti] 명 다량, 풍부 부(구어)충분히 동 abundance(충분) 반 need(결핍)
plop	[pláp] 타자 풍덩[평하고] 떨어뜨리다[떨어지다] 명 풍덩 부 풍덩하며
plow plough	[pláu] 타자 밭을 갈다. 명 쟁기, 경작
pluck	[plʌ́k] 타 ① 잡초 등 뽑다. ② 잡아 당기다. ③ 움켜쥐다. ④ 홱 당기다. ⑤ 붙들려고 하다. 명 담력, 원기, 용기 동 snatch(잡아채다), pull(뜯어내다)
plucked	[plʌ́kt] 형 담력 있는, 용기 있는 동 plucky(담력 있는)
plug	[plʌ́g] 명 ① 전기플러그, 마개 ② 소화전 (속어)주먹으로 갈기다. 동 stopper(마개) (구어)꾸준히[부지런히] 일하다, 공부하다. 동 plug away at(일·공부를 부지런히 하다)
plush	[plʌ́ʃ] 형 (구어) ① 호화로운, 멋있는 ② 즐거운, 편한
p.m., P.M.	[píːém] 오후 (라틴어인 post meridiem[pòust mərídiəm]의 약어)

poem	[póuim] 몡 시 통 verse(운문)
poet	[póuit] 몡 시인, 상상력이 풍부한 사람
poetry	[póutri] 몡 문학형식의 시, 시가, 시집, 통 verse(운문)
point	[póint] 타재 구두점·소수점을 찍다, 가리키다, 손가락질 하다, 지적하다, 들이대다, 댄서 등이 발끝을 세우다, 겨냥 하다. 통 indicate(가리키다)
pointer	[póintər] 몡(구어)충고, 조언, 가리키는 시침, 지시봉, 사 냥개의 일종
poison	[póizn] 몡(구어)one's … 마실 것, 해독, 독(약) 통 venom(독)
pole	[póul] 몡 장대높이뛰기의 장대, 막대기, 극, 극지 타 막대 기로 받치다. [어깨에 메다] 장대로 뛰다.
police	[pəlís] 몡 경찰 the … 로 집합적 경찰관, 경관
polish	[púliʃ] 타 닦다, 윤내다. 재 닦이다, 윤이 나다. 몡 광택 통 shine(빛내다) 반 dull(흐릿하게 하다)
polite	[pəláit] 휑 공손한, 예의바른, 품위 있는, 세련된, 문장 등 이 세련된 통 courteous(예의바른) 반 rude(무례한)
politely	[pəláitli] 뷔 공손하게, 품위있게
pond	[pánd] 못, 작은 호수, 타 물을 막아 못으로 만들다. 재 물 이 괴다, 못이 되다.
pony	[póuni] 몡 작은말, 조랑말
pool	[púːl] 몡 수영용 풀, 물웅덩이, 액체가 고인 곳
poor	[púər] 휑 가난한, 초라한, 서투른, …가 없는 통 needy(빈 궁의) 반 rich
pop	[páp] 몡 대중음악 휑(구어)유행하고 있는

popular	[pápjulər] 혱 인기있는, 유행의, 대중적인 동 famous(유명한)
porch	[pɔ́ːrtʃ] 몡 현관, 베란다 동 veranda
pork	[pɔ́ːrk] 몡 돼지고기
porridge	[pɔ́ːridʒ] 몡 죽
port	[pɔ́ːrt] 몡 항구, 항만, 항구도시 동 harbor(항구)
portable	[pɔ́ːtəbl] 혱 휴대할 수 있는 동 handy(편리한)
porter	[pɔ́ːrtər] 몡 짐꾼, 침대차·식당차의 급사
possible	[pásəbl] 혱 가능한, 있을 수 있는 동 practical(실제적인)
post	[póust] 몡 우편, 우편물, 우체통 동 postbox(우체통)
postage	[póustidʒ] 몡 우편요금
postage stamp	[póustidʒ stæmp] 몡 우표
post card	[póust kɑːrd] 몡 우편엽서
poster	[póustər] 몡 벽보
postman	[póustmən] 몡 우체부
post office	[póustɔ̀fis] 몡 우체국
pot	[pát] 몡 (구어)특정 목적의 기금, 깊은 냄비, 단지, 항아리, 분, 독
potato	[pətéitou] 몡 감자
potato chip	얇게 썬 감자 튀김
pound	[páund] 몡 파운드. 무게의 단위로 16온스, 약 454그램, lb로 생략
pour	[pɔ́ːr] 팀 따르다, 붓다, 쏟다, 흘리다. 쟈 흘러나오다, 넘쳐 흐르다, 쇄도하다.
powerful	[páuərfəl] 혱 강한, 강인한, 동력 등이 높은, 약 등이 효능

이 있는 (동) strong

practical [prǽktikəl] (형) 실제적인, 실용적인, 실지 경험한 (동) workable(실행할 수 있는)

practice practise [prǽktis] (타) 반복적으로 연습·실습하다. (자) 실행하다.

praise [préiz] (명) 칭찬 (타) 칭찬하다. (동) admire(칭찬하다) (반) condemn(나무라다)

pray [préi] (타)(자) 기도하다, 간청하다. (동) beseech(간청하다)

prayer [préər] (명) 기도하는 사람

[préər] (명) 기도, 빌기, 청원, (동) request(요청), appeal(호소)

preach [príːtʃ] (타)(자) 설교하다, 전도하다. (명) 설교 (동) moralize(설법하다)

precious [préʃəs] (형) 귀중한, 귀여운, 값비싼 (동) valuable(가치있는)

prefer [prifə́ːr] (타) …을 더 좋아하다. (동) favor(좋아하다)

preparation [prèpəréiʃən] (명) ① 준비, 예습, 각오 ② 조제약

prepare [pripέər] (타)(자) ① 준비하다. ② 약을 조제하다, 각오하다. (동) ready(준비하다)

present [préznt] (형) 출석한, 현재의, 현… (명) 선물, 예물 (동) existing(현존의)

[prizént] (타) ① 증정하다, 비치다, 주다. ② 제출하다. (동) give(주다)

president [prézidənt] (명) 대통령, 총장, 학장, 총재, 사장

press [prés] (타)(자) ① 압박하다, 내리누르다. ② 눌러 붙이다. (동) push(누르다) ③ 재촉하다, 조르다. ④ 강요하다[the …]

보도기관, 언론계 **명** 잡지, 출판물

pressure [préʃər] **명** 압력, 기압, 전압, 압축, 압박감 **타** 압력을 가하다.

pretend [priténd] **타자** …인체 하다, 사칭하다, 속이다. **동** make believe(가장하다)

pretty [príti] **형** 예쁜, 참한, 기분좋은 (반어적)엉뚱한 **동** lovely(사랑스러운) **반** plain(수수한)

previous [prí:viəs] **형** 이전의 **부** 전에, 미리 **동** prior(앞의) **반** later (후의)

price [práis] **명** ① 값, 시세, 시가 ② 현상금, 상금 **타** (구어) 값을 여기저기 알아보다. ③ 값을 매기다. **동** cost(가격)

prick-up [príkʌp] 형(구어)야무진, 똑똑한

pride [práid] **명** ① 자존심, 자만 ② 자기자랑 ③ 오만 ④ 자랑거리 **타자** 자랑하다. **동** conceit(자만) **반** humbleness(겸손)

prideful [práidfəl] **형** 자존심이 강한, 교만한, 건방진

primary [práimeri] **형** 첫째의, 초보의, 초등의 **동** chief(주요한) **반** secondary(부수적인)

primitiv [prímətiv] **명** 태고의, 원시의, 원시적인 **명** 원시인 **동** prehistoric(선사시대의) **반** sophisticated(세련된)

prince [príns] **명** 왕자

princess [prínsis] **명** 공주, 왕비, 황녀, 왕비

prinipal [prínsəpəl] **형** 주요한, 교장 **동** chief(주요한) **반** secondary(2 차적인)

principle [prínsəpl] **명** 원리, 원칙 **동** rule(법칙)

print	[prínt] 匽 ① 옷감 등에 날염하다, 무늬를 박다. ② 인쇄하다, 출판하다. 몡 인쇄, 인쇄물 동 publish(발행하다)
private	[práivit] 혱 개인의, 사사로운, 비밀의 몡 병사(이등병) 동 personal(개인의) 凹 public(공공의)
prize	[práiz] 몡 상품, 상 동 reward(상) 凹 undervalue(경시하다)
probable	[prábəbl] 혱 있음 직한 동 likely(할 것 같은)
probably	[prábəbli] 凷 아마, 십중 팔구는
problem	[prábləm] 몡 문제 동 difficulty(어려움)
proceed	[prəsíːd] 匜 나아가다, 진행하다. 동 move ahead(나아가다) 凹 retreat(퇴각하다)
produce	[prədjúːs] 匽 ① 생산하다, 제조하다. ② 상연[공연·연출]하다. [prádjuːs] ① 농산물, 천연산물 ② 생산액[고] 동 bear(낳다)
product	[prádəkt] 몡 ① 생산품, 제품 ② 소산, 결과 ③ 성과 동 result(결과)
profession	[prəféʃən] 몡 두뇌를 쓰는 직업, 전문직 동 occupation(직업) 凹 hobby(취미)
professional	[prəféʃənəl] 혱 직업의, 직업적인
professor	[prəfésər] 몡 교수 (구어)일반적으로 남자 교사
profit	[práfit] 몡 금전상의 이득, 흑자 匜 이익을 얻다, 도움이 되다. 동 gain(이익) 凹 loss(손실)
program	[próugræm] 몡 일정, 행사계획, 계획, 예정 동 schedule(계획)

progress	[prágres] 명 진보, 발달 통 advance(진보) 반 regress(퇴보하다)
	[prəgrés] 자 진행되다, 진척되다, 진보하다, 발달하다, 향상하다.
project	[prádʒekt] 명 ① 계획, 기획 ② 사업 ③ 연구 과제 통 plan (계획, 계획하다) 타 [prədʒékt] 자 계획하다, 기획하다. 자 내밀다, 돌출하다.
promise	[prámis] 명 약속 타자 약속하다. 통 word(약속)
promising	[prámisiŋ] 형 장래성이 있는
pronounce	[prənáuns] 자타 발음하다. 통 utter(발음하다)
pronounced	[prənáunst] 형 ① 확고한, 명백한, 뚜렷한 ② 두드러진 ③ 강력한 ④ 결단성 있는
propose	[prəpóuz] 타 남자가 결혼을 신청하다, 제의[제안]하다. 통 offer(제안하다)
prosper	[práspər] 자 번영하다, 번창하다. 통 thrive(번영하다) 반 wane(시들다)
protect	[prətékt] 타자 보호하다, 지키다. 통 guard(보호하다)
proud	[práud] 형 자랑으로 여기는, 득의양양한 통 prideful(자만심 있는)
prove	[prúːv] 타 증명하다, 입증하다. 자 …임이 알려지다. 통 verify(증명하다)
proverb	[právəːrb] 명 속담, 격언 통 saying(속담)
provide	[prəváid] 타 ① 공급하다. ② 준비하다, 대비하다. 통 supply(공급하다)
public	[páblik] 형 공공의, 일반국민의 통 people(민중) 반

	private(사설의)
pudding	[púdiŋ] 명 푸딩 (밀가루에 과일, 우유, 달걀 등을 섞어 향료를 넣어 구운 과자)
pull	[púl] 타자 을 당기다, 끌다. 동 drag(끌다) 반 push(밀치다)
pulse	[páls] 명 맥박, 고동
pumpkin	[pámpkin] 명 호박
punch	[pántʃ] 명 구멍 뚫는 기구, 구멍가위 타 주먹으로 한 대 치다. 자 강타하다. 명 ① 주먹질 ② 활력 ③ 힘
punctural	[páŋktʃuəl] 형 시간을 엄수하는 동 timely(시간에 맞는) 반 tardy(느린)
pupil	[pjú:pəl] 명 학생 《초등학교: 중학교 학생》 동 student(학생)
puppy	[pápi] 강아지
pure	[pjúər] 형 순수한 동 unmixed(순수한) 반 mixed(혼합한)
purple	[pə́:rpl] 명 자주빛 형 자주빛의
purpose	[pə́:rpəs] 명 목적, 의도 동 intention(의향)
purse	[pə́:rs] 명 지갑
push	[púʃ] 타 …을 밀다, 추진하다. 동 shove(밀다)
put	[pút] 타 ① 어떤 장소에 놓다, 두다. ② 가져다 대다. 동 place(두다) ③ 어떤 상태로 만들다. ④ 결말을 짓다. ⑤ 배치하다. ⑥ 일하게 하다. ⑦ 어떤 상태에 회부하다. ⑧ 고통을 받게 하다. ⑨ 세금 등 부과하다. ⑩ 정신을 집중하다. ⑪ 마음을 기울이다. ⑫ 적어 넣다. ⑬ 서명하다. ⑭ 등록하다. ⑮ 표현하다. ⑯ 어림잡다. ⑰ 값을 매기다. ⑱

pyramid

책임 등 …에게 돌리다. ⑲ …에게 신임[신용]을 두다.

[pírəmìd] 피라미드, 금자탑 (고대 이집트 왕의 묘)

qualified	[kwάləfàid] 형 자격 있는, 면허를 받은, 검정을 거친
qualify	[kwάləfài] 타 …에게 자격을 주다. 자 ① 자격을 얻다. 동 suit(알맞다) ② 스포츠에서 예선을 통과하다.
quality	[kwάləti] 명 ① 품질, 특색 ② 우량질, 우수성 형 상질의 동 trait(특성)
quantity	[kwάntiti] 명 양, 수량 동 amout(총액,양)
quarrel	[kwɔ́:rəl] 자 말다툼하다, 싸우다. 명 말다툼, 싸움 동 argument(논쟁)
quarter	[kwɔ́:tər] 명 ① 1시간의 1/4로 15분, 15분전 ② 1분기 ③ 지방, 지역
queen	[kwíːn] 명 여왕, 왕비
queen wasp	[kwíːnwɑsp] 여왕벌, 암펄
queer	[kwíər] 형 이상한, 묘한, 기묘한 동 odd(이상한) 반 ordinary(보통의)
question	[kwéstʃən] 명 ① 질문, 질의 ② 의심 ③ 문제, 논점, 현안 동 query(질문) 반 answer(대답) 자타 질문하다.
quick	[kwík] 형 빠른 부 속히, 빨리 명 [the …]핵심(사건의 핵심 등) 동 rapid(빠른) 반 slow(느린)
quicken	[kwíkən] 타 ① 빠르게 하다. ② 자극하다, 활기 띠게 하다. 자 빨라지다.
quickly	[kwíkli] 부 빨리, 서둘러서

quick-sighted [kwíksáitid] 톙 눈치가 빠른

quiet [kwáiət] 톙 ① 조용한, 평화로운, 한적한 ② 장사가 한산한 턔 진정시키다. 판 잠잠해지다. 퉁 still(조용한) 판 noisy(시끄러운)

quietly [kwáiətli] 튄 ① 조용히 ② 얌전[침착 · 차분]하게

quilt [kwílt] 명 누비이불 턔 이불 등을 덮다.

quisle [kwízl] 판(구어)배반하다, 배신하다.

quit [kwít] 턔판 ① 일을 그만두다, 떠나다, …에서 물러나다. ② 사직하다. 퉁 leave(떠나다)

quirky [kwə́:rki] 톙 꾀바른, 변덕스러운

quite [kwáit] 튄 ① 아주 전적으로, 완전히 ② 부정어와 함께 부분 부정이 되어 완전히 …은 아니다. 퉁 rather(꽤)

quiz [kwíz] 명 간단한 테스트, 짓궂은 장난 턔 물어서 시험해보다, 놀리다. 판 놀리다, 장난하다.

rabbit	[rǽbit] ① 일반적으로 토끼, 집토끼 ② 겁쟁이 困 토끼 사냥하다.
rabies	[réibiːz] 몜 광견병, 공수병
race	[réis] 몜 경주 (the races)경마대회, 경마개최 동 run(경주) 困 경주하다, 질주하다. 몜 ① 인종 ② 품종, 속, 류 兕 dawdle(빈둥거리다)
racehorse	[réishɔːrs] 몜 경마말
radio	[réidiòu] 몜 ① 라디오 수신기 ② 무선전신[전화], 무전, 무선통신 (the radio로)라디오 방송 困困 무선으로 연락하다.
radio wave	전파, 전자파
radish	[rǽdiʃ] 몜 무
raffish	[rǽfiʃ] 혱 막되먹은, 자유분방한, 상스러운, 저속한
rag	[rǽg] 몜 ① 넝마 ② 신문지 (복수로)누더기, 옷 동 dishrag(행주)
rail	[réil] 몜 가로대, 난간, 철로 동 railings(난간) (美) railroad(철도) (英)railway
rain	[réin] 몜 비 困 비가 오다.
rainbow	[réinbou] 몜 무지개
raincoat	[réinkout] 몜 비옷
rainstorm	[réinstɔ̀ːrm] 폭풍우
raise	[réiz] 困 ① 들어올리다. ② 기 등을 올리다. ③ 건축하다.

	④ 승진시키다. ⑤ 재배[사육]하다. ⑥ 양식하다. 명 승급 동 lift(들어올리다) 반 lower(낮추다)
raisin	[réizn] 명 건포도
rake	[réik] 명 ① 갈퀴 ② 부지깽이 타자 긁어모으다, 갈퀴질 하다, 망원경 등으로 전망하다.
random	[rǽndəm] 형 닥치는 대로의, 되는 대로의 동 haphazard (되는 대로의) 반 particular(특별한)
rangeland	[réindʒlænd] 명 방목장
rank	[rǽŋk] 명 ① 계급 ② 사회적 지위, 신분 ③ 열, 줄 타 나 란히 세우다. 자 줄짓다, 나란히 서다. 동 grade(등급)
rap	[rǽp] 명 ① 톡톡 두드림 ② 세게 두드리는 소리 take a rap (구어)얻어맞다. take the rap 벌[비난] 받다, 남의 죄를 쓰다. 타자 톡톡 두드리다. 동 knock(두드림)
rapid	[rǽpid] 형 빠른, 행동이 날랜 (복수로)급류 동 quick(빠른) 반 slow(느린)
rapt	[rǽpt] 형 ① 넋을 빼앗긴, 황홀해 있는 ② 열중한, 몰두한
rare	[réər] 형 ① 드문, 귀한, 진기한, 희한한 ② 스테이크가 설 구워진 (영국)underdone(설 구워진)
rarely	[réərli] 부(rarely ever 로도 쓰여)좀처럼 …않다. 반 common(흔한) (rarely or never도)좀처럼 …하지 않는 다. 동 unusual(드문)
rat	[rǽt] 명 쥐
rate	[réit] 명 ① 비율, 요금 ② 속도 타 평가하다. 동 pace(속도), price(평가하다)

rather	[rǽðər] 튀 ① 오히려, 차라리 ② 약간, 다소, 좀
rational	[rǽʃənl] 휑 이성적인, 합리적인, 논리적인, 사리에 맞는 圄 reasonable(합리적인) 빤 irrational(분별이 없는)
raw	[rɔ́ː] 휑 날것의, 개발되지 않은
ray	[réi] 몡 광선, 방사선 쟈 만세를 부르다.
razor	[réizər] 몡 면도칼, 전기 면도기
reach	[ríːtʃ] 타 ① 도착하다. ② 비용이 총 …가 되다. ③ …을 잡으려고 손을 쭉 뻗다. 쟈 ① 손을 뻗다. ② …을 꺼내려 발돋움 하다. 圄 arrive at(도착하다)
read	[ríːd] 타 …을 읽다, 읽어 들려주다, 읽어서 알다, 독해하다. 쟈 독서하다, 낭독하다.
ready	[rédi] 휑 준비가 된, 금방이라도 …할 것 같은, 언제든지 각오가 되어있는, 언제든지 기꺼이 …하는 圄 prepared (준비된)
real	[ríːəl] 휑 진정한, 진짜의, 실재하는 실제의, 객관적인 圄 true(진실의)
realize	[ríːəlaiz] 타 깨닫다, 명백히 이해하다, 분명히 파악하다. 빤 false(거짓의) 圄 understand(이해하다)
really	[ríːəli] 튀 정말로, 참으로 圄 truly(진실로)
recall	[rikɔ́ːl,ríːkɔ̀ːl] 결합제품의 회수, 회상 타 상기하다, 생각해 내다, 도로 부르다, 앞서 한말을 취소하다. 圄 remember (기억하다), withdraw(취소하다)
receive	[risíːv] 타 받다, 수여받다, 충고 등 받아들이다. 圄 accept(받다) 빤 give
receiver	[risívər] 몡 수화기, 수신기, 수취인

recently	[ríːsntli] 閏 최근에, 요즈음
reception	[risépʃən] 몡 환영회, 접대, 호텔의 프런트 图 party(파티)
recital	[risáitəl] 몡 리사이틀, 연주회, 독주회, 독창회
recognize	[rékəgnàiz] 国 알아보다, 국가 등을 공식으로 인정하다. 图 recall
record	[rikɔ́ːrd] 国 녹음하다, 녹화하다, 기록하다. 图 write(쓰다)
record	[rékərd] 몡 기록, 기록문서, 경력, 성적, 음반 웹 기록적인
recording	[rikɔ́ːrdiŋ] 몡 녹음, 녹화, 녹화[녹음] 된 테이프 make a recording of …을 녹음[녹화]하다.
recorder	[rikɔ́ːrdər] 몡 녹음기, 녹화기, 기록장치, 기록담당자
recoup	[rikúːp] 国 ① 건강·힘 등을 회복하다. ② 손해를 메꾸다
recover	[rikʌ́vər] 国 의식 등 회복하다, 되찾다. 困 ① 건강을 회복하다. ② 원상태로 복구되다. 图 regain(되찾다)
recreate	[rékrièit] 国困 기운을 회복시키다, 휴양하다, 기분전환을 하다.
recreation	[rèkriéiʃən] 몡 레크리에이션, 휴양 图 diversion(기분전환, 오락) : take … 휴양하다.
red-blooded	[rédblʌ́did] 웹(구어)씩씩한, 기운찬, 남자다운
Red Cross	the … 적십자사
reduce	[ridjúːs] 国 감소시키다, 삭감하다. 困 줄다. 图 lessen(줄이다) 冚 increase(증가하다)
reed	[ríːd] 몡 갈대 웹 reedy갈대가 무성한
reef	[ríːf] 몡 ① 암초, 위험한 장애물 strike a … 좌초하다.
reflect	[riflékt] 国困 반사하다, 반영하다, 숙고하다. 图 mirror(비

치다), ponder(숙고하다)

refuse [rifjú:z] 타자 거절하다, 사절하다, 퇴짜놓다. 통 turn down(기각하다) 반 accept(받아 들이다), allow(허락하다)

regret [rigrét] 타 후회하다, 분해하다. 명 후회, 유감, 애도 통 bemoan(슬퍼하다)

regroup [rìgrú:p] 타 재편성하다. 자 재편성되다.

regular [régjulər] 형 규칙적인, 정상적인, 정규의 통 usual(보통의) 반 irregular(불규칙적인)

regulation [règjuléiʃən] 명 규정, 법규, 규제 통 law(법)

relative [rélətiv] 명 친척, 일가 형 상대적인 …에 비례하여 통 connection(관련)

relatively [rélətivli] 부 ① 비교적으로 ② …에 비례하여 ③ 비해서, 비교하여

relax [rilǽks] 타 힘을 빼다, 편하게 하다. 통 loosen(느슨하게 하다) 자 《긴장 등이》풀리다, 쉬다. ② 변비가 낫다. 반 tighten(단단하게 하다)

relay [rí:lei] 명 《구어》① 릴레이 경주 ② 교체, 교대자 타자 중계방송하다.

relearn [rì:lə́:rn] 타자 다시 배우다.

release [rilí:s] 타 놓아주다, 석방하다. 명 석방, 면제 통 set loose (풀어 놓다)

relieve [rilí:v] 타자 ① 빈곤 · 탄압에서 구제하다. ② 고통 등을 덜다. 통 ease(위안하다)

religion [rilídʒən] 명 ① 종교 ② 신조, 주의 통 faith(신앙)

religious	[rilídʒəs] 혱 종교적인, 경건한, 신앙심이 깊은 몽 pious (경건한)
remain	[riméin] 짜 여전히 …이다, 남다. **(복수로)**남은 것 몽 stay(머무르다) 뺸 go
remarkable	[rimáːrkəbl] 혱 비상한, 주목할 만한 몽 noteworthy(주목할 만한)
remarry	[riːmǽri] 타짜 재혼하다.
remedy	[rémidi] 몡 ① 치료 ② 치료법, 치료약 ③ 구제책 몽 cure (치료)
remember	[rimémbər] 타짜 ① …을 기억하고 있다. ② 잊지 않고 …하다. 몽 recall(상기하다)
remind	[rimáind] 타 …에게 …을 생각나게 하다.
remote control 리모트 컨트롤, 원격 조작	
remove	[rimúːv] 타 ① …을 제거하다. ② 옮기다. 몽 take off(벗 다), transfer(옮기다)
rent	[rent] 몡 임차료 타 임대하다. 짜 얼마에 임대되다. 몽 rental(세)
repair	[ripéər] 타 …을 수선하다. 몡 수선 몽 mend(수선하다)
repay	[riːpéi] 타짜 갚다, 보답하다, 은혜를 갚다.
repeat	[ripíːt] 타짜 되풀이 해서 말하다. 몡 반복 몽 restate(다시 말하다)
repent	[ripént] 타짜 후회하다. 혱 기어다니는
replace	[ripléis] 타 ① 도로 제자리에 놓다. ② 대신하여 후임자 가 되다.
replay	[riːpléi] 타 테이프 등을 재생하다. 몡 재연

reply	[riplái] 재타 ① 대답하다. ② 메아리 치다.
report	[ripɔ́:rt] 타자 보고하다. 명 조사·연구의 보고서
reporter	[ripɔ́:rtər] 명 ① 보고자 ② 신문기자 ③ 서기관 ④ 속기사, 통신원
reprove	[riprú:v] 타자 ① 야단치다, 꾸짖다. ② 비난하다.
republic	[ripʌ́blik] 명 공화국
request	[rikwést] 타 요청하다, 신청하다. 명 소청, 요청 동 petition(청원)
rescue	[réskju:] 타 구출하다. 명 구출 동 save(구하다) 반 abandon(버리다)
research	[risə́:rtʃ] 명 (복수형으로)학술조사, 학술연구, 과학적 탐구
reserve	[rizə́:rv] 타 ① 좌석·방 등을 예약해 두다. ② 예비로 남겨두다. 명 예비, 비축 (the reserve(s))예비군 동 save(저축하다) 반 waste(낭비하다)
resource	[risɔ́:rs] 명 자원, 공급원 동 source(원천)
resourceful	[risɔ́:rsfəl] 형 ① 자원이 풍부한 ② 재치·수완이 비상한, 기략이 풍부한
respect	[rispékt] 타 …을 존경하다. 명 존경 동 honor(존경) 반 disrespect(무례)
respond	[rispánd] 타자 응답하다, 반응하다. 동 reply(대답하다)
responsibility	[rispànsəbíləti] 명 책임
responsible	[rispánsəbl] 형 책임을 져야할, 책임이 있는 동 accountable(책임이 있는)
rest	[rést] 명 휴식, 안정 타 편히 쉬게 하다 자 휴식하다. 동 relaxation(휴양)

restaurant	[réstərənt] 명 레스토랑, 요리점
restful	[réstfəl] 형 한적한, 고요한, 편안한 동 quiet(조용한) 반 disturbed(혼란한)
restless	[réstlis] 형 ① 잠못 이루는, 불안한 ② 안절부절하는 ③ 들떠있는, 침착하지 못한 동 nervous(초조한) 반 calm(침착한)
result	[rizʌ́lt] 명 결과 동 effect(결과) 반 cause(원인)
return	[ritə́:rn] 타 돌려주다. 자 다시 돌아오다[가다] 명 ① 귀가, 귀국 ② 반환 동 go back(돌아가다)
review	[rivjú:] 타자 복습하다. 작품을 자세히 보다. 자 재검토하다. 명 논평 동 restudy(다시 연구하다)
rhythm	[ríðm] 명 ① 율동 ② 규칙적인 반복운동, 리듬
rib	[ríb] (구어)괴롭히다, 놀리다, 늑골, 요리갈비 동 tease(괴롭히다)
ribbon	[ríbən] 명 리본, 장식, 띠 타 리본을 달다.
rice	[ráis] 명 쌀, 밥, 벼
rich	[rítʃ] 형 ① 부유한, 풍부한 ② 빛깔이 진한 ③ 냄새가 강렬한 명 the rich(부자들) 동 wealthy(부유한) 반 poor(가난한)
riddle	[rídl] 명 수수께끼 동 puzzle(어려운 문제)
ride	[ráid] 타자 탈 것을 타다, 타고가다. 명 승차 동 drive(운전하다)
right	[ráit] 형 오른쪽의, 옳은 부 ① 제대로 ② 옳게, 잘 ③ 바로 동 correct(옳은) ④ 오른쪽에, 오른쪽으로 명 오른쪽, 권리, 인권, 정의, 정도 반 wrong(틀린)

rigorous	[rígərəs] 혱 엄한, 엄격한, 엄밀한, 정밀한, 정확한
ring	[ríŋ] 몡 반지, 고리 탄 에워싸다. 잔 둥글게 되다, 방울·나팔 등이 울리다. 잔 울리다, 치다. 몡 종·벨의 울리는 소리, 전화벨소리 동 band(띠), sound(울리다)
ripe	[ráip] 혱 익은, 성숙한, 노련한, 풍만한, 기회가 무르익은 동 mature(성숙한) 밴 immature(미숙한)
ripen	[ráipən] 탄 …을 익게하다. 잔 과일 등이 익다. 동 mature (성숙하다)
ripple	[rípl] 탄 잔물결을 일으키다. 잔 잔물결이 일다. 몡 잔물결, 잔물결 소리 동 ruffle(물결을 일으키다), wave(물결치게 하다)
rise	[ráiz] 탄 올리다. 잔(해·달 등이)뜨다, 일어서다, 일어나다. 동 get up(일어나다)
risk	[rísk] 몡 위험, 모험 동 peril(위험)
river	[rívər] 몡 강, 하천 동 stream(시내, 개울)
riverside	[rívərsaid] 몡 강변 혱 강변의
road	[róud] 몡 도로, 길 동 roadway(길)
roadside	[róudsaid] 몡 길가, 대로변
roar	[rɔ́:r] 잔 ① 짐승이 으르렁 거리다. ② 와자 하게 웃다. 동 bellow(으르렁 거리다)
roast	[róust] 탄 고기를 굽다. 잔 구워지다. 몡 구운 고기, 불고기
rob	[ráb] 탄잔 강탈하다, 빼앗다. 동 rifle(강탈하다)
robber	[rábər] 몡 강도, 노상강도
robin	[rábin] 몡 울새 (가슴이 빨갛다)

robot	[róubət] 몡 로봇, 자동 교통 신호기
rock	[rák] 몡 바위, 암벽 匪재 돌로 때리다, 돌을 던지다, 흔들다, 흔들리다, 진동시키다, 진동하다.
rocket	[rákit] 몡 로켓
rod	[rád] 몡 낚시대, 막대기, 회초리, 장대 동 pole(장대)
roll	[róul] 匪 굴리다. 재 ① 구르다(구어)우스워 데굴데굴 구르다. ② 눈물 등이 흘러내리다. ③ 파도가 굽이치다, 넘실거리다. ④ 강이 도도하게 흐르다. 동 whirl(빙빙 돌다)
Rome	[róum] 몡 로마
romp	[rámp] 재(구어)쉽게 성공하다, 장난치며 뛰놀다.
rooster	[rú:stər] 몡 수탉
root	[rú:t] 몡 뿌리 匪재 뿌리박다, 정착하다. 재 팀 등을 응원하다. 동 cause(원인)
rope	[róup] 몡 ① 밧줄, 로프, 새끼 ② 올가미, 줄 匪 밧줄로 묶다.
rose	[róuz] 몡 장미, 장미빛
rosy	[róuzi] 혱 ① 장미빛의 ② 혈색이 좋은, 홍안의 ③ 유망한 ④ 낙관적인 동 pink(핑크빛의)
rot	[rát] 匪 썩이다. 재 썩다, 도덕적으로 부패 · 타락하다[시키다] 몡 부패, 타락 동 spoil(썩다)
rotten	[rátn] 혱 ① 썩은, 부패한 ② 타락한 ③ 열등한, 불유쾌한 동 spoiled(썩은)
round	[ráund] 혱 ① 둥근 ② 왕복하는 전 돌아서 부 돌아, 빙돌아 匪재 둥글게 하다, 둥글게 되다. 동 circular(원의)
roust	[ráust] 匪(구어)강제로 일으키다, 잡아 끌다. 재 화나서

소리치다.

route [rúːt] 몡 ① 배달구역 ② 수단, 방법, 길 ③ 길, 루트, 항로 동 course(진로)

routine [ruːtíːn] 혱 ① 틀에 박힌 ② 기계적인 ③ 일상의 몡 판에 박힌 일, 일상의 일, 일과 동 habit(습관) 반 unusual(드문)

row [róu] 몡 열, 줄, 좌석줄, 줄선 나무들 타자 배를 젓다. 동 rank(열, 줄)

rub [rʌ́b] 타 ① 문질러 닦다. ② 마찰하다, 문지르다. 자 스치다, 닿다. 동 scour(문질러 닦다), scrape(문지르다)

rubber [rʌ́bər] 몡 고무, 고무제품, 고무지우개 타 고무를 입히다. 자 (속어)목을 길게 빼고 구경하다.

rude [rúːd] 혱 ① 버릇없는, 무례한 ② 귀에 거슬리는 ③ 교양이 없는 동 impolite(버릇없는) 반 courteous(예의 바른)

ruin [rúːin] 파멸, 멸망, 타락 (복수로)폐허, 옛터, 몰락한 사람 타자 망하게 하다, 망하다. 동 spoil(망하다)

rule [rúːl] 몡 ① 규칙, 관례, 통례 ② 지배, 통치 동 order(규칙) 타자 다스리다, 지배하다, 통치하다. 동 govern(다스리다)

rugged [rʌ́gid] 혱 ① 세련되지 못한 ② 바위투성이의 ③ 울퉁불퉁한 ④ 고된, 괴로운, 힘든

ruler [rúːlər] 몡자 통치자 동 leader(지도자)

ruling [rúːliŋ] 몡 판정, 지배, 통치 혱 우세한, 유력한, 통치하는 동 decree(관결)

rumor [rúːmər] 몡 소문, 유언비어 타 (보통 수동형으로)…라는 소문이 있다. 동 hearsay(소문)

run [rʌ́n] 자 ① 달리다, 달아나다. ② 입후보하다. ③ (탈것

의)…편이 있다. ④ 정기적으로 운행하다. ⑤ 물 등이 흐르다. ⑥ 도로 등이 어느 방향으로 뻗다. ⑦ 평균 · 대체로 …이다. ⑧ …의 경향이 있다. ⑨ 수량 등이 …에 달하다. 통 race(질주하다)

runner [rʌ́nər] 몡 ① 달리는 사람 ② 야구의 주자 ③ 도망자

rural [rúərəl] 혱 ① 시골의, 전원의 ② 촌스러운, 시골티가 나는 통 rustic(시골의) 반 urban(도시의)

rush [rʌ́ʃ] 타 ① 여자에게 끈덕지게 구애하다. ② 돌진시키다, 급히가다. 반 linger(꾸물 거리다) 재 ① 돌진하다. ② 쇄도하다. ③ 서두르다. 통 run(달리다) 반 hasten(서두르다)

rush hour [rʌ́ʃàər] 몡 출 · 퇴근 시간의 혼잡한 시간

Russia [rʌ́ʃə] 러시아

Russian [rʌ́ʃən] 몡 러시아 사람[말], 혱 러시아의, 러시아 사람의

rustproof [rʌ́stprùːf] 혱 녹슬지 않는

rusty [rʌ́sti] 혱 ① 녹슨 ② 다루기 힘든 ③ 반항적인

rye bread 호밀로 만든 빵

sad	[sǽd] 혱 ① 슬픈, 비통한 ② 지독한, 말도 안되는 됭 sorrowful(슬픈) 뺸 happy
sadden	[sǽdn] 탸 슬프게 하다.
saddle	[sǽdl] 몡 안장 탸쟈 안장을 얹다.
safe	[séif] 혱 ① 안전한 ② 도망칠 염려가 없는 몡 금고 됭 secure(안전한) 뺸 dangerous(위험한)
safely	[séifli] 뷔 무사히, 안전하게
safety	[séifti] 몡 안전, 무사, 안전성, 총의 안전장치
sail	[séil] 탸쟈 항해하다, 돛을 달고 가다, 출범·출항하다.
sailor	[séilər] 몡 선원, 뱃사람
salad	[sǽləd] 몡 샐러드, 생채요리
salary	[sǽləri] 탸 급료를 지불하다. 몡 봉급, 급료 됭 wage(임금)
sale	[séil] 몡 판매, 특매 (복수로)매출액, 판매성적
salt	[sɔ́:lt] 몡 ① 소금 ② 자극 탸 ① 소금을 치다, 간을 맞추다. ② 소금에 절이다. 혱 짠 = salty(짠)
same	[séim] 혱 [the …]같은, …와 동일한 덴 [the …]같은 것, 동일 인물 뷔 똑같이, 마찬가지로 됭 identical(동일한)
samba	[sǽmbə] 샘바[곡] (2/4박자의 브라질 댄스) 쟈 삼바춤을 추다.
sample	[sǽmpl] 몡 견본, 표본 탸 ① 시식[시음]하다. ② …의 견본을 만들다. 됭 example(견본)

sanctuary	[sǽŋktʃuèri] 몡 ① 신성한 곳, 성당, 교회 ② 피신처, 은신처 ③ 안식처
sand	[sǽnd] 몡 ① 모래 ② (구어)용기, 결단력 (복수로)사막, 모래언덕 [별관] 타 …에 모래를 뿌리다. sanded(모래투성이의)
sandwich	[sǽndwitʃ] 몡 샌드위치 (18 세기 영국의 백작 이름에서)
Santa Claus	[sǽntə klɔ̀:z] 몡 산타클로스 (英)Father Christmas 라고도 함
satellite	[sǽtəlàit] 몡 위성, 인공위성, 위성방송, 위성 텔레비전 타 자 위성중계 하다.
satisfactory	[sæ̀tisfǽtəri] 혱 만족스러운, 성적이 보통의 동 sufficient (충분한) 반 unsatisfactory(불만족한)
satisfy	[sǽtisfài] 타 만족시키다. 자 만족을 주다. 동 gratify(만족시키다)
Saturday	[sǽtərdi] 몡 토요일
sauce	[sɔ́:s] 몡 소스, 양념, 비유로 양념, 자극 타 소스로 간을 맞추다
save	[séiv] 타 구조하다, 수호하다. 자 저금하다. 동 rescue(구출하다)
saw	[sɔ́:] 몡 톱 자타 톱질하다.
say	[séi] 타 말하다. 몡 할 말 a … 발언권, the … 결정권 동 speak(말하다)
saying	[séiŋ] 몡 속담, 격언, 발언
scarce	[skɛ́ərs] 혱 모자라는, 부족한, 드문
scarcely	[skɛ́ərsli] 閉 간신히, 가까스로, 겨우, 거의 …않다, 절대

	…아닌, 아마[어쩌면]…아닌 (동) hardly(겨우), barely(간신히)
scare	[skέər] (타) 겁나게 하다, 깜짝 놀라게 하다. (자) 놀라다. (형) 겁을 주는 (동) frighten(놀라게 하다)
scene	[síːn] (명) 영화 등의 신, 장면, 무대, 풍경 (동) view(경치)
scenery	[síːnəri] (명) 풍경, 무대장치, 배경 (동) program(계획표)
schedule	[skédʒuːl] (명) 계획, 일정, 예정[표] (타) 시간표를 작성하다, 예정에 넣다.
scholar	[skálər] (명) 학자 (동) savant(학자)
scholarship	[skálərʃip] (명) 장학금
school days	[skúːl deiz] (명) 학생시절
schooling	[skúːliŋ] (명) 학교 교육
schoolwork	[skúːlwə́ːrk] (명) 학교 공부, 학업
science	[sáiəns] (명) 과학, 자연과학
scientist	[sáiəntist] (명) 과학자
scissors	[sízərz] (명) 가위
scold	[skóuld] (타) …을 꾸짖다, 욕지거리하다, 잔소리하다. (동) blame(꾸짖다)
scooter	[skúːtər] (명) 스쿠터 (어린이용 외발 스케이트, 모터스쿠터) (자) 스쿠터로 달리다.
score	[skɔ́ːr] (명) 경기의 득점 (타)(자) 득점하다, 채점하다. (동) record(성적)
scour	[skáuər] (타)(자) 문질러 [닦다, 빨다, 윤내다, 녹·때·얼룩을 없애다] (동) scrub(문질러 닦다)
scout	[skáut] (타)(자) ① 정찰하다. ② 신인을 스카우트하다. (명) 수

색[정찰]병, 스카우트

scrap	[skrǽp] 囲 쓰레기로 버리다. 圐 한 조각, 토막 圄 piece (조각)
scrape	[skréip] 囲쟈 ① 문질러 깨끗이 하다. ② 스쳐 상처내다. 圄 scour(문질러 닦다)
scratch	[skrǽtʃ] 囲쟈 할퀴다, 할퀴어 상처내다. 圄 scar(상처를 내다) 圐 생채기, 圀 임시변통의
scream	[skríːm] 囲쟈 비명을 지르다, 소리치다. 圄 shriek(비명을 올리다)
screen	[skríːn] 圐 ① 영화의 스크린, 막 ② 발 ③ 병풍 圄 partition(칸막이)
sea	[síː] 圐 바다 圀 바다의
seafood	[síːfùːd] 圐 생선요리, 어패류 요리 圀 해산물 요리의
seal	[síːl] 圐 ① 도장, 인감 ② 봉인 囲 ① 도장을 찍다. ② … 에 봉인[밀폐]하다.
search	[sə́ːrtʃ] 囲쟈 수색하여 찾다, 탐구하다. 圐 수색, 조사 圄 explore(찾아내다)
seashell	[síːʃèl] 圐 바닷조개
seashore	[síːʃɔ̀ːr] 해안, 바닷가, 해변
seasick	[síːsìk] 圀 배멀미의, get seasick 배멀미 하다. seasickness 배멀미
seaside	[síːsàid] 圐 해변, 바닷가
season	[síːzn] 圐 계절, 절기 囲 양념하여 맛을 내다. 쟈 맛이 들다.
seat	[síːt] 囲 앉히다. 圐 좌석, 자리, 탄 자세

sea tangle	[síː tæ̀ŋgl] 몡 다시마
second	[sékənd] 혱 제2의, 2류의, 둘째번의, 2등의, 2위의 焧 둘째번으로, 이등으로
secret	[síːkrit] 혱 ① 장소가 으슥한 ② 비밀의 ③ 신비[심원]한 됭 hidden(비밀의) 뺸 open(공개의)
secretary	[sékrətèri] 몡 비서, 비서관, 사무관 S …. 미국에선 장관, 영국에서 대신
secure	[sikjúər] 혱 위험 없는, 안전한, 안정된, 보장된 됭 firm(견고한) 뺸 endangered(위험한)
security	[sikjúərəti] 몡 ① 안전, 안심 ② 경비부문 ③ 보증인, 보증 담보, 담보물
seldom	[séldəm] 焧 좀처럼 …않다. 됭 rarely(드물게)
select	[silékt] 卧 선발하다, 뽑다. 혱 정선한 (복수로)극상품 됭 choose(선택하다)
selfish	[sélfiʃ] 혱 제멋대로하는, 이기적인 됭 self-centered(이기적인)
sell	[sél] 卧잤 팔다, 장사하다. 몡 인기상품
seller	[sélər] 몡 ① 판매인 ② 잘 팔리는 상품
semester	[siméstər] 몡 반학년, 1학기
send	[sénd] 卧잤 사람을 보내다, 부치다, 발송하다. 됭 dispatch(발송하다)
senior	[síːnjər] 혱 손 위의, 상급[선임]의, 뺸 junior(연소한) 됭 older(보다 늙은)
sensation	[senséiʃən] 몡(청중·대중의)감동, 흥분, 대사건 됭 sense(감각)

sensational	[senséiʃənəl] (속어)눈부신, 세상을 깜짝 놀라게 하는 ⑧ exciting(흥분시키는)
sense	[séns] ⑲ 감각, 느낌, 판단력, 상식, 이해력, 인식, 통찰 ⑧ feeling(느낌)
sentence	[séntəns] ⑲ ① 문장 ② 선고 ㉃ 선고하다, 관결하다.
separate	[sépərèit] ㉃ 가르다, 떼어놓다. ㉛ 갈라지다. ⑧ disconnect(떼다)
series	[síəriːz] ⑲ 시리즈, 연속물 (a …) 일련, 연속 ⑧ sequence (연속, 순서)
serious	[síəriəs] ⑲ 진지한, 심각한, 위독한 ⑧ grave(진지한) ⑫ frivolous(하찮은)
servant	[sə́ːrvənt] ⑲ 하인, 부하, 공무원 ⑧ domestic(하인)
serve	[sə́ːrv] ㉃ …을 위해 전력하다, 봉사하다, 모시다. ⑧ attend(돌보다)
service	[sə́ːrvis] ㉃ 손보아 주다, 도움을 제공하다. ⑲ 봉사, 수고, 병역
set	[sét] ㉃ ① 두다, 놓다. ② 어떤 상태로 되게 하다. ⑧ put(두다) ③ 사람을 임명, 배치하다. ④ 문제 등을 내다. ⑤ …에게 …을 시키다. ⑥ 조절[조정]하다. ⑦ 폭팔물 등을 설치하다. ⑧ 보석을 박다. ⑨ 울리게 맞춰놓다.
setting	[sétiŋ] ⑲ ① 무대장치 ② 소설·연극의 배경 ③ 식기 한 벌 ④ 돋음 ⑤ 인쇄식자 ⑥ 부설
settle	[sétl] ㉃ 살게하다, 안정시키다, 진정시키다. ⑧ decide(결정하다) ㉛ 식민하다, 자리를 잡다, 안정되다.
several	[sévərəl] ⑲ 몇개의, 몇명의, ㉝ 너댓개 ⑧ at few(약간의)

sew	[sóu] 타자 바느질하다, 재봉하다, 깁다. 동 stitch(꿰매다)
sex	[séks] 남녀별 성별, have sex 성관계를 갖다.
shade	[ʃéid] 명 그늘, 그늘진 곳, 의미 등의 근소한 차이 타 어둡게 하다. 동 shadow(어둠)
shadow	[ʃǽdou] 명 그림자, 사람 그림자, 전조, 조짐, 암시
shake	[ʃéik] 타 흔들다, 마음 등 혼란시키다. 자 흔들리다. 동 quiver(떨리다)
Shakespeare	[ʃéikspiər] 명 세익스피어. 영국 극작가, 시인
shall	[ʃǽl] 조 단순 미래일 경우 미·영이 shall 대신 will을 씀. …일 것이다, 2인칭과 3인칭을 주어로 쓰이면 말하는 사람의 의지를 나타내어 내가 …를 …하도록 하겠다.
shallow	[ʃǽlou] 형 얕은 반 deep(깊은)
shame	[ʃéim] 명 수치, 치욕, 부끄러움 동 embarrassment(수줍음)
shape	[ʃéip] 명 모양, 꼴 동 form(형)
share	[ʃέər] 타 분배하다. 자 분배를 받다, 분담하다. 동 portion (할당)
shark	[ʃáːrk] 명 상어
sharp	[ʃáːrp] 뾰족한, 예리한, 날카로운 동 keen(예리한) 반 blunt(무딘)
sharply	[ʃáːrpli] 부 날카롭게
sheep	[ʃíːp] 명 양
shh	[ʃː] 감 쉿, 조용히, 가만히
shine	[ʃáin] 자 빛나다. 타 닦다. 명 날씨가 갬, 광택 동 gleam(빛나다)
shiny	[ʃáini] 형 빛나는, 윤나는, 날씨가 갠

ship	[ʃíp] 몡 큰 배 통 polished(윤이 나는) 뵌 dull(흐릿한)
shirt	[ʃə́:rt] 몡 남자용 샤쓰
shiver	[ʃívər] 짜 추위·공포로 벌벌 떨다. 통 tremble(떨다)
shoo	[ʃúː] 꿉 쉬(새 등 쫓는 소리) 타짜 쉬하며 쫓다, 쉬하다.
shoot	[ʃúːt] 타짜 겨냥해서 총·활을 쏘다, 그물 등을 던지다.
shop	[ʃáp] 영국에서 가게, 상점, 미국에선 store(상점)
shore	[ʃɔ́ːr] 몡 물가, 해안, 지주 타 지주로 떠 받치다. 통 beach (해변)
short	[ʃɔ́ːrt] 혱 짧은, 키가 작은, 무뚝뚝한 통 brief(간결한) 뵌 long(긴)
should	시·일·종안 단수 미래일 때 …일 것이다. 시·일·종안 의지 미래일 때 …하겠다. 의무·당연을 나타내어 마땅히 …이어야 하다, …하여야 하다.
shoulder	[ʃóuldər] 몡 어깨 (복수로)책임을 지는 어깨 타짜 어깨로 밀고 나아가다.
shout	[ʃáut] 타 큰 소리로 말하다. 짜 외치다. 통 yell(고함 지르다)
shovel	[ʃʌ́vəl] 몡 삽 타 삽으로 …을 뜨다, 짜 삽으로 일하다. 통 spade(삽, 가래)
show	[ʃóu] 타 보이다, 출품하다, 길·장소를 가리켜 주다. 통 display(보이다)
shower	[ʃáuər] 타 물을 퍼 붓다. 짜 소나기가 오다. 몡 소나기, 샤워설비
shut	[ʃʌ́t] 타 닫다, 뚜껑을 덮다, 잠그다. 짜 잠기다. 통 close(닫

다) 🔄 open(열다)

sightseeing   [sáitsìːiŋ] 몡 관광, 관광여행

sign   [sáin] 目자 서명날인하다. 몡 간판, 부호, 신호, 손짓 图 token(표시)

signal   [sígnəl] 몡 신호, 암호 目자 신호를 보내다, 신호로 알리다. 图 sign(신호)

silent   [sáilənt] 혱 조용한, 고요한, 말없는 图 quiet(조용한) 🔄 noisy(시끄러운)

silk   [sílk] 몡 비단, 복수로 명주옷

silly   [síli] 혱 주책 없는, 어리석은, 바보같은 (구어)기절한, 멍한 图 senseless(분별없는) (참고) 시·일·종아 : 시제의 일치로 종속절 안에서

silver   [sílvər] 몡 은, 은제품 目 은을 입히다. 자 은빛나다.

similar   [símələr] 혱 비슷한, 닮은, 유사한 图 like(같은) 🔄 different(다른)

simle   [símpl] 혱 간단한, 검소한, 순진한 图 uncomplicated(간단한) 🔄 complex(복잡한)

since   [síns] 젭전부 종종 over since 로 …이래, 죽, …부터 내내

sing   [síŋ] 目자 노래하다, 새가 지저귀다, 졸졸 흐르다.

sink   [síŋk] 目 ① 가라앉히다. ② 말뚝 등을 박다. 자 ① 가라앉다. ② 지반이 내려앉다. 图 drop(떨어지다)

sit   [sít] 目 ① 앉히다. ② 말을 타다. 자 앉다, 포즈를 취하다

sketch   [skétʃ] 몡 스케치, 밑그림, 약도 目자 스케치하다, 의 약도를 그리다. 图 drawing(그림)

ski   [skíː] 자 스키를 타다. 몡 스키, 수상스키(판)

skill	[skíl] 뗑 기능, 기술, 솜씨 동 talent(재간)
skillful	[skílfəl] 혱 솜씨 좋은, 능숙한 동 expert(노련한) 반 clumsy(서투른)
skip	[skíp] 타 뛰어넘다, 식사를 거르다, 물수제비를 뜨다. 자 깡충깡충 뛰어놀다, 까불다.
skyscraper	[skáiskrèipər] 뗑 초고층건물, 마천루
slam	[slǽm] 타(구어)혹평하다, 쾅(탕)하고 닫다, 털썩 내려놓다, 내동댕이 치다
sled	[sléd] 뗑 썰매 타 썰매로 운반하다. 자 썰매를 타다.
sleepy	[slíːpi] 혱 ① 졸음이 오는 ② 잠자는 듯한 ③ 조용한 ④ 죽은 듯한 ⑤ 최면의
slide	[sláid] 타 살짝 넣다, 살그머니 들여보내다. 자 ① 미끄러지다. ② 살금살금 걷다. 동 glide(미끄러지다)
slip	[slíp] 타 미끄러지게 하다. 자 미끄러지다, 미끄러져 넘어지다, 헛디디다. 동 slide(미끄러지다)
slippery	[slípəri] 혱 미끄러운, 교활한, 잘 빠져나가는, 애매한, 뻔뻔스러운
slope	[slóup] 타 비탈지게 하다. 자 경사지다. (구어)달아나다. 동 incline(기울다)
smart	[smáːrt] 자 상처가 쑤시다. 혱 눈치가 빠른, 세련된 동 clever(영리한) 반 stupid(멍청한)
smell	[smél] 타자 냄새맡다. 뗑 혐의, 냄새, 향기, 후각 동 scent (냄새맡다)
smile	[smáil] 자 미소짓다, 생긋 웃다, 운수나 기회가 트이다. 동 grin(씩 웃다) 반 scowl(찡그리다)

smog	[smɑ́g] 몡 smoke(연기)와 fog(안개)의 뜻, 스모그, 연무 팀 스모그로 덮다
smoke	[smóuk] 팀짜 담배 등 피우다, 연기 피우다, 연기가 나다, 내가 나다.
sneeze	[sníːz] 짜 재채기 하다. (구어)깔보다. 몡 재채기, 재채기 소리 (美)achoo [ɑːtʃúː] 에취
snowstorm	[snóustɔ̀ːrm] 몡 ① 눈보라 ② 마약에 의한 황홀한 상태
sob	[sɑ́b] 팀 흐느끼며 말하다. 짜 흐느끼다. 몡 오열 sobbing (흐느껴 우는) 됭 weep(울다)
soccer	[sɑ́kər] 몡 축구 association football
society	[səsáiəti] 몡 사회, 회, 연구회, 협회, 학회, 모임, 조합, 단체 됭 community(사회)
soft	[sɔ́ːft] 혱 ① 감촉이 좋은, 부드러운 ② 기분 좋은 ③ 아늑한 됭 flexible(노글노글한) 뺀 hard(단단한)
softly	[sɔ́ːftli] 뷔 부드럽게, 살살, 관대하게
soil	[sɔ́il] 몡 ① 흙, 땅 ② 오점 ③ 때, 오물 짜 때가 묻다, 더러워지다. 됭 earth(흙)
solve	[sɑ́lv] 팀 문제 등을 풀다, 어려운 문제를 타개하다. 됭 unravel(풀다)
some	[səm, sʌ́m] (구어)대단한, 광장한, 멋진 혱 얼마간의 때 좀, 다소, 얼마간
someday	[sʌ́mdei] 뷔 훗날, 언젠가
something	[sʌ́mθiŋ] 때 무엇인가, 어떤것, 중대한 것
sometime	[sʌ́mtaim] 뷔 언젠가, 멀지 않아
sometimes	[sʌ́mtaimz] 뷔 때때로 됭 occasionally(가끔) 뺀

always(늘)

song [sɔːŋ] 명 ① 노래, 가곡 ② 벌레 우는 소리 ③ 지저귀는 소리 ④ 시냇물소리, 물 끓는 소리

soon [súːn] 튀 곧, 머지 않아

sore [sɔːr] 형 (상처 등이)아픈, 쓰린, 염증을 일으킨, 상처난 동 painful(아픈)

sorry [sári,sɔ́ːri] 형 가엾은, 딱한 동 regretful(후회스러운) 반 happy(즐거운)

sound [sáund] 형 건전한 자 소리가 나다. 튀 깊이, 푹 동 safe(안전한) 동 noise(소음)

sour [sáuər] 형 신 타 시게하다. 자 시어지다. 동 acid(신), tart(신) 반 sweet(단)

sow [sóu] 타 씨를 뿌리다. 자 ① 씨를 뿌리다, 파종하다. ② 원인을 뿌리다.

space [spéis] 명 공간, 우주, 여지 형 우주의 동 area(장소)

spank [spǽŋk] 타 엉덩이 등을 찰싹 때리다. 자 찰싹 맞다.

spare [spéər] 타 ① …을 아끼다. ② 시간을 내다. ③ 용서하다. 형 여분의 동 save(저축하다)

spell [spél] 타 을 철자하다, …의 철자를 말하다.

spelling [spéliŋ] 철자, 철자법

spend [spénd] 타자 돈[정력·노력·때·시간]을 쓰다. 동 expend(지출하다) 반 save(저축하다)

spill [spíl] 타 엎지르다, 흘리다. 자 엎질러지다, 넘치다. 명 유출

spirit [spírit] 타 …을 기운나게 하다. 명 정신, 신령, 망령, 영혼

	통 mood(기분)
splash	[splǽʃ] 타 흙탕 등을 튀기다. 자 튀다, 물을 튀기다. 명 철벅철벅, 물장구
spoil	[spɔ́il] 타 ① 못쓰게 만들다. ② 흥 등을 깨다. ③ 성질을 버리다. 자 못쓰게 하다. 통 ruin(못쓰게 하다)
sportsmanship	[spɔ́ːrtsmənʃip] 명 ① 운동가 정신 ② 정정당당하게 행동함 ③ 운동가로서의 실력
spread	[spréd] 타 펼치다, 뻗다, 살포하다. 자 펼쳐지다, 전개되다. 통 disperse(흩뜨리다)
sprinkle	[spríŋkl] 타 뿌리다, 물을 주다. 자 뿌려지다, sprinkler(살수장치) 통 scatter(뿌리다)
square	[skwɛ́ər] 명 ① 정사각형 ② 광장 타 네모로 하다. 자(구어)① 일치하다, 조화되다. ② 직각을 이루다.
squirrel	[skwə́ːrəl] 명 다람쥐 타 돈 등을 숨겨놓다. … out of … 싫은 데서 어떻게든 벗어나다.
stadium	[stéidiəm] 명 ① 경기장 ② 병의 제…기 통 stage(병의 단계 …기)
staircase	[stɛ́ərkèis] 명 한줄의 계단 a corkscrew staircase 나선형 계단
stamp	[stǽmp] 타자 ① 밟다, 발을 구르다. ② 도장을 찍다. 명 우표 통 trample(짓밟다)
statesman	[stéitmən] 명 정치가 통 politician(정치가)
statue	[stǽtʃuː] 명 상, 조상
steak	[stéik] 명 스테이크용 고기, 두껍게 썬 고기, 생선
steal	[stíːl] 타자 ① 훔치다, 도둑질하다. ② 몰래 가다(오다) 통

	pilfer(훔치다)
steel	[stí:l] 몡 강철
steep	[stí:p] 혭 ① 경사가 급한 ② 터무니 없는 ③ 과장된 티 액체에 적시다. 동 sheer(험준한) 반 gradual(경사가 느린)
step	[stép] 몡 ① 걸음걸이, 한 걸음 ② 발소리 ③ 발자국 ④ 조치 ⑤ 계단 동 pace(한 걸음)
sticky	[stíki] 혭 (구어) ① 하기 힘든, 난처한, 까다로운 ② 감상적인 ③ 끈적 거리는 ④ 작동이 잘 안 되는
stiff	[stíf] 혭 ① 경직된, 뻣뻣한 ② 경쟁이 심한 동 rigid(굳은) 반 limp(유연한)
still	[stíl] 혭 조용한, 움직이지 않는 튀 아직(도), 동 calm(조용한)
sting	[stíŋ] 티재 ① 벌 등이 쏘다, 찌르다. ② 괴롭히다. ③ 자극하다. 동 prick(찌르다)
stir	[stɔ́:r] 티 ① 휘젓다. ② 흥분[감동·자극·선동]시키다. 재 움직이다, 감동하다. 동 mix(섞다)
stomachache	[stʌ́məkeik] 몡 복통, 위통
storied	[stɔ́:rid] 혭 복합어로 …층의 동 floor(층)
stormy	[stɔ́:mi] 혭 ① 폭풍우의, 폭풍우가 올 듯한 ② 격렬한 ③ 사납게 날뛰는
straw	[strɔ́:] 몡 짚, 빨대
stream	[strí:m] 몡 ① 개울, 시내 ② 유출 the … 로 추세, 풍조 동 brook(개울)
strenth	[stréŋθ] 몡 ① 힘, 체력, 권력 ② 설득력 ③ 강점 동 power (힘) 반 weakness

strict	[stríkt] 혱 엄격한, 엄밀한, 세밀한, 꼼꼼한 동 stern(엄한) 반 lenient(관대한)
strike	[stráik] 타자 ① 찌르다. ② 들이받다, …에 충돌하다. ③ 마음에 떠오르다. 동 hit(치다)
string	[stríŋ] 명 ① 끈 ② 일렬 a …로 한 줄. a string of 로 일련의 타자 연달아 꿰다, 이어지다.
struggle	[strʌ́gl] 타 몸부림치다, 분투하다. 자 노력하여 해내다. 동 fight(싸우다)
stuff	[stʌ́f] 명 ① 재료 ② 물건 ③ 가재 도구 ④ 음식물 동 substance(물질), fill(채우다), ram(쑤셔넣다)
stupid	[stjúːpid] 명 바보, 멍청이 혱 어리석은, 지루한 동 dumb(우둔한) 반 smart(영리한)
subject	[sʌ́bdʒikt] 명 주제, 과목 혱 영향을 받기 쉬운 동 topic(화제, 논제)
suburb	[sʌ́bəːrb] 시외, 근교, 교외 (복수로) 부근, 주변
subway	[sʌ́bwèi] 명 (美) 지하철 (英) 지하도, (영국에선 지하철을) underground, tube
succeed	[səksíːd] 타 …을 계승하다. 자 성공하다. 동 thrive(번창하다) 반 fail(실패하다)
success	[səksés] 명 ① 성공, 출세 ② 파티 등의 대성공 동 prosperity(번영) 반 failure(실패)
successful	[səksésfəl] 혱 ① 합격한 ② 모임 등이 성대한 ③ 성공한, 잘된 동 prosperous(번영의)
suddenly	[sʌ́dnli] 부 갑자기, 별안간, 돌연히 동 unexpected(불시의)

suggest	[səgdʒést] 타 …을 제의[제안]하다, 넌지시 비치다. 동 propose(제의하다)
suit	[súːt] 타 에 잘 맞다, 어울리다. 자 맞다, 어울리다. 명 소송, 신사복(여성복) 한 벌
suitable	[súːtəbl] 형 적당한, 적절한 동 becoming(어울리는) 반 inappropriate(부적당한)
sunflower	[sʌ́nflàuər] 명 해바라기 sunglow 아침놀, 저녁놀
sunlight	[sʌ́nlàit] 명 햇빛, 일광
sunny	[sʌ́ni] 형 ① 햇빛이 찬란한, 햇빛이 잘 드는 ② 맑게 갠
sunrise	[sʌ́nràiz] 명 ① 일출, 일출시각 ② 아침 놀
sunset	[sʌ́nsèt] 명 ① 일몰, 저녁놀이 진 하늘 ② 쇠퇴하는
sunshine	[sʌ́nʃàin] 명 햇빛, 직사광선 [the …]양지 (속어)환각제
supply	[səplái] 타 공급하다, 수요에 응하다. 명 공급 (복수로)공급품 동 provide(공급하다)
support	[səpɔ́ːrt] 타 ① 받치다(물리적), ② 격려하다. ③ 부양하다. ④ 지지하다. 동 prop(버티다)
suppose	[səpóuz] 타자 가정[상상, 생각]하다. 동 assume(가정하다)
sure	[ʃúər] 부 (대답할 때 쓰여) ① 좋고말고, 물론 ② 확실히, 확신한 동 certain(확실한)
surprise	[sərpráiz] 타 ① 남을 놀라게 하다. ② 기습 점령하다. ③ 뜻밖의 선물 동 amaze(놀라다)
surprising	[sərpráizing] 형 의외의, 놀라운, 눈부신, 불시의
surround	[səráund] 타 둘러싸다, 에워싸다. 동 encircle(둘러싸다)
swallow	[swɑ́lou] 타자 ① 꿀꺽 삼키다. ② 감수하다. 명 제비 동 gulp(삼켜버리다)

swamp	[swǽmp] 몡 늪, 습지 쟈 늪에 빠지다, 침수되다. 통 bog (수렁), flood(쇄도하다)
swarm	[swɔ́ːrm] 타쟈 사람·벌레 등이 떼지어 몰려들다. 통 crowd(붐비다)
sweat	[swét] 몡 땀 타쟈 땀을 흘리다[내다], 땀나다. 통 perspire (땀을 흘리게 하다)
sweep	[swíːp] 타쟈 ① 쓸다, 청소하다. ② 휩쓸어가다, 휩쓸다.
sweet	[swíːt] (구어)고운, 매혹적인, 단, 감미로운 통 honeyed (달콤한) 반 sour(신), bitter(쓴)
swell	[swél] 타 부풀게하다. 쟈 부풀다, 팽창하다. 반 shrink(오그라지다) 통 grow(커지다)
swift	[swíft] 혱 아주빠른, 눈 깜짝할 사이의 통 fast(빠른) 반 slow(느린)
swing	[swíŋ] 타쟈 흔들다, 흔들리다, 매달리다. 통 sway(흔들리다)
system	[sístəm] 몡 ① 체계, 조직 ② 방식, 방법 통 plan(계획)

T t

tablecloth	[téiblklɔ̀ːθ] 명 식탁보
table tennis	탁구
tact	[tǽkt] 명 재치, 꾀, 요령 통 sense(분별)
tactful	[tǽktfəl] 형 재치 있는, 빈틈없는 통 diplomatic(교제술이 능한) 반 tactless(재치없는)
tad	[tǽd] (구어)꼬마, 사내아이
tadpole	[tǽdpòul] 명 올챙이
tag	[tǽg] 명 ① 꼬리표, 물표 ② (구어)자동차 번호판 ③ 술래잡기 ④ 전자추적장치 ⑤ 낙서 타자 꼬리표·표식을 달다, (구어)차에 교통 위반딱지를 붙이다, 딱지를 주다, 쫓아다니다, 붙어 다니다. 통 sticker(상표·스티커)
tail	[téil] 명 꼬리, 꽁지
take	타 ① 잡다, 쥐다. ② 포획하다. ③ 빼앗다. ④ 취득하다. ⑤ 승낙하다. ⑥ 사다. ⑦ 예약하다. ⑧ 구독하다. ⑨ 맞아 들이다. ⑩ 선택하다. ⑪ 없애다. ⑫ 휴대하다, 가지고 가다. ⑬ 타고 가다. ⑭ it을 주어로 시간, 노력 등이 들다, 요하다, 걸리다. ⑮ 책임 등을 지다. ⑯ 떠맡다. ⑰ 충고 등을 받아들이다. ⑱ (사진을)찍다. ⑲ (약을)먹다. ⑳ 어떤 행동을 하다. ㉑ 수업을 받다. ㉒ 시험을 치르다. ㉓ …을 …라고 생각하다. 통 hold(쥐다)
tale	[teil] 명 이야기, 꾸민 이야기, 거짓말, 사실·전설·가공의 이야기 통 story(이야기)

talent	[tǽlənt] ① 연예관계의 탤런트들 ② 재능, 소질, 수완 ③ 재능이 있는 사람, 재주꾼 ⑧ skill(기술), ability(능력), gift(자질)
talk	[tɔːk] **타자** 말하다, 이야기하다, 남의 이야기를 하다, 잡담하다. ⑧ speak(말하다)
talk show	유명인사 인터뷰프로
tall	[tɔːl] **형** ① 키가 큰 ② 높이나 키가 …인 **부(구어)**거창하게, 의기양양하게 talk tall 큰 소리치다, 호언장담하다. ⑧ high(높은) **반** short(짧은)
tame	[téim] **타** 길들이다. **자** 길들다, 유순해지다. **형** 길들인 ⑧ broken(길들인) **반** wild(거치른)
tan	[tǽn] **타** ① 햇볕에 태우다. ② (구어)때리다. **자** ① 햇볕에 타다. ② 가죽을 무드질 하다. **명** 햇볕에 그을음
tank	[tǽŋk] **명** ① 물통, 유조 ② 전차 **타** 탱크에 저장하다. **자** 기름을 탱크에 가득 채우다.
tap	[tǽp] **타** 가볍게 두드리다, 구멍을 뚫어(나무의)즙(액)을 받다. **명** 똑똑 치는 소리, 수도 등의 꼭지, 통의 마개 ⑧ rap(똑똑 두드리다)
tape	[téip] **명** ① 짐꾸릴때의 납작한 끈 ② 전기 절연용 테이프 ③ 녹음(비디오)테이프 **타** ① 끈으로 묶다, 끈으로 엮다. ② 테이프를 감다. **자** 테이프에 녹음, 녹화하다. ⑧ strip (줄), bind(묶다), record(기록하다)
tape-record	[téiprikɔ̀ːrd] **타** 테이프에 녹음하다.
tape recorder	녹음기

target	[táːrgit] 몡 과녁, 표적, 목표 囘 목표로 삼다[정하다]. 동 goal(목표)
taste	[téist] 囘짜 맛보다, 시식하다, 음미하다. 몡 시식, 취미 동 try(먹어보다)
taxi	[tǽks] 몡 ① 세금, 조세 ② 회비 ③ 분담금, 무거운 부담 囘 세금을 부과하다, 대금을 …에게 청구하다. 동 duty(조세)
taxi	[tǽksi] 몡 택시 짜 택시로 가다. 동 taxicab(택시), cab(택시)
tea	[tiː] 몡 차, 차나무 (lay the tea 차를 준비하다) 囘짜 차를 마시다, 차대접하다.
teach	[tíːtʃ] 囘 가르치다. 짜 교사를 하다. 동 instruct(교수하다)
teacher	[tíːtʃər] 몡 선생님 동 instructor(교사), tutor(가정교사)
team	[tíːm] 몡 경기의 팀, 조, 반, 그룹
team spirit	단체정신, 협동정신
teamwork	협동작업, 팀 워크
teapot	[tíːpàt] 몡 찻 주전자
tear	[tíər] 몡 눈물 [tέər] 囘 ① 찢다. ② 잡아 떼다. ② 잡아 채다. ④ 벗기다. ⑤ 쥐어뜯는다. 짜 째지다, 찢어지다. 동 teardrop(눈물방울) 동 rip(찢다), split(찢다), rend(째다)
tease	[tíːz] 囘짜 ① 집적거리다, 곯리다, 괴롭히다, 놀리다. ② 졸라대다. 동 irritate(화나게 하다)
technical	[téknikəl] 혱 기술상의, 전문의, 학술의 동 specialized(전문의)
technique	[tekníːk] 몡 (예술·스포츠 등의)전문기술, 수법, 기법 동

method(방법)

teenager, teener [tíːnèidʒər,tíːnər] 명 10대의 소년, 소녀

teens [tíːnz] 명 10대, 13세-19세, early … : 10대 초반, late …
: 10대 중반

telegram [téligræm] 명 전보, 전문 타자 …에 전보를 치다.

telegraph [téligræf] 명 전보, 전신 타자 …에 전보를 치다.

telephone [téləfòun] 명 전화, 전화기, 수화기 타자 전화를 걸다.

telescope [téliskoup] 명 망원경

television [téləvìʒən] 명 ① 텔레비전, 수상기 ② TV 방송 기술

tell [tél] 타자 ① 말하다, 진술하다, 알리다. ② 구별하다. ③
비밀 등 누설하다.

terror [térər] 명 ① 공포, 무서움 ② 대단한 골칫거리 동 horror
(공포)

text [tékst] 명 교과서, 본문, 원문 동 textbook(교과서)

Thames [témz] 명 템즈 강 (영국수도 런던을 관류하는)

than [ðǽn] [ðən] 접 …보다도
(rather … than, rather than으로 쓰여 …하느니 보다(차
라리), …할 바에는(차라리))

thank [θǽŋk] 타 에게 감사하다.

Thanksgiving Day [θǽŋksgíviŋ dèi] 명 추수 감사절

thankless [θǽŋklis] 형 은혜를 모르는, 감사할 줄 모르는

that [ðǽt] (지시형용사로)저, (복수는)those [ðóuz] 저
(지시대명사로)저것(복수는)those 저것들
(지시대명사로)저분(복수는)those 저분들
《관계대명사로》 [ðət] 선행사를 수식하기 위해 뒤에 형용

	사절을 이끔

It is …that …로 …한 것은 바로 …이다.

접속사로 쓰여 목적절을 이끔

the [ðə] 〈정관사〉 ① 서로 알고 있는 사물앞에 ② 유일무이한 것 앞에 ③ 서수 앞에 ④ by the+ 단위일 때 ⑤ 앞명사가 뒤에 다시 나올 때 ⑥ 수식구어로 한정되는 명사 앞에 ⑦ 전체의 뜻일 때 ⑧ 산맥 앞에 ⑨ of 한정구 명사앞에 (국가명 등) ⑩ 군도앞에 ⑪ 섬 앞에 ⑫ 반도 앞 ⑬ 한국인, 미국인, 영국인 등에 ⑭ 박물관 등 공공건물에 ⑮ 강명 앞 ⑯ 대양 앞 ⑰ 해협 앞, 만 앞에 ⑱ 선박명칭에 ⑲ 사전, 신문, 당명, 연구소, 청년회 등

theater [θíətər] 몡 극장

then [ðén] 凰(과거·미래에 쓰여)그때에, 그 무렵, 그때 쯤에는, 그리고 나서, 그 다음에는, 그러면, 그렇다면

theory [θíːəri] 몡 이론, 학설 동 hypothesis(가설)

there [ðέər] 凰 그곳에, 그곳에서, 그곳으로, 거기에, 거기에서, 거기로

(There is … There are …로)있다. (존재를)

(be동사 이외의 동사가 이어지는 경우)(There seems to be … There appears to …, Once there lived …

(There + 동사 + 주어(명사·명사어구)의 형태로) 눈앞의 상황을 강조적으로 나타낸다. (저기봐봐, 저봐) 야 …한다, 저봐 …이구나 등

therefore [ðέərfɔːr] 凰 그러므로, 그것에 의하여, 그 결과, 그 때문에 동 so(그래서)

thermometer [θərmámitər] 명 온도계, 체온계, 한란계

thick-and-thin [θíkəndθín] 형 ① 물불을 가리지 않는 ② 시종 변함 없는

thick [θík] 형 ① 두꺼운, 굵은 ② 진한, 두터운, 숱이 많은 동 dense(빽빽한) 반 thin(드문드문한)

thief [θíːf] 명 도둑

thin [θín] 형 ① 얇은, 여윈, 가느다란, 엷은 ② 묽은, 드문드문 성긴 동 slim(홀쭉한)

think [θíŋk] 타 …라고 생각하다, …을 …이라고 생각하다. 자 생각하다, 궁리하다, 생각나다, 예상하다. 동 consider(숙고하다)

thirst [θə́ːst] 명 목마름, 탈수상태, 갈망 동 desire(열망)

thirsty [θə́ːrsti] 형 ① 목마른, 열망하는 ② 술을 좋아하는

this [ðís] (지시형용사)이, 이번, 오늘 (지시대명사)이것은, 이 분은, 현재는 부 이만큼, 이정도로, 이렇게

thorn [θɔ́ːrn] 명 가시, 가시가 있는 관목, 가시털 동 barb(바늘, 가시)

though [ðóu] 접 …이지만, …에도 불구하고 even though 로 비록 …일지라도, 문미에서 그러나

thought [θɔ́ːt] 명 ① 생각, 숙고 ② 착상, 사상 동 medition(숙고)

thoughtful [θɔ́ːtfəl] 형 생각이 깊은, 인정[동정심]이 있는 동 kind(친절한) 반 thoughtless

thoughtless [θɔ́ːtlis] 형 ① 경솔한 ② 인정 없는, 불친절한

thousand [θáuzənd] 형 천의, 천개의, 천명의 명 천 (복수로)수천, 무수

thread [θréd] 명 실 타 바늘에 실을 꿰다, 구슬 등을 실에 꿰다.

threat	[θrét] 명 위협, 협박 threaten [θrétn] 타 위협하다. 동 menace(협박)
thrill	[θríl] 명 (쾌감 등으로)짜릿짜릿함, 스릴, 전율 자 감동하다, 오싹하다. 동 tingle
thrilling	[θríliŋ] 형 스릴만점의, 흥분시키는, 짜릿하게 하는
throat	[θróut] 명 목구멍, 인후
throne	[θróun] 명 군주, 왕좌 [the …]왕위, 왕권 자 왕권을 쥐다.
through	[θrú] 전 …을 통하여 부 관통해서, 통과하여 형 직행의, 직통의
throughout	[θruːáut] 부 두루, 도처에, 온통 전 의 구석구석까지 동 all over(도처에)
throw	[θróu] 타자 ① 던지다. ② 발사하다. ③ 분출시키다. 동 pitch(던지다), hurl(세게 던지다)
thumb	[θʌ́m] 명 엄지손가락 ① 편승을 부탁하다. ② 엄지손가락으로 책장을 넘기며 읽다.
thunder	[θʌ́ndər] 명 천둥, 우렛소리
thunderstorm	[θʌ́ndərstɔ̀ːrm] 명 강풍이 따르는 뇌우
Thursday	[θə́ːrzdei] 명 목요일
thus	[ðʌ́s] 부 문어 ① 이리하여 ② 그러므로 ③ 이 정도까지 ④ 예를 들면
tick	[tík] 명 시계 등의 똑딱소리 자 시계 등이 똑딱 거리다.
ticket	[tíkit] 명 표, 교통위반딱지, 승차권, 입장권 타 딱지를 붙이다, 정가표를 달다.
tide	[táid] 명 ① 조수, 조류 ② 형세, 흐름, 홍수 자 조수처럼 밀어 닥치다. 타 곤란 등 극복하다.

tidy	[táidi] 형 ① 말쑥한, 잘 정돈된 ② 상당한, 만족스러운
tie	[tai] 타 매다, …와 잇다, 속박하다. 자 매어지다. 명 넥타이 동 bind(묶다)
tiger	[táigər] 명 범, 호랑이
tight	[táit] 형 ① 옷 등이 꼭 끼는 ② 팽팽한 ③ 단단히 매어진, 꼭 조여진 ④ 느낌이 답답한 동 firm(견고한) 반 loose
tile	[táil] 명 기와, 타일형의 것 타 기와를 이다, 타일을 붙이다.
till	[til] 전(동작이 계속되는 동사 위에서)까지, 접 …때 까지
time	[táim] 명 시간, 세월, 필요한 시간, 틈, 여가, 시간을 재다. 동 period(기간)
timetable	[táimteibl] 명 시간표, 행사 계획표 타 …의 시간표를 짜다. 동 schedule(예정표)
timid	[tímid] 형 ① 겁이 많은, 소심한, 자신이 없는 ② 내성적인 동 shy(수줍은) 반 bold(용감한)
tin	[tín] 명 ① 주석, 양철, 깡통 ② 통조림, 미국 can 타 주석 도금하다, 통조림으로 하다. can
tiny	[táini] 형 조그마한, 아주 작은 명 tinies로 유아 동 little(작은) 반 large(큰)
tip	[tip] 명 ① 끝 ② 담배의 필터 ③ 꼭대기, 정상, 사례금 타 자 팁을 주다. 동 end(끝), gift(선물)
tire	[táiər] 명 타이어 타 피곤하게 하다, 지겹게 하다, 타이어를 달다. 자 피곤해지다, 지치다, 물리다. 동 weary(지치다) 반 exhilarate(명랑하게 하다)
tired	[táiərd] 형 ① 피곤한, 지친 ② 싫증난, 지겨운, 신물난 동

run-down(지친)

title [táitl] 몡 영화 · TV의 자막, 표제, 제목, 직함 톼 표제를 붙이다. 됭 subtitles(자막)

to ① …에 (도착) ② 쪽으로 (방향) ③ 까지 (시간 앞에) ④ 시계에서 …분 전 ⑤ …으로 변화하여 (변화) ⑥ …하게도 (놀람 · 기쁨 등 추상명사와) ⑦ …에 대하여, …에게 (행위의 대상) ⑧ …을 위하여 (호의의 대상) ⑨ …에게 있어서는 (간접 목적어에 해당하는 어구를 이끈다) ⑩ …에다가 (접촉 · 부착 등) ⑪ …에 비하여 (비교)

toast [tóust] 몡 ① 토스트 구운 빵 ② 축배, 건배 톼 ① 빵 등을 노르스름 하게 굽다. ② 축배를 들다, 건배하다. 쟤 ① 노르스름하게 구워지다. ② 건배하다.

today [tədéi] 몡뷔 오늘, 오늘날(은) 혱(구어)현대적인, 최신의

toe [tóu] 몡 발가락, 발끝 톼 발끝으로 차다. 쟤 발끝으로 서다.

toenail [tóunèil] 몡 발톱

together [təgéðər] 뷔 ① 함께, 힘을 합쳐서 ② 연대하여 ③ 일제히 ④ 일관되게 (속어)인품이 원만한

toilet [tɔ́ilit] 몡 화장실, 화장, 몸단장

toilet roll 두루마리 휴지

tomato [təméitou] 몡 토마토

tomb [túːm] 몡 납골당, 무덤, 묘비

tomorrow [təmɔ́ːrou] 몡뷔 내일, 장래

ton [tʌn] 몡 무게의 단위, 톤

tongue [tʌŋ] 몡 혀, 말, 말하는 능력

tonight	[tənáit] 명부 오늘밤, 오늘밤은
too	[tu:] 부 …도 또한, 너무 (구어)대단히, too … to 너무 … 해서 …할 수 없다.
tool	[túːl] 명 도구, 연장, 공구 동 utensil(기구)
tooth	[túːθ] 명 사람의 이(복수는)teeth [tíːθ]
toothache	[túːθeik] 명 치통
toothbrush	[túːθbrʌʃ] 명 치솔
top	[táp] 명 ① 꼭대기, 정상 ② 수석, 상단 ③ 통 등의 마개 반 foot(기슭) ④ (마차 · 자동차 등의) 지붕, 포장 ⑤ 팽이 동 peak(첨단) 반 bottom(밑)
topic	[tápik] 명 토픽, 화제, 이야깃거리 동 subject(제목)
tortoise	[tɔ́ːrtəs] 명 육지에 사는 거북, 바다거북은 turtle
toss	[tɔ́ːs] 타 ① (을) 아무렇게나 던지다. ② 파도가 배를 몹시 흔들다. 동 throw(던지다)
touch	[tʌ́tʃ] 타 ① 건드리다, 만지다. ② 사업 등에 손을 대다. ③ 두 물건을 접촉시키다. ④ 감동시키다. 자 ① 접촉하다, 맞닿다. ② 기항하다. 동 feel(만져보다), move(감동시키다)
tough	[tʌ́f] 형 ① (구어) 불쾌한, 고달픈 ② 질긴 ③ 불굴의 동 strong(강한) 반 weak(약한) 명 (구어)깡패 타 (구어)참고 견디다(out).
tour	[túər] 명 관광여행, 만유 시찰여행 동 travel(여행하다) 자 타 관광여행하다, 만유하다, 유람하다.
tourist	[túərist] 명 관광객, 여행자
toward(s)	[tɔ́ːrd(z)] 전 ① (이동방향)…쪽으로, …을 향하여 ② (위치 · 방향) …쪽에 있는, …을 향하여 있는 ③ (시간) …무

럽에, …쯤 ④ (태도·관계) …에 대하여

towel	[táuəl] 몡 수건 (구어)항복하다. 퇴 수건으로 닦다.
tower	[táuər] 몡 탑, 고층빌딩, 요새 재 솟다.
town	[táun] 몡 읍, 도회지, 번화가, 상가 통 village(마을)
toy	[tɔ́i] 몡 ① 장난감, 완구 ② 소꿉장난 재 집적거리다, 장난하다. 통 game(장난감)
trace	[tréis] 몡 자국, 발자국, 흔적 퇴 자국을 더듬어 가다, 추적하다. 통 track(추적하다)
track	[trǽk] 몡 ① 선로, 궤도 ② 지나간 자국 ③ 경주로 (집합적)육상경기 통 trail(흔적) 퇴 추적하다. 재 발자국을 남기다.
tractor	[trǽktər] 몡 견인차, farm … 경작용 트랙터
trade	[tréid] 몡 무역, 상업, 거래 통 commerce(통상), traffic(거래) 재 장사하다. 퇴 교환하다, 매매하다, 장사하다.
tradition	[trədíʃən] 몡 전통, 전설, 관례
traditional	[trədíʃənl] 혱 전통의, 전설의, 전통적인
traffic	[trǽfik] 몡 ① 교통, 통행, 왕래 ② (집합적)통행하는 사람, 자동차 ③ 교통량 ④ 수송량 ⑤ 전화통화량
trail	[tréil] 몡 ① 사람·차의 줄·열 ② 구름·연기의 긴 옷자락 ③ 산속의 오솔길 퇴재 끌다, 끌려가다, 끌리다, 구름·연기 등이 길게 나부끼다. 통 drag(끌다)
train	[tréin] 몡 ① 열차, 기차, 전차 ② 사람·차 등의 긴 행렬, 긴 열 퇴 훈련하다, 가르치다. 재 연습[훈련]하다. 통 teach(가르치다), drill(훈련시키다)
trainer	[tréinər] 몡 트레이너(훈련시키는 사람), 조련사

training	[tréiniŋ] 명 ① 훈련, 연습, 양성, 단련 ② 원예의 가지 다듬기
tram	[tǽm] 명《英》시가전차 = tramcar《美》streetcar
transportation	[trænspɔ:rtéiʃən] 명 ① 수송, 운송기관 ② 여행허가서
trap	[trǽp] 명 ① 덫 ② 계략, 속임수, 함정, 올가미 타 덫으로 잡다. 자 덫을 놓다. 통 snare(덫)
trash	[trǽʃ] 명 쓰레기 (집합적)부랑자, (속어)바보 취급하다.
travel	[trǽvəl] 타자 ① 외국에 여행하다. ② 외관하면서 돌다. 통 journey(여행하다)
treat	[trí:t] 타 대우하다, 치료하다. 자 논하다, 다루다. 명 한턱 내기, 낼차례 통 handle(다루다)
treaty powers	동맹국
tremble	[trémbl] 자 ① 벌벌떨다, 두려워하다. ② 건물 등이 흔들 리다. 통 quiver(떨다)
triangle	[tráiæŋgl] 명 삼각형
tribe	[tráib] 명 부족, 종족 (구어)대가족, 일족 통 clan(씨족), race(종족)
trick	[trík] 명 ① 속임수, 계략 ② 범죄행위 ③ 장난, 요령, 수 법 ④ 재주, 요술, 묘기 통 trickery(속임수), deception(사 기), wile(꾀)
trim	[trím] 타 ① 깎아 다듬어내다, 잘라 손질하다. ② 대패질 하다. ③ (구어)혼내주다. ④ 상대를 이기다. 자 양다리를 걸치다. 통 clip(자르다), prune(치다)
trip	[tríp] 명 ① 짧은 여행 ② (구어)사는방식 자 걸려 넘어지 다. 타 걸려넘어지게 하다. 통 stumble(넘어지다)

triumph	[tráiəmf] 몡 승리, 승리의 기쁨 쟈 승리하여 좋아하다. 동 comquest(정복) 빤 defeat(패배)
trophy	[tróufi] 몡 트로피, 경기의 우승기념품, 상품 동 prize(상)
trot	[trát] 몡 ① 빠른걸음 ② 아장아장 걷는 아이 쟈(구어)바쁘게 급히 걷다.
trouble	[trʌ́bl] 몡 성가심, 괴로움, 불행, 불편, 고생, 수고, 근심, 걱정, 고뇌 (복수)분쟁 타 애먹게 하다, 성가시게 하다, 수고[폐] 를 끼치다. 쟈 일부러…하다. 동 distress(괴롭히다), bother(폐를 끼치다), pains(수고)
trousers	[tráuzərz] 몡 바지 동 pants(바지)
trowel	[tráuəl] 몡 미장이의 흙손, 모종삽
truck	[trʌ́k] 몡 트럭, 화물자동차 타쟈 트럭으로 나르다.
true	[trúː] 혱 진실의, 진짜의, 정확한 (the …)진리 타 바르게 조정하다. 동 real(실제의)
truly	[trúːli] 몜 진실로, 진짜로, 정확하게
trumpet	[trʌ́mpit] 몡 트럼펫 타 나팔소리로 알리다. 쟈 나팔을 불다.
trunk	[trʌ́ŋk] 몡 ① 나무의 줄기 ② 여행용 큰 가방
truss	[trʌ́s] 몡 건초동의 다발 truss up 다발짓다. 동 bundle(다발)
trust	[trʌ́st] 몡 신임, 신용, 신탁 타쟈 신용하다, 신뢰하다. 동 faith(믿음)
truth	[trúːθ] (英)① 기계의 정확성 ② 진상, 진리, 진실
try	[trái] 타쟈 ① 해보다, 노력하다. ② 공판에 회부하다, 재판에 붙이다.

	(try + 동명사로)시험삼아 …해보다. 툉 attempt(시도하다)
	(try + to부정사로)…하려고 노력하다.
tub	[tʌ́b] 뗑 욕조, 물통, 함지 탄자 목욕통에서 몸을 씻다.
tube	[tjúːb] (英口)지하철 (美)subway
Tuesday	[tjúːzdei] 뗑 화요일
tumble	[tʌ́mbl] 탄 굴리다, 넘어뜨리다. 자 마루운동에서 공중제비를 하다. 툉 fall(떨어지다)
tumbling	[tʌ́mbliŋ] 뗑 덤블링, 공중제비 등
tune	[tjúːn] 뗑 곡조, 가락, 장단 탄자 ① 악기를 조율하다. ② 엔진을 튠업하다. ② 일치[적합·조화] 시키다, 가락이 맞다. 툉 melody(멜로디)
tunnel	[tʌ́nl] 뗑 굴, 지하도, 광산의 갱도 탄자 에 터널을 파다.
turkey	[tə́ːrki] 뗑 칠면조, 칠면조 고기 Turkey 뗑 터키 공화국 say turkey (구어)상냥하게 말하다.
	talk turkey (구어)상담등에서 진지하게 대화하다.
turn	[tə́ːrn] 탄자 ① 틀거나 돌려서 켜다(끄다, 나오게 하다, 조이다) 툉 spin(돌다) ② 돌다, 회전하다. ③ 방향을 바꾸다. ④ 믿다. ⑤ 배반하다. ⑥ 뒤집히다. 툉 revole(회전하다) ⑦ 변화하다. ⑧ 비위가 상하다. ⑨ 현기증이 나다. ⑩ 상품이 잘 팔리다.
turnabout	[tə́ːrnəbàut] 뗑 ① 방향전환, 사상의전환 ② 회전목마
turn-about-face	[tə́ːrnəbàutféis] 뗑 180°의 전환
turnaround	[tə́ːrnəràund] 뗑 ① 선회 ② 태도 등의 180°전환 ③ U턴 지점 ④ 부실기업 정리[회생] 작업

turning	[tə́:rniŋ] 몝 회전, 선회, 방향전환, 분기점, 굴곡
tutor	[tjú:tər] 몝 가정교사 동 teacher(선생)
tut-tut	[tʌ́ttʌ́t] 갑자 혀차는 소리, 쯧쯧, 혀를 차다.
TV	[tíːvíː] 몝 텔레비전, 텔레비전 방송 TV 수상기
twice	[twáis] 튀 두번, 2회, 두배로
twice-born	[twáis bɔ́:rn] 혱 거듭난, 정신적으로 재생한
twice-told	[twáis tóuld] 혱 두번[거듭] 이야기한
twiddle	[twídl] 타 비틀어 돌리다. 자 만지작 거리다, 가지고 놀다
twig	[twíg] 몝 작은 가지 타자 참뜻을 알아채다.
twilight	[twáilàit] 몝 해뜨기전, 해진후의 여명, 황혼, 땅거미 동 dusk(땅거미)
twin	[twín] 몝 쌍둥이중 한사람 (복수로)쌍둥이, 쌍 타 쌍둥이를 배다, 낳다. 자 쌍둥이로 태어나다.
twinkle	[twíŋkl] 자 반짝이다, 깜빡이다. 동 sparkle(빛나다), scintillate(불꽃을 내다)
twinkling	[twíŋkliŋ] 혱 반짝반짝 빛나는
twirl	[twə́:rl] 타 빠르게 빙빙 돌리다, 휘두르다. 자 빠르게 빙빙돌다. 동 spin(돌리다)
twist	[twíst] 타 꼬다, 비틀어 돌리다. 자 ① 꼬이다. ② 몸을 뒤틀다, 트위스트를 추다. 동 contort(비틀다)
twitch	[twítʃ] 타자 ① 홱 잡아 당기다. ② 꼬집다. ③ 씰룩거리다. 동 jerk(경련), nip(꼬집다, 물다(개둥이)
two-time	[túːtàim] 타자 애인 등을 배신[배신행위를] 하다, 속이다, 바람피우다.
type	[táip] 몝혱 유형, 종류, 모범, 전형 타 …을 분류하다. 자

	타자를 치다. ⑧ kind(종류)
typewriter	[táipràitər] ⑲ 타자기
typist	[táipist] ⑲ 타자수
typhoon	[taifúːn] ⑲ 태풍 (태평양서부에서 발생하는)열대성 폭풍
typical	[típikəl] ⑲ 대표적인, 상징적인 ⑧ representative(대표적인) ⑪ odd(이상한)
tyrannosaur	[tirǽnəsɔ̀ːr] , tyrannosaurus [tirǽnəsɔ́ːrəs] ⑲ [티라노사우루스] 육식공룡중 최대

Uu

UFO, ufo	[júːèfóu] unidentified flying object. 몡 미확인 비행물체
ugly	[ʌ́gli] 혱 ① 추한, 추악한, 못생긴 ② 불쾌한 몡 못생긴 사람 튕 homely(못생긴)
uh	[ʌ́,ʌ́ŋ] 껌 흥(불신), 어…(생각이 나지 않을 때)
uh-huh	[ʌhʌ́,ʌ̀ŋhʌ́ŋ] 껌 웅, 그래, 오냐 (만족·동의)
uh-uh	[ʌ́ʔʌ́ʔ] 껌 아니 (불찬성)
ultra	[ʌ́ltrə] 혱 극단적인 the … 극단론자 ultra -(접두사로)극도의 뜻 초… 한외… 과…
umbrella	[ʌmbrélə] 몡 ① 우산 ② 비호, 핵의 우산 혱 포괄적인
UN, U.N.	[júːén] 몡 the … 국제연합, 유엔
unable	[ʌnéibl] 혱 …할 수 없는, 자격이 없는
unaware	[ʌ̀nəwɛ́ər] 혱 눈치못챈, 모르는
uncertain	[ʌnsə́ːrtn] 혱 모호한, 불확실한, 단정할 수 없는 튕 certain(확실한) 뺀 doubtful(의심스러운)
unclouded	[ʌ̀nkláudid] 혱 구름이 끼지 않은, 밝은
uncle	[ʌ́ŋkl] 몡 이웃집 아저씨, 외삼촌 백(숙)부, 고모부, 이모부
uncomfortable	[ʌ̀nkʌ́mfərtəbl] 혱 편안하지 않은, 기분이 언짢은, 거북한
under	[ʌ́ndər] 젼 ① …의 바로 밑에 ② …의 기슭에 ③ …의 속에 ④ 미만의 ⑤ …중인 튕 beneath(바로 밑에) 뺀 above(의 위에)

underline [ʌ́ndərlàin] 태 밑줄을 치다. 몡 밑줄, 하선

understand [ʌ̀ndərstǽnd] 태 ① 이해가 가다, 알아듣다. ② 생각하다. 동 see(알다)

understanding [ʌ̀ndərstǽndiŋ] 혱 이해심이 있는, 지각있는 몡 이해, 파악, 이해력, 지력

undertake [ʌ̀ndərtéik] 태 ① 일 등을 떠맡다. ② 시작하다. ③ 약속하다. ④ (구어)장례식을 떠맡다, 장의사를 경영하다. 동 try(시도하다), venture(감히…하다)

underwater [ʌ̀ndərwɔ́:tər] 혱 수중의, 수중용의
an … camera 수중카메라 an … gun 수중총

uneasy [ʌ̀ní:zi] 혱 불안한, 태도가 어색한, 거북한, 불편한

UNESCO [ju:néskou] 몡 유네스코, 국제연합 교육 과학 문화기구 (the United Nations Educational, Scientific, and Cultural Oraganization)

unexpected [ʌ̀nikspéktid] 혱 뜻밖의, 예기치 않은 동 surprising(놀라운)

unfortunate [ʌnfɔ́:rtʃ(ə)nit] 혱 불행한, 불운한

unfortunately [ʌnfɔ́:rtʃ(ə)nitli] 뫼 불행하게도, 유감스럽게도, 운수나쁘게

unfussy [ʌnfʌ́si] 혱 ① 복잡하지 않은, 단순한 ② 별로 관심이 없는 ③ 까다롭게 굴지 않는

unhappy [ʌnhǽpi] 혱 ① 불리한 ② 적절하지 못한 ③ 불행한 동 sad(슬픈) 뺌 happy

unhealthful [ʌnhélθfəl] 혱 건강에 해로운, 비위생적인 동 unhealthy (건강에 나쁜)

uniform [júːnifɔ̀ːrm] 태 에게 제복을 입히다. 몡 제복, 관복 혱 한

결같은, 일정한 ⑧ unvarying(불변의), unchanging(불변의)

uninviting [ʌ̀ninváitiŋ] ⑲ 싫은, 마음이 내키지 않는

union [júːnjən] ⑲ ① 연합, 합동, 동맹 ② 조합, 노동조합

unique [juːníːk] ⑲ 독특한, 유일무이한 … .ly ⑭ 독특하게 ⑧ sole(하나의)

unit [júːnit] ⑲ 단위, 부대, 단일체, 하나, 한사람

unite [juːnáit] ⑲ 합치다, 통합하다, 결합하다. ⑳ 하나가 되다. ⑧ join(결합하다), combine(결합하다) ⑮ divide(나누다)

united [juːnáitid] ⑲ 합병한, 뭉친, 통일한

United States of America [juːnáitid steits əvəmé rikə] (the 를 붙여서)아메리카 합중국 (줄여서)US, U.S., U.S.A., USA

universal [juːnivə́ːrsəl] ⑲ 우주의, 만국의, 모든사람의, 일반적인 ⑧ general(일반적인)

universe [júːnivəːrs] (the …)로 우주, 세계, 전인류(천지만물)

university [juːnivə́ːrsiti] ⑲ 종합대학교

unjoint [ʌ̀ndʒɔ́int] ⑲ 매듭을 풀다.

unkind [ʌ̀nkáind] ⑲ 불친절한 ⑧ unfeeling(냉정한)

unknown [ʌ̀nnóun] ⑲ 알려지지 않은, 헤아릴 수 없는

unlace [ʌ̀nléis] ⑲ 신발 등의 끈을 풀다.

unless [ənlés] ⑳ …하지 않으면

unlike [ʌnláik] ⑲ 닮지 않은, 같지 않은 ⑳ …와는 달라서 ⑧ dissimilar(비슷하지 않은)

unlucky [ʌnláki] ⑲ 불운한, 재수없는, 불길한

unmoved [ʌ̀nmúːvd] ⑲ 결심 등이 확고부동한, 요지부동의, 냉정

한, 태연한

unpleasant [ʌnpléznt] 혱 불쾌한, 싫은 동 disagreeable(불쾌한)

unplug [ʌnplʌ́g] 타 …의 플러그를 뽑다.

untie [ʌntái] 타 맨것을 끄르다. 자 풀리다.

until [əntíl] 전 …까지(계속, 줄곧) 접 …이 …때까지

untimely [ʌntáimli] 혱 때아닌, 불시의, 시기상조의, 때를 놓친

unusual [ʌnjúːʒuəl] 혱 별난, 드문, 보통이 아닌 동 uncommon(보통이 아닌)

unusually [ʌnjúːʒuəli] 부(구어)매우, 대단히, 유별나게, 이상하게, 현저하게

up [ʌp] 부 ① 낮은데서 위쪽으로 ② 자리에서 몸을 세워 ③ 수평선 위 등에 떠올라 ④ 보다. 높은 위치로[에서] ⑤ …을 위로 향하여 전 [əp, ʌp, ʌ́p] ① 낮은 위치에서 …의 높은 쪽에 ② …의 위로 ③ …의 상류로 ④ …을 따라, …을 끼고

upper [ʌ́pər] 혱 장소·위치가 보다. 높은, 계급이 상류의

upside [ʌ́psaid] 명 위쪽, 윗면

upside down 거꾸로, 뒤집히어

upstairs [ʌ́pstɛ́ərz] 부 ② 층에

upward(s) [ʌ́pwəːrd(z)] 전 위쪽을 향하여

urge [ə́ːrdʒ] 타 …을 독촉하다, 재촉하다, 권고하다. push(재촉하다)

urgent [ə́ːrdʒənt] 혱 긴급한 동 pressing(절박한)

urinate [júərənèit] 자 오줌누다.

use [júːs] 명 사용, 이용, 이용법

	[júːz] 타 쓰다, 사용하다, 이용하다, 대우하다, 다루다. 통 utilize(이용하다)
used	[júːst] 형 …에 익숙한 자 …하곤 했다.
	be used to …에 익숙해 있다. (상태)
	get used to …에 익숙해지다. (동작)
useful	[júːsfəl] 형 쓸모있는, 유용한 (구)유능한, 수완이 있는
	make oneself generally … 이모저모로 도움이 되다.
useless	[júːslis] 형 쓸모 없는, 무익한, 무능한
uselessly	부 쓸데 없이, 무익하게, 헛되이
usual	[júːʒuəl] 형 평소때의, 보통의 통 normal(통상의)
usually	[júːʒuəli] 부 평소에는, 대게, 보통

vacant	[véikənt] 혱 비어있는, 살지 않는, 마음이 공허한, 표정이 멍한, 얼빠진 통 empty(빈), unoccupied(점유되지 않은) 반 full(채워진)
vacation	[veikéiʃən] 명 학교의 방학, 회사 등의 정기 휴가 통 holiday(휴일)
vaccine	[væksíːn] 명 백신, 컴퓨터 바이러스 예방 프로그램
vacuum	[vǽkjuəm] 명 진공, 진공 상태, 진공도 혱 진공 포장의 타 자 진공 청소기로 청소하다.
vagabond	[vǽgəbɔ̀nd] 명 방랑자 (구어)부랑자, 건달, 깡패 통 vagrant(방랑자)
vague	[véig] 혱 말 등이 막연한, 애매한, 모호한, 의미한 통 obscore(애매한)
vaguely	[véigli] 뷔 막연히, 모호하게 반 specific(분명한)
vain	[véin] 혱 허영심을 나태는, 헛된, 헛수고의, 쓸데 없는, 시시한, 알맹이 없는 통 unseless(쓸모 없는), proud(거만한) 반 humble(겸손한)
valiant	[vǽljənt] 혱(문어)용맹스런, 씩씩한, 영웅적인, 빼어난, 가치있는, 장한
valley	[vǽli] 명 골짜기
valuable	[vǽljuəbl] 혱 돈의 가치가 있는, 귀중한, 매우 유익한 명 복수로 귀중품, 값나가는 보석류 통 worthy(가치 있는) 반 worthless(가치 없는)

value
[vǽljuː] 몡 가치, 가격평가 탄 높이 평가하다, 값을 매기다. 阁 worth(가치)

valve
[vǽlv] 몡 판, 밸프, 진공관

vanish
[vǽniʃ] 자 보이던 것이 별안간 사라지다. 阁 disappear(사라지다) 만 appear(나타나다)

vapor
[véipər] 몡 공기중의 수증기, 김, 안개, 운무 등 자 증발하다. 阁 steam(김)

various
[vɛ́ːriəs] 몡 여러 가지의, 가지 각색의 阁 several(여러 가지의)

vary
[vɛ́əri] 탄 바꾸다, 변화를 가하다. 자 여러 가지다, 다르다. 阁 alter(변경하다)

varying
[vɛ́əriŋ] 몡 시시각각으로 변하는

vase
[véis] 몡 꽃병

vast
[vǽst] 몡 광대한, 광박한 (구어)정도가 굉장한, 수량·금액이 막대한 阁 extensive(넓은), immense(광범한)

vegetable
[védʒətəbl] (보통 복수로)채소, 야채, 푸성귀

vehicle
[víːikl] 몡 수레·차량 탈것 등의 운송수단 阁 conveyance(차량)

veil
[véil] 몡 베일, 면사포, 장막, 가리는 덮개 자 베일을 쓰다. 阁 mask(마스크)

vertical
[vɚ́ːtikəl] 몡 수직의 몡 the … 수직선, 수직면 阁 upright(고추선)

very
[véri] 閂 대단히, 매우, 아주

victory
[víktəri] 몡 승리, 전승 阁 triumph(성공, 승리)

view
[vjúː] 몡 전망, 경치, 생각, 의견, 시야, 목적 阁 sight(광경)

vigor	[vígər] 명 원기, 정력, 활력, 정신력, 구속력, 법적 효력 동 energy(정력)
village	[vílidʒ] 명 마을, 집합적으로 온 마을 사람들 동 town(읍)
villager	[vílidʒər] 명 마을 사람들
vine	[váin] 명 덩굴식물, 덩굴, 줄기, 포도나무 동 grapevine(포도나무) 자 덩굴이 뻗다.
violate	[váiəleit] 타 규칙 등을 어기다, 방해하다. 동 break(깨다)
violet	[váiəlit] 명 제비꽃, 오랑캐꽃, 보라색
violin	[vaiəlín] 명 바이올린
violinist	[váiəlinist] 명 바이올린 연주자
virtue	[və́:rtʃu:] 명 덕, 미덕, 장점, 선행, 청렴, 정조, 순결 동 goodness(선)
vision	[víʒən] 명 시력, 시각, 시야, 상상력, 통찰력, 미래상 타 마음에 그리다, 상상하다. 동 eyesight(시력), fantasy(환상)
visit	[vízit] 명 방문, 숙박, 순회, 임검, 왕진, 출장, 견학, 참배 동 call on(방문하다)
visitor	[vízitər] 명 방문객, 손님, 체재객, 관광객, 참배인 (구어) 생리 동 guest(손님), caller(방문자)
vitamin, vitamine	[váitəmin] 명 비타민
vocabulary	[vəkǽbjuleri] 명 어휘, 낱말, 단어집, 사전, 한개인의 어휘(용어범위)
vocational	[vəkéiʃənəl] 형 직업의, 실업의
voice	[vɔ́is] 명 음성, 목소리 (문법의)태
volcano	[vɑlkéinou] 명 화산

volleyball [válibɔːl] 명 배구, 배구공

voluble [váljubl] 형 입담 좋은, 말이 유창한

volume [váljuːm] 명 ① 무거운 책, 책의…권 ② 두루마리 ③ 부피, 양, 음량 (복수로)대량, 입체감 동 book(책), tome(책의권)

vote [vóut] 명 투표, 포결, (the vote)투표권, 선거권 타 …을 선출하다, 투표하여 가결하다. 자 투표하다.

vow [váu] 명 ① 맹세, 맹세의 내용 ② 개인적 공약 타자 엄숙히 맹세하다. 동 pledge(선서)

voyage [vɔ́idʒ] 명 배·비행기 로의 긴 여행 (복수로)여행기, 여행담 자타 육지·하늘로의 여행을 하다, 바다를 건너가다. 동 journey(여행)

Ww

wag	[wǽg] 타 꼬리 등을 흔들다. 자 흔들리다. (英俗)농땡이 부리다. 통 waggle(흔들다)
wage	[wéidʒ] 명 (복수로)임금, 품삯 통 pay(임금)
waggish	[wǽgiʃ] 형 우스꽝스러운, 익살맞은
wagon	[wǽgən] 명 ① 짐마차 ② 무개화차 ③ 식당에서 쓰는 왜 간, 식기대 ④ 유모차, 자동차 (the Wagon 으로)북두칠성 타자 짐마차로 운반하다.
wail	[wéil] 타자 ① 통곡하다, 울면서 말하다, 울부짖다. ② 한 탄하다. 명 통곡, 통곡소리, 바람이 세서 윙윙대는 소리 통 moan(신음하다)
wailful	[wéilfəl] 형 슬피우는
waist	[wéist] 명 허리, 날씬하고 가는 허리
wait	[wéit] 타자 ① 기대하며 기다리다. ② 식탁에서 또는 사 람을 시중들다, 모시다. (a wait)기다림 (복수로)성탄절 날 새벽에 성가를 부르며 다니는 성가대 통 stay(머무르 다)
waiter	[wéitər] 명 웨이터, 시중드는 사람
waiting room	대합실
waitress	[wéitris] 웨이트리스, 시중드는 여자
wake	[wéik] 타 깨우다. 자 잠이 깨다, 눈뜨다. 통 awaken(깨 우다) 반 doze(졸다)
wake-up	[wéikʌ̀p] 형 잠을 깨우는

a wake-up call 호텔에서 잠을 깨우는 전화

walk [wɔ:k] 짜 ① 걷다. ② 산책하다. ③ 배회하다. 타 ① 길을 걷다. ② 개나 말을 걸리다. ③ 말·사람을 끌고 가다. ④ 바래다. 주다. ⑤ 사람을 안내하고 다니다. 통 stroll(산책하다)

walker [wɔ́:kər] 명 경보선수, 보행자, 산책을 좋아하는 사람

walkie-lookie [wɔ́:ki lúki] 명 휴대용 TV 카메라

walkie-talkie, walky-talky [wɔ́:ki tɔ́:ki] 워키토키 휴대용 무선 전화기

wall [wɔ:l] 벽, 담

walnut [wɔ́:lnʌt] 명 호두, 호두나무

wander [wándər] 타짜 ① …을 방황하다, 헤매다. ② 떠돌아 다니다, 방랑하다. ③ 길을 잃다. ④ 나쁜길로 빠지다, 탈선하다. ⑤ 열 등으로 헛소리하다. ⑥ 몽롱해지다. ⑦ 산만해지다. ⑧ 생각 등이 집중되지 않다. 통 rove(헤매다)

wandering [wándəriŋ] 형 ① 강·길 등이 꾸불꾸불한 ② 정처없이 돌아다니는

want [wánt,wɔ́:nt] 타 ① …을 원하다. ② …하고 싶다. (want to 부정사로) ③ …가…주었으면 하다. ④ 사물이 …을 필요로 하다. ⑤ …이 없다. 통 wish(…하고 싶다)

war [wɔ́:r] 명 전쟁 통 hostilities(전쟁행위), combat(전투)

warm [wɔ́:rm] 형 ① 옷 등이 보온성으로 따뜻한 ② 열심인, 열광적인 ③ 인정이 있는 ④ **(구어)**힘드는, 감당하기 어려운 ⑤ 불쾌한 기분이 따뜻한 짜 ① 따뜻해지다. ② 열중하다. ③ 열의를 갖게 되다. 통 heated(뜨거워진) 반 cool(서

늘한)

warn [wɔ́ːrn] 타자 경고하다, 조심시키다, 경보를 울리다, 주의하다. 통 caution(주의시키다), admonish(훈계하다)

warning [wɔ́ːrniŋ] 명 경고, 경계, 경보, 공습경보

wash [wɔ́ːʃ, wɑ́ʃ] 타자 ① 씻다, 씻어 깨끗이 하다. ② 세탁하다. ③ 얼굴(몸)을 씻다. ④ 목욕하다. ⑤ **(구어)**학생을 퇴학시키다. ⑥ 물·파도 등이 기슭을 씻다, 철석철석 밀려오다. 통 clean(깨끗이하다), scrub(비벼빨다), launder(세탁하다)

washing machine [wɑ́ʃiŋ məʃíːn] 명 세탁기

Washington [wɑ́ʃiŋtən] 명 미국의 수도이며 워싱턴주와 구별하기 위해서 Washington, D.C.라고 함 D.C.는 District of Columbia 의 약자로 컬럼비어 특별구란 뜻임.

waste [weist] 타 …을 낭비하다. 자 ① 낭비하다. ② 쇠약해지다. 명 ① 낭비, 허비 ② **(복수로)**산업폐기물, 쓰레기 ③ 황무지, 사막 ④ 마손, 훼손 형 황폐한 통 misspend(낭비하다)

watch [wɑ́tʃ] 타자 ① 지켜보다. ② 시청하다. ③ 망보다, 지키다, 돌보다. ④ 기회를 기다리다. 명 ① 경계, 감시, 주의 ② 집합적으로 경비원, 감시인 ③ 시계 통 look at(을 보다)

watchdog [wɑ́tʃdɔːg] 명 ① 경비견, 집지키는 개 ② 충실한 경비원 타 감시하다.

watch fire 모닥불, 횃불

watchword [wɑ́tʃwəːrd] 명 암호 통 password(암호)

water	[wɔ́:tər] 圐 ① 물 ② 수위, 수심 (the water)수중 (the waters 는)바다, 영해 (복수로)광천수, 탄산수 匣 ① …에 물을 뿌리다. ② 말 등에 물을 먹이다. 困 ① 분비액이 나 오다. ② 침을 흘리다. ③ 짐승이 물을 마시다.
waterfall	[wɔ́tərfɔ̀:l] 圐 폭포 圄 cascade, cataract(폭포)
watering	[wɔ́:təriŋ] 圐 급수 圀 ① 급수용의 ② 눈꼽이 낀 ③ 침을 흘리는
watermelon	[wɔ́:tərmèlən] 圐 수박
water plug	소화전 圄 fireplug(소화전)
water ski	수상스키
water-ski	[wɔ́tər skì:] 困 수상스키를 하다.
wave	[wéiv] 圐 파도, 파동, 너울거림 (시어로)물, 바다. 匣 손 을 흔들다, 휘두르다. 困 ① 흔들리다, 펄럭이다. ② 파도 치다, 물결치다, 굽이치다, 너울거리다. 圄 ripple(물결), breaker(부서지는 파도)
way	[wéi] 圐 ① 길, 가로 ② 코스 ③ 가는도중 ④ 배의 속도 (복수로)습관, 풍습 ⑤ …풍 …식 ⑥ 특정한 방법, 수단 ⑦ 방향(구어)쪽 ⑧ …점 ⑨ 규모 圄 manner(방법)
weak	[wí:k] 圀 ① 약한, 쇠약한, 힘이 없는 ② 물건이 약한 ③ 학문 등 자신이 없는 圄 feeble(연약한), frail(무른)
wealth	[wélθ] 圐 ① 부, 재산, 재물 ② 부유, 부자 ③ 집합적 부 유층 ④ 귀중한 산물, 자원 圄 riches(부), quantity(다량)
wealthy	[wélθi] 圀 부유한, 부자의 圄 rich(부자의) 凡 poor(가난 한)
weapon	[wépən] 圐 무기, 병기 圄 arm(무기)

wear	[wέər] 탭 …을 몸에 가지고 있다, 입고 있다, 신고 있다, 쓰고 있다, 끼고 있다, 걸치고 띠고[휴대하고] 있다. 짜 닳아서 낡아지다, 해지다. 명 ① 착용 ② 오래감
weary	[wíəri] 형 ① 지친, 피곤한, 기진맥진한 ② 싫증이 난, 따분한 짜 ① 지치다. ② 권태를 느끼다. ③ 싫증이 나다. 통 tired(피로한), bored(싫증난)
weather	[wέðər] 명 날씨, 기상
weather-bound	[wέðər bàund] 형 악천후[비바람에] 갇힌, 비행기·배 등이 악천후로 출항 못하고 있는
weatehr cast	일기예보
weather caster	일기예보 담당 아나운서
weathercock	[wέðərkàk] 명 풍향계, 바람개비, 변덕꾸러기
weathered	[wέðərd] 형 비바람으로 풍화된, 건조된
weave	[wíːv] 탭짜 ① 짜다, 뜨다, 엮다. ② 이야기를 꾸미다, 만들어 내다. ③ 음모를 꾸미다. ④ 《구어》 왔다갔다. 하다. 통 knit(짜다)
wedding	[wέdiŋ] 명 결혼식
Wednesday	[wénzdei] 수요일
weed	[wíːd] 잡초 탭 잡초를 뽑다.
week	[wiːk] 명 주, ① 주간
weekday	[wíːkdei] 명 일요일, 이외의 평일
weekend	[wíːkénd] 명 주말
weep	[wíːp] 탭짜 ① 눈물을 흘리다. ② 물방울이 잡히다. ③ 축 처지다. 통 sob(흐느끼다), lament(비통해하다)
weigh	[wéi] 탭 …의 무게를 달다. 짜 무게가 …이다. 통

consider(숙고하다)

weight [wéit] 몡 ① 무게, 체중, 압박 ② 책임, 체급 동 inportance (중요성)

weight lifting 역도 snatch(인상), clean and jerk(용상)

welcome [wélkəm] 탸 환영하다. 혱 자유로이 …써도[해도] 좋은 갑 어서오십시오! 동 receive(영접하다), greeting(인사)

welfare worker 복지사업가, 사회사업가

well [wél] 뮈 ① 잘, 적절히, 알맞게 ② 넉넉하게 ③ 친절하게, 기분좋게 몡 우물, 샘, 광천 (복수로)광천지, 온천지 재 넘쳐나오다, 솟아나오다. 동 satisfactorily(만족하게)

well-known [wélnóun] 혱 잘 알려진

west [wést] 몡 the west로 서쪽, 서부의 여러 주[서부지방] the West 서양, 서구, 구미, 자유진영측, 서방측 (시어로)서풍 혱 서쪽의, 서향의 West 서양의 뮈 서쪽에서, 서쪽으로

Westminster Abbey 런던소재 웨스트민스터 성당 (국왕의 대관식이 거행됨)

wet [wét] 혱 젖은, 덜마른, 축축한 몡 the wet 습기, 누기 탸 적시다. 재 젖다.

whale [hwéil] 몡 ① 고래, 고래고기 ② (구어)열심인[뛰어난, 뚱뚱한] 사람

wharf [hwɔ́ːrf] 몡 부두, 선창 동 pier(부두)

what [hwát]의 대 무엇, 얼마쯤 (감탄문에서)참으로 (관대로)…는 것, …바, …일 (의형)어느, 무슨, 어떤 뮈 얼마만큼

Whatever [hwɑtévər] 대 [선행사 포함 부정관계 대명서] …하는 것

을 무엇이든지 (양보절에서)아무리 …이라도 (관계사)
what을 강조 어떠한 …이라도

wheat [hwíːt] 圐 밀, 소맥

wheel [hwíːl,wíːl] ① (구어)자전거, 삼륜차 ② (속어)자동차,
수레바퀴

when [hwén,wén]의 團 언제 (관계사)…할 때, 그때 쥅 …할
때에, …하자, …하면 …하자, …할 때는

whenever [hwènévər] 쥅 …할 때마다, …할 때는 언제나[반드시]]

where [hwɛ́ər] 의團 어디로, 어디를, 어디에서 (관부) 제한적용
법에서 …한(장소), 비제한적에서 그리고 거기서

whereas [hwɛ̀əræz] 쥅 …인 까닭에, …에 반하여

wherever [hwɛ̀ərévər] 쥅 …하는 곳은 어디라도, …하는 경우는 언
제나

whether [hwéðər,wéðər] 쥅 …인지 어떤지, …이든 아니든

whew [hwjúː] 젭 아휴 (피로감, 안도감 등)圐 휴 하는 소리

which [hwítʃ] 때 (일정한 수에서)어느 쪽, 어느 것, 어느 사람 때
제한적으로 …하는, 하는, that which …한 바의 것의 圐
어느 쪽의

while [hwáil] 쥅 …하는 사이, …하는 한 (문두에서)…하지만
圐 a while 잠시, 잠깐 쥅 …하는 동안 내내

whip [hwíp] 团 ① 매질하다. ② 자극하다. ③ 엄하게 말하여
가르치다. 됨 thrash(매질하다)

whisker [hwískər] (복수로)구렛나룻 수염(동물의) by a … 근소
한[간발의] 차로

whisper [hwíspər, wíspər] 团재 속삭이다, 귓속말하다, 소근소

근 말하다.

whistle [hwísl] 타 호각으로 신호하다. 자 휘파람을 불다, 밀괴고 자질하다.

white [hwáit] 명 ① 백색 ② 흰빛 염료 형 ① 공명정대한 ② 신용할 수 있는 ③ 관대한

White House [hwáit hàus] 명 the … 백악관, 미국정부

who [hú:] 대 누구, 어떤 사람 (관계사)제한적에서 …하는, …한 (비제한적)그리고 그 사람은, 그러나 그 사람은

whoever [hu:évər] [선행사 포함 부정대명사] 누구나, 어떤사람이든 (양부절)누가 …하더라도

whole [hóul] 형 (the whole, one's whole로)전…, …완전한, 동 entire(전체의)

whom [hú:m] 대명사 who 의 목적격

whomp [hwámp] (구어)타 탁치다, 탕치다. 자 탕하고 소리를 내다.

whose [hú:z] (의문대명사 who 의 소유격으로)누구의, 누구의 것 (관계대명사인 who, which, that 의 소유격으로)…하는 바의

why [hwái] (의문부사로) 왜, (관계부사로) …하는 바의 (이유) 감 놀람·승인을 나타내어 어머, 이런, 아니, 그야 물론이지

wicked [wíkid] 형 도덕적으로 나쁜, 악질인, 악의에 찬 동 evil(사악한)

wide [wáid] 형 ① 폭이…인, 폭이 넓은 ② 편견이 없는 명 the wide 넓은 이 세상

width	[wídθ] 몡 폭, 넓이 툉 breadth(넓이)
widow	[wídou] 몡 미망인, 과부 뫤 widower(홀아비)
wife	[wáif] 몡 아내, 부인, 처 뫤 husband(남편)
wig	[wíg] 몡 ① 가발 ② (구어)판사, 재판관 툉 wiglet(작은 가발)
wild	[wáild] 혱 ① 사람에 의해 길들지 않은, 사나운 ② 야생의 ③ 황폐한, 야만의 툉 savage(야만의)
will	[wíl] [wəl] (단순미래로)…일 것이다, (의지미래로) …할 작정이다, (2인칭 주어의 의문문에서 의지를 물어) …할 작정인가요 툉 wish(바라다) (문두에서)Will you…? 로 부드러운 권유나 의뢰를, (문미에서)…, will you? 는 가벼운 명령 …해 주시겠어요?
willing	[wíliŋ] 혱 기꺼이 [자진해서] …하다. 툉 eager(열심인)
willingly	[wíliŋli] 哕 기꺼이, 자진해서
win	[wín] 타 ① 싸워서 이기다. ② 명성 등을 얻다, 애정·호의·우정 등을 얻다. 툉 gain(달성…)
wind	[wínd] 몡 바람 타 을 바람에 쐬다. 잗 바람을 통하다. 툉 air(공기) 타잗 냄새로 맡아 알아내다. [wáind]로 ① 굽이치다. ② 감다. 툉 meander(굽이쳐 흐르다)
windmill	[wíndmil] 몡 풍차
window	[wíndou] 몡 창, 창문
windy	[wíndi] 혱 바람이 센, 바람부는
wine	[wáin] 몡 포도주
wing	[wíŋ] 몡 ① 날개 ② 자동차의 흙받이 ③ 화살의 깃
wink	[wíŋk] 잗 눈짓하다, 눈을 깜빡거리다.

winner	[wínər] 몡 승자, 수상자
winter	[wíntər] 몡 겨울
wipe	[wáip] 팀 …을 닦다, 훔치다.
wire	[wáiər] 몡 ① 전선, 철사 ② 전보, 전신
wireless	[wáiərlis] 몡 무선전신, 무선전화[전보] 톙 무선의, 무전의
wisdom	[wízdəm] 몡 지혜, 현명
wise	[wáiz] 톙 현명한, 영리한 용 sensible(현명한) 밴 foolish (어리석은)
wish	[wíʃ] 팀 ① …하고 싶다. ② …에게 …해주길 바란다. ③ …이 …이기를 빈다. ④ 가정법에서 I wish I could …로 …면 좋겠는데 ⑤ (복수로)호의, 안부 용 desire(원하다)
witch	[witʃ] 몡 ① 마녀, 무당 ② (구어)아주 매력적인 여자 팀 에게 마법을 쓰다, 홀리게 하다.
with	[wið] 젠 ① …와 함께 ② …을 가지고 ③ …으로 (수단·도구)④ 탓으로, 때문에 ⑤ …한 채로
within	[wiðín] 젠 …이내에, 이내로
without	[wiðáut] 젠 …없이, …않고
wolf	[wúlf] 몡 늑대, 이리 (복수는)wolves [wulvz]
woman	[wúmən] 몡 여자, 부인 (복수는)women [wímin]
wonder	[wándər] 몡 ① 경이, 경탄, 놀라움 용 marvel(경탄하다) ② 불가사의한 것[사람], 사건, 신동, 기적 ③ 불신감, 불안, 의심
wonderful	[wándərfəl] 톙 (구어)굉장히 멋진, 훌륭한, 놀랄만한 용 marvelous(훌륭한)

wonderfully	[wʌ́ndərfəli] 图 이상하게도, 경이적으로, 훌륭하게
wood	[wúd] 圀 목재, 나무 (복수로)숲, 삼림 困 장작을 쌓다, 모으다.
woodcutter	[wúdkλ̀tər] 圀 나무꾼, 벌목꾼
wooden	[wúdn] 혱 ① 나무로 만든 ② 태도가 부자연스러운 ③ 사람이 활기없는
woodpecker	[wúdpèkər] 圀 딱따구리
wool	[wúl] 圀 양모, 털실, 모직물의 옷 혱 울의 图 woolen(울의)
woolen	[wúlən] 혱 모직의 圀 모직의 옷, 모직물, 나사
woozy	[wú(ː)zi] 혱 ① (구어)술을 마셔 머리가 떵한 ② 멀미로 기분이 나쁜
word	[wə́ːrd] 圀 말, 단어, 약속 图 term(말)
work	[wə́ːrk] 圀 일, 직업, 직장, 회사, 작품 图 labor(노동) 困 ① 일하다. ② 노력하다. ③ 공부하다. ④ 근무하다. ⑤ 기계등이 작동하다.
worker	[wə́ːrkər] 圀 일하는 사람, 노동가, 일벌
working	[wə́ːrkiŋ] 혱 ① 일하는 ② 기계가 돌아가는 ③ 실용적인, 실제로 도움이 되는 ④ 효과적인
world	[wə́ːrld] (the world) ① 세계, 지구 ② 천지, 우주, 만물 ③ 세상사 图 earth(세계) 인간사, 세태 ④ …계, …세계, …사회 ⑤ (구어)더 없이 소중한 것
worm	[wə́ːrm] 圀 벌레, 구더기, 배추벌레 (복수로)기생충
worn	[wɔ́ːrn] 혱 ① 닳아해진 ② 지쳐버린 ③ 수척해진
worried	[wə́ːrid] 혱 근심[걱정·당황·안달]하는

worry	[wə́:ri] 타 …의 속을 태우다. 동 fret(초조하다) 자 걱정하다, 속태우다, 고민하다, 마음을 졸이다, 초조해하다.
worship	[wə́:rʃip] 명 예배, 참배 타자 예배하다, 참배하다. 동 glorify(찬송하다)
worth	[wə́:rθ] 형 …의 가치가 있는, 동명사와 함께 …할 만한 동 importance(중요성)
worthy	[wə́:rθi] ① …하기에 알맞은, 가치있는 ② 덕망이 있는 동 meriting(…할만한)
would	[wəd,bd,wúd] 조 강하게 발음할 때는 [wúd] , 약하게는 [wəd] (시제일치의 종속절 안 또는 간접화법에 써서 단순미래의 뜻으로)…일 것이다. (의지미래의 뜻으로)…하겠다.
wound	[wú:nd] 명 큰 상처, 부상 (수동태로)부상당하다. 자 상처내다. 동 hurt(다치다)
wrap	[rǽp] 명 덮개, 외피 (복수로)숄, 목도리 타 싸다. (수동형으로)몰두하다, 열중하다. be wrapped in thought 사색에 잠기다.
wreck	[rék] 명 ① 열차 · 자동차의 충돌 ② 조난, 난파, 수동태로 난파하다. 자 난파하다. 동 ruin(파멸하다)
wrestling	[résliŋ] 명 레슬링, 씨름
wrist	[ríst] 명 손목, 손재주
write	[ráit] 타자 ① 글씨를 쓰다, 적다, 베끼다. ② 원고를 쓰다. ③ 편지를 쓰다, 써 보내다.
writer	[ráitər] 명 베끼는 사람, 저자, 작가, 기자
writing	[ráitiŋ] 명 ① 글쓰기, 습자, 글씨 쓰기 ② 필적 ③ 문서,

           서류, 기록 (복수로)저작, 작품

written   [rítn] [write(쓰다)의 과거분사] 문어의, 서류로 된, 문자로 쓴

wrong   [rɔ́ːŋ] 휑 ① 도덕적으로 나쁜 ② 고장난 ③ 그릇된, 틀린 동 improper(부도덕한) 반 right(옳은) : wrong number 잘못 걸린 전화, 틀린 전화번호

wryneck   [ráinèk] 명 개미핥기

wunderkind   [wʌ́ndərkìnd] 명 신동, 젊어서 출세한 사람

wuzzy   [wʌ́zi] 휑 비뚤어진, 심술궂은, 혼란된, 멍한

Xmas	[krísməs] [éksməs] 몡 (구어)크리스마스 = Christmas
X ray	[éksréi] X선, 뢴트겐선, X선 사진
xylophone	[záiləfòun] 몡 실로폰
xyz	[èkswàizíː] [Examine your zipper] 갑 주의의 말, 지퍼가 열렸어요.

yacht	[ját] 몡 요트, 쾌속선 ㈜ 요트로 항해하다, 요트를 타다. 툉 boat(요트)
yammer	[jǽmər] ㈜(구어)불평을 하다, 슬픈 목소리로 울다.
yank	[jǽŋk] ㈜탸 (구어) 홱 잡아 당기다, 문득 홱 당겨 열다.
Yangkee	[jǽŋki] (英俗)미국 사람 the Yangkees 《미국 아메리컨 리그(경기연맹)의》양키즈 구단
yard	[já:rd] 몡 마당, 뜰 (영국의)야드 (3 피트 26인치, 0.914 미터, 줄여서 yd)
yare	[jέər] 혱 활발한, 민첩한, 빠른 툉 active(활발한), quick(빠른)
yarn	[já:rn] 몡 직물을 짜는 실, 뜨게실 (구어)모험담, 꾸며낸 이야기 ㈜ 허풍을 떨다. 탸 …에 방사를 감다. 툉 thread (실)
yarn-spinner	[já:rn spìnər] ① (구어)이야기 잘하는 사람 ② 허풍쟁이
yawn	[jɔ́:n] ㈜ 하품하다. 탸 하품하며 말하다. 몡 하품, 하품소리 with a yawn 하품을 하면서 툉 gape(하품하다)
yawny	[jɔ́:ni] 혱 하품나게 하는, 지루한
year	[jíər] 몡 해, 년, ① 년, ① 년간 (복수로)여러 해, 시대, 시기
yearn	[já:rn] ㈜ ① 동경하다, 그리워하다. ② 사모의 정을 품다.

③ 몹시 …하고 싶어하다.

yell	[jél] 재 외치다, 큰소리를 지르다. 명 고함소리 통 shout (외치다)
yellow	[jélou] 명 ① 노랑, 노랑색 ② 황색인 ③ 노랑 그림 물감 타 황색으로 만들다. 재 노래지다.
yelp	[jélp] 재 개가 깽깽 울다, 비명지르다.
yes	[jés] 부 네, 그래, 맞아서, 과연 그렇다. 명 긍정, 승낙 타 재 네라고 말하다, 동의하다, 승낙하다.
yesterday	[jéstərdèi] 부 ① 어제 ② 최근에 ③ 바로 얼마전에 ④ 급히, 당장
yet	[jét] 부 (부정문에서)아직(…않다) (의문문에서)벌써, 이미 [최상급과 함께] , 현재까지는 (비교급을 강조하여)훨씬, 더욱더, 한층 (접속사로)하지만, 그래도, 그럼에도 불구하고, …지만, …데도
Y.M.C.A.	[wáiémsí:éi] 명 기독교 청년회 = Young Men's Christian Association
yoghurt, yoghourt	[jóugərt] 요구르트 (우유로 만든 유산균 발효유)
yoke	[jóuk] 명 멍에, 속박, 굴레 타 명에로 매다, 이어매다. 재 ① 동행이 되다. ② 서로 잘 조화하다. ③ 어울리다, 걸맞다. ④ 함께 일하다.
you	[júː] (약하게 발음할 때 ju, jə)대 단수와 복수가 같음, 당신은, 당신들은(주어), 당신을, 당신들을(직목) 당신에게, 당신들에게(간목)
you-name-it	[juːnéimit] 명 그밖에 뭐든지 (몇 가지를 열거한 다음에)

young   [jʌŋ] 혱 ① 젊은, 어린 ② 국가 · 회사 등이 신흥의 ③ 숙
               성되지 않은 ④ 한창인, 기운찬 ⑤ 미숙한, 경험이 없는 동
               youthful(팔팔한, 젊은)

youth   [júːθ] 몡 ① 젊음, 청춘기, 젊은이, 청년 ② 청춘남녀, 젊은
               이들 ③ 청년 특유의 원기, 혈기 동 youthful(팔팔한) 뺸
               old(늙은)

youthful   [júːθfəl] 혱(좋은 의미에서)① 젊음이 넘치는, 팔팔한, 기
               운찬, 발랄한 ② 청년 특유의 ③ 초기의

youthfully 븜 청년답게, 발랄하게, 팔팔하게

yummy   [jʌmi] 혱 (비교급은) yummier (최상급은) yummiest (구
               어)맛있는, 아주 매력적인 (유아나 여성 용어)

yum-yum   [jʌmjʌm] 걈 (속어)아이 맛있어라! 몡 냠냠, 맛있는 것

Z z

zany	[zéini] 명 익살스런 기인, 바보, 아첨꾼, 어릿광대
zap	[zǽp] 타 ① 상업광고 장면의 채널을 바꾸다. ② 재빨리 움직이다. [해치우다], 죽이다. ③ 공격[사격]하다. ④ 때리다. 자 재발리 움직이다, 휙 가다. 명 힘, 원기, 기력, 정력 갑 앗(돌연·급변의 표현) 탕!휙!(총소리 등)
Z-car	[zíːkɑ̀ːr] 명 (영구)경찰순찰차
zeal	[zíːl] 명 열의, 열성, 열심, 열중 동 passion(정열)
zealous	[zéləs] 형 열심인, 열광적인 동 eager(열심인)
zebra	[zíːbrə] 명 ① 얼룩말 ② 미식축구 심판
zenith	[zíːniθ, zéniθ] (the zenith) 천정 (성공·명성 등의) 정점, (성공·영광 등의) 절정
zero	[zíərou] 명 영도, 빙점, 무 타 ① 0의 자리로 돌려 놓다. ② (미속)파산하다, 완전히 실패하다. ③ …에 주의를 집중하다, …에 초점을 맞추다. ④ (사람 등이 …을 향하여) 모이다, 다가가다.
Zeus	[zúːs] (그리스 신화의) 제우스 (Olympus 산의 최고신으로 천지를 지배한다) 로마신화의 Jupiter 에 해당됨.
zigzag	[zígzæ̀g] 형 Z자형의 명 지그재그형 Z자형 부 지그재그로, Z자꼴로 자 ① 길·강 등이 Z자 꼴을 이루다. ② 사람이 갈지자로 걷다.
zipper	[zípər] 명 지퍼
zone	[zóun] 명 확실한 특징이 있는 경계가 명확한 구역. area